U1010719

YINGKE® 盈科 | 盈科全国业务指导委员会系列丛书

竞争法

规则与案例

（第二辑）

JINGZHENGFA

GUIZE YU ANLI

盈科律师事务所 / 编

刘继峰　王俊林 / 主编

法律出版社 LAW PRESS · CHINA

盈科全国业务指导委员会系列丛书编委会

总 主 编 李 华

出版统筹 郭 琪 丁 萌 周 娟 张思媛

本书主编

刘继峰 王俊林

本书撰稿人

王艺寰 叶颖怡 何国华 李念纯

李 勇 刘 岩 刘志鹏 张皓男

张 偲 赵潇宇 胡 笳 缪 慧

YINGKE 盈科

前　　言

不论是先立法国家还是转型国家在探寻适于本国的法律运行之路时,集中依赖于一种类似的工作方法,就是规范的案例化和案例说理的规范化。

首先,抽象的规范通过判例可以演绎出其所包含的具体内容。授权性立法乃英美法系立法的一大特色,允许法官造法才构筑起了英美等国家庞大的判例法体系。作为一种法律渊源,遵照先例原则之所以能够延续,主要在于它糅和了案件多样性与法律规则的概括性。竞争立法的模糊性是共性问题,但模糊性并不意味着法律实施的被动性。法律模糊规定发生的具体情况,待具体情况出现后再依据有关规则和原则进行认定,这恰恰是主动控制的一种方法。正如我国台湾学者李肇伟所言:此时,法律规定的模糊性就体现为法律的弹性了。以法律的弹性应付认识对象的复杂性、变动不居性和连续性,属于正常的法律漏洞。①

其次,竞争法实施指导性案例的关键是案件的说理。英美法系中占支配地位的观点认为,明确或含蓄地提出法律见解的法院判决——特别是终审法院判决,构成了法律的一般渊源和正式渊源。而在大陆法国家中,占支配地位的理论认为,司法先例不应被视为是法律的正式渊源。大陆法国家法律编纂手段的适用范围要比在英美法律传统国家中大得多,而且法规也被视为是法官必须遵守的主要法律渊源,②之所以没有把判例的地位上升为正式法源的原因既囿于传统成文法思想,"案件应当根据法律而不应当根据先例来审判"③,也惮于允许法

① 转引自徐国栋:《民法基本原则解释》,中国政法大学出版社1992年2月版,第29页。

② [美]博登海默:《法理学、法哲学及其方法》,邓正来、姬敬武译,华夏出版社1987年版,第419页。

③ [美]博登海默:《法理学、法哲学及其方法》,邓正来、姬敬武译,华夏出版社1987年版,第420页。

官发挥其意志定案会威胁司法公正，因为单个人的意志不会优于集体意志。尽管在理论上不乏借鉴判例法并提升判例法在大陆法体系中地位的主张，[①]但这些主张真正落实到司法实践还是凤毛麟角。在大陆法土壤上尚未移植判例法这一“外来物种”的大环境下，有所叛逆的便是竞争法的模糊性条款（包括反不正当竞争法中的一般条款和反垄断法的合理原则），其已嫁接出了判例法的“新枝”。中国是成文法国家，一些年来非常重视指导性案例的功能发挥。尽管指导性案例不是判例，但指导性案例对现行法的一些不足可以起到查缺补漏的功能，并由此发挥指导性价值。

再次，强化了说理性的指导性案例，有利于反垄断立法的完善。经济发展的变动性决定了竞争法应该具有很强的回应性。应对经济环境中不断“更新”的反竞争行为，常规的手段是不断修改立法，完善相关内容，但修改立法的前提应该是出现由以形成相关立法内容的影响广泛的案件（或事件），并对案件进行了广泛而深入的讨论。这种由特殊到一般，再由一般到特殊的过程，在思维过程上展现了与判例法相同的适用模式。因此，我国竞争法实施效率的提高，依赖于制度的完善，而制度是否完善体现为能否适应规制的需要。对于刚刚开启的我国竞争法的实施，不管是从制度效率来讲，还是从制度完善的角度，案例的作用都不可忽视。

正是基于上述观念，我们编写了《竞争法：规则与案例》第二辑。在编写中，我们尽可能选取发生在我国的案件（事件），并力求加大案件分析的说理性。希望通过这种实践与理论的对应关系分析，解析竞争法的宗旨、结构，展示竞争法的特殊规制手法，指出相关制度的不足。以为教学科研人员、法律实务界人士等提供参考。

书中的问题在所难免，希望同仁不吝指正。

刘继峰

2020 年 12 月 15 日

---

① 一种观点是承认司法先例为正式的具有权威性的法律渊源；另一种观点具有折衷性，认为，某种司法行为方式可以具体表现为一种习惯法规范，并因此而获得重复的法律强制力与效力，而这种司法行为方式则须是持续了一定时间并在法律界内外得到了较为充分的承认。转引自：［美］博登海默：《法理学、法哲学及其方法》，邓正来、姬敬武译，华夏出版社 1987 年版，第 420 页。

目录

第一章　横向垄断协议的法律规制

——山西电力价格垄断案[①]

一、案例正文

（一）摘要与关键词

摘　要：横向垄断协议的认定要件包含主体要件、主观要件、客体要件、客观要件。客体要件应采本身违法原则进行推定。对客体要件的考量，要以判断该行为是否侵害公平竞争秩序为核心，综合考量对经济效率和消费者权益的影响，并谨慎考量其对社会公共利益的影响。反垄断法可以规制垄断行业。不景气卡特尔认定除外制度的认定要件包括行为背景、行为目的与行为效果。

关键词：横向垄断协议；客体要件；垄断行业；不景气卡特尔

（二）背景介绍

自2002年第一轮电改实施以来，电价形成机制越发完善，发电环节、输配环节、销售环节均成效显著。虽然如此，电力行业的发展依旧面临一系列亟须解决的难题，如市场交易机制缺失、资源利用率低、竞争机制不健全等。2015年中共中央、国务院下发《关于进一步深化电力体制改革的若干意见》（以下简称“电改9号文”），“电改9号文”及一系列配套文件的颁布意味着新一轮电改正式开始。

---

① 本案例中的行政处罚决定由国家发展和改革委员会指导山西省发展和改革委员会作出。本案例省略了火电企业的名称，对火电企业名称作了掩饰处理。事件的真实性有2017年5月9日山西省发展和改革委员会发布的行政处罚听证公告《晋发改公告〔2017〕5号》、2017年8月3日国家发展和改革委员会发布的新闻“首例直供电价格垄断协议案被依法查处”为证。

改革即是对利益的重新调整，对“蛋糕”的重新分配，在电改的背景下山西省电力行业协会召集火电企业签署了《山西省火电企业防止恶意竞争，保障行业健康可持续发展公约》。

对于山西省电力行业协会组织火电企业签署《山西省火电企业防止恶意竞争，保障行业健康可持续发展公约》一案，2017 年国家发展和改革委员会指导山西省发展和改革委员会依法作出处理决定：对达成垄断协议发挥组织作用的山西省电力行业协会，依法从重处罚，罚款 50 万元；对参与达成并实施垄断协议、积极配合调查、认真整改的涉案企业处上年度相关销售额 1% 罚款，对 23 家涉案企业合计罚款 7288 万元。

（三）基本案情

2016 年，全国“12358”价格监管平台及山西省政府有关部门接到举报。经查，山西省电力行业协会召集 4 家央企发电集团山西公司、4 家省发电集团以及 15 家发电厂召开了“火电企业大用户直供座谈会”。座谈会上山西省电力行业协会与火电企业协商直供电交易价格，签署《山西省火电企业防止恶意竞争，保障行业健康可持续发展公约》，共同约定“根据市场情况，各大发电集团及发电企业，按照成本加微利原则，测算大用户直供最低交易报价，由省电力行协加权平均后公布执行”，并确定 2016 年山西省第二批大用户直供电报价较上网标杆电价让利幅度不超过 0.02 元/千瓦时，最低交易报价为 0.30 元/千瓦时。据查，涉案企业按照约定价格交易的电量约为 250 亿千瓦时，交易额近 80 亿元。

行政处罚预先告知书下达后，部分被罚主体提出处罚听证申请。在行政处罚听证会中，山西省电力行业协会及涉案企业提出四点申辩理由：(1) 公约虽已签字但仍于修改中，并未正式印发及生效，不应认定为垄断协议。(2) 电力市场为非完全市场，并非《反垄断法》规制的完全自由市场。(3) 山西经济处于下行期，火电企业面临巨大困难，产能严重过剩。(4) 大用户直供电为改革试验，电力市场各类主体在改革探索阶段任务艰巨困难重重，应允许试错。

二、案例使用说明

（一）目标与方向

本案例为近年来涉及横向垄断协议的典型案例，希望通过对本案例的介绍帮助读者掌握横向垄断协议的认定方法及认定要件，了解反垄断法的规制范围及不景气卡特尔适用除外制度等。

（二）涉及知识点

本案例主要涉及反垄断法的相关知识，主要包括反垄断法的内容、横向垄断协议的认定、不景气卡特尔适用除外制度等。

（三）法律问题

1. 横向垄断协议的认定要件包括什么？客体要件是否作为横向垄断协议的认定要件之一？客体要件应当如何适用？

2. 本案中火电企业是否达成了横向垄断协议？

3.《反垄断法》是否规制垄断行业？

4. 应当如何适用不景气卡特尔适用除外制度？

（四）参考结论

反垄断执法机关指出：垄断协议的达成和实施，不仅看目的，更要看行动以及行动的后果。从该视角观之，执法机关认为横向垄断协议的认定要件包括主体要件、主观要件、客体要件、客观要件。客体要件为横向垄断协议的认定要件之一；[①]从本案中反垄断执法机关没有对相关垄断协议的达成和实施对竞争秩序、经济运行效率、消费者利益、社会公共利益等价值的影响作深入的分析，仅以调查到的成交量和成交额为依据便得出相关主体达成并实施了横向垄断协议中的价格垄断协议的结论，可以推论出反垄断执法机关认为价格垄断协议具有"本身违法性"，可以以行为直接推论出满足客体要件；此外，从反垄断执法机关在火电企业的抗辩下对该行为的认定和处罚可以看出其认为横向垄断协议的认定不将垄断协议是否以正式文件形式印发作为前提条件。电力行业虽为不完全竞争市场，但依旧为《反垄断法》所规制。且火电企业的发展困境不能作为其实施垄断协议的豁免依据。

（五）法理分析

1. 横向垄断协议的认定要件包括什么？客体要件是否作为横向垄断协议的

① 客体要件是指反垄断法所保护的法益，当特定行为的行为后果表现已经或可能侵犯反垄断法所保护的法益时可视为满足了客体要件。

要件之一？

我国《反垄断法》并未规定横向垄断协议的认定要件，只是不完全列举了横向垄断协议的常见类型，并以“国务院反垄断执法机构认定的其他垄断协议”兜底。而今实践中垄断协议形式多样，且部分经营者甚至采取隐蔽的非协议的合意并外在表现为协同行为以达到垄断目的，这给反垄断执法机构及司法机关对横向垄断协议的认定设置了很多阻碍。此外，司法审判中对于垄断协议的认定与执法机构的做法也存在分歧。因此，横向垄断协议的认定问题一直被学者广泛讨论且争议颇多。

目前学界的通说为横向垄断协议认定要件有四：主体要件、主观要件、客体要件、客观要件。

主体要件是指横向垄断协议的参与主体为复数并独立的经营者，且经营者之间存在竞争关系。复数的要求基于协议的特性产生。凡是“协议”，必然需要两个或两个以上的主体达成合意。无论此种“协议”是以文字的形式还是非文字默示的方式表现均至少需要两个主体的共同参与，单个主体无法形成协议或实施协同行为。我国《反垄断法》第 22 条隐含地承认了“单一经济体理论”，即要求参与的主体之间为独立关系。反垄断法禁止横向垄断协议意在规制能够独立作出市场决策行为的主体之间达成共谋，而形式上独立但在经营决策、市场行为等方面受到同一实体控制的同一经济体内部的协调行为实质上不属于共谋行为。“经营者”这一概念在不同的法律中有不同的含义。《反垄断法》第 12 条对该法中的“经营者”限定为从事商品生产、经营或者提供服务的自然人、法人和其他组织，经营者身份的认定不以“营利”为前提条件。此外，主体之间的竞争关系也是主体这一要件的重要内容。竞争关系的判断要综合考量各主体的经营产品范围、服务内容、经营地域等。

主观要件是指行为主体在主观方面有限制、排除竞争的故意。无论是刑法中罪名的认定还是民法中侵权行为的认定均逃不过对于主观故意作为认定要件的讨论。在反垄断法中经营者客观上实施了具有垄断效果的行为可能并不出于垄断的目的，比如在未经协商的情形下具有竞争关系的经营者自发变动同种商品价格并显示出主体间达成了横向垄断协议外观的情况，该种情况可能受偶然、季节变化、成本变化等因素影响而产生，不应当被法律所禁止。因此，限制、排除竞争的故意是横向垄断协议认定必不可少的一环。然而，主观故意的认定存在很大的障碍，执法机构和司法机关如何知悉经营者的主观意图是非常困难的。如何认定主观故意在学术界存在三种观点：客观标准说、主观标准说与折中说。客观标准说认为应当以客观的行为标准来认定主观过错，主观标准说认为应通过判定行为人的主观心理状态来分析主观过错。客观标准说以客观效果认定主观故意实则架空了主观要件这一步骤，而主观标准说纯粹地以揣测经营者的主观状态来认定主观故意又过于困难且容易产生主观臆断。因此，折中说较为合理，应将主、客观标准说结合起来，并以客观标准作为主要的判定标准。

客体要件是指《反垄断法》所保护的法益。该法益可由该法的立法目的体现。反垄断法将预防和制止垄断行为作为规制手段，将保护正常的竞争秩序作为核心立法目的，围绕保护竞争秩序，反垄断法也对经济运行效率、消费者利益和社会公共利益进行保护。认定横向垄断协议时，需要考量反垄断法所保护的法益是否因该种行为产生或可能产生损害。然而对于客体要件是否作为横向垄断协议的认定要件之一学术界存在争议。笔者对这一问题持肯定的态度并将在后文详述持该观点的理由。

客观要件是指经营者之间形成了限制竞争的合意或者实施了协同一致的行为。这种合意或协同一致的行为可以表现在主体间签署的合同等书面文件中，也可以表现在企业团体的决定或决议中，本案中山西省电力行业协会召集各火电企业签署的《山西省火电企业防止恶意竞争，保障行业健康可持续发展公约》便属于该种形式。此外，经营者间协同一致的行为也可以作为达成了横向垄断协议的客观表现。

正如上文所言，有学者认为横向垄断协议的认定要件中不包含客体要件。笔者将从《反垄断法》的立法目的的角度出发分析客体要件作为认定要件的必要性，及客体要件中应当考量的内容。

我国《反垄断法》第 1 条开宗明义地阐述了其立法目的。从手段与目的的二元视角来看，预防和制止垄断行为是《反垄断法》发挥效用的手段，保护市场公平竞争、提高经济运行效率、维护消费者利益、维护社会公共利益是《反垄断法》欲达到的目的。

预防和制止垄断行为仅是手段而非目的。首先，法律并不是社会中争议解决的唯一途径，并不适宜调整社会生活的方方面面。通过立法设立禁止性规范时需注意保持法律的谦抑性。我国处于社会主义市场经济的完善阶段，对某种经济行为的限制不可盲目，将预防和制止某种行为理解为法律的立法目的并不恰当，预防和制止某种行为应当作为保护某种该行为可能侵犯到的利益和价值之手段，法律不宜绝对性地限制某种经济行为，应当给予市场主体以较大程度的自由，对于其行为的限制应通过欲保护的利益和价值衡量。其次，垄断本身是一把“双刃剑”，垄断行为对竞争的影响、对经济运行的影响、对消费者利益和社会公共利益的影响具有双面性，即使垄断可能带来的不利影响可能远远超过有利影响，《反垄断法》在对待垄断行为时依旧应当谨慎，仅可将预防和制止垄断行为作为实现保护市场公平竞争、提高经济运行效率、维护消费者利益、维护社会公共利益的手段，对于垄断行为的打击要以保护上述价值为目的。如若持不将客体要件作为认定要件之一的观点即使认为反垄断法乃纯粹限制行为的法，这与反垄断法的本质并不相符。

学术界存在一种对于横向垄断协议的分类，它认为根据反垄断法对于横向垄断协议的态度可以将横向垄断协议分为本身违法的横向垄断协议、适用合理原则的横向垄断协议、适用除外的横向垄断协议。本身违法的横向垄断协议是指其实行必然严重损害竞争而为反垄断法所严厉制裁的垄断协议。对于该种垄断协议不需要调查其对竞争产生何种影响，固定价格垄断协议被归于其中。适用合理原则的横向垄断协议则为市场上出现的具有限制竞争效果的垄断协议，该种垄断协议不绝对地被视作违法行为，其是否违法应当结合实际产生的效果判断。适用除外的横向垄断协议更为特殊，国家出于某种利益的考量允许此种垄断协议的存在，不予追究其法律责任。这种利益可能为社会公共利益、经济利益等。对上述分类的不准确理解可能会得出错误结论，即如若承认该种分类，不同种类的横向垄断协议认定将会适用不同的认定要件，如若各主体之间达成了以固定价格协议为代表的本身违法的横向垄断协议，那么认定要件只有主体要件、主观要件和客观要件，不包括客体要件，不需考量该种行为已经或可能产生的影响即可直接对其进行法律制裁。

然而，即使属于本身违法的横向垄断协议，虽然在认定时基于追求效率等目的的考虑不对该协议行为已经或可能产生的市场影响进行分析，也不表明对该种垄断协议的认定不包括客体要件，不分析影响只是因为在实践中已经通过大量的案件证明了该种协议对于竞争秩序、消费者利益、社会公共利益等会产生的明显且严重的危害。客观要件的符合性已被大量的执法、司法实践所验证。此外,从法律规定观之,我国《反垄断法》也并未承认该种分类,对于“固定或者变更商品价格”“限制商品的生产数量或者销售数量”“分割销售市场或者原材料采购市场”“限制购买新技术、新设备或者限制开发新技术、新产品”等横向垄断行为的认定方式并未差别处理。

综上,客体要件应作为横向垄断协议的认定要件之一。为厘清客体要件当中应当考量的内容需要再次回归手段与目的的二元视角,市场公平竞争、经济运行效率、消费者利益、社会公共利益是反垄断法所要保护的价值,是反垄断法的“目的”,下文笔者将进一步阐述上述四种价值目标及其优先性关系。

《反垄断法》保护市场公平竞争意在保护公平竞争秩序,其通过对自由竞争施加限制以实现维护公平竞争秩序的目标,此种价值是《反垄断法》所保护的核心法益。学理上通常将反垄断法和反不正当竞争法视为广义竞争法的重要组成部分,而竞争法区别于其他类型之法存在的独特意义即在于竞争秩序的维护,因此保护市场公平竞争为《反垄断法》的核心目的。公平的竞争环境是市场经济发展必不可缺的土壤,但是市场本身具有固有缺陷,它无法自发产生维护公平竞争的机制。市场经济的本质是自由经济,其强调市场主体可以按照自己的意志自由地从事经济活动。然而过度的自由、没有限制的自由所产生的自由的滥用反过来会成为自由本身的枷锁,侵蚀公平竞争的土壤。合理保障自由,合理施加对自由的限制需要一套完善的机制来实现,此种机制便是竞争法。竞争法的独特使命便是在承认自由竞争的基础上对经济行为施加一定的限制以实现保护公平竞争秩序的目的。在认定横向垄断协议,考量相关行为可能或已经产生的影响时应将对竞争秩序的影响作为重要考量因素。

我国《反垄断法》第1条中使用了“提高经济运行效率”的表述,可见立法者将效率目标作为《反垄断法》所保护的价值之一。反垄断法中的效率目标由芝加哥学派提出,后芝加哥学派的代表人之一霍温坎普对效率目标的认识更为深入。他提出经济效率包括生产效率和配置效率,生产效率可以简单理解为投入和产出的比率,配置效率以整体视角观之乃社会福利,即在一定的投入下给社会带来的收益大小。而无论生产效率还是配置效率的提高均需要通过充分的市场竞争、公平的竞争秩序来实现。首先,市场竞争可以提升生产效率。在市场竞争的条件下,经营者为占据更大的市场份额、获得更多的利润会降低其生产成本和销售价格,降低成本和销售价格的压力驱使企业增加研发投入,不断提高生产的技术水平。当市场主体争相提高自己的技术水平时，整个产业的生产效率必将得到显著的提高。市场竞争的充分性和公平性会影响生产效率提高的持续性和稳定性，生产效率的提高也应以保护公平的竞争秩序为前提。其次，市场竞争有助于提升配置效率。充分、公平的市场竞争会使资源流向最能满足消费者需要的商品生产部门，该流动会促进实现资源更大效用的发挥，从而有利于提高资源的配置效率。经济运行效率作为《反垄断法》的重要价值之一应当作为认定横向垄断协议的考量因素，不容忽视的是，由于公平竞争是《反垄断法》的核心价值目标及实现生产效率和配置效率的前提，经济运行效率应作为公平竞争秩序的下位价值。

维护消费者的利益在反垄断法上也具有重要地位。以美国为代表的一些国家将消费者的利益作为反垄断法的核心、终极目标。而我国的反垄断法将消费者作为衡量是否侵犯公平竞争秩序的标准，不将消费者利益作为终极目的。从法律部门的设置来看，反垄断法所属的广义竞争法与广义的消费者权益保护法虽有相辅相成之处但二者的差异显著。消费者权益保护法将保护消费者的权利和利益作为核心宗旨，而竞争法则视保护竞争秩序为关键，这是二者的核心差别。在这样的立法安排下，二者有各自独特的法律使命。从法律规定的具体内容看，《反垄断法》中“消费者”一词出现的频率极低，与《消费者权益保护法》形成强烈反差，此外，《反垄断法》第 15 条关于垄断行为豁免的规定中，消费者这一主体的使用也可印证反垄断法仅将消费者作为衡量是否侵犯公平竞争秩序的标准。

《反垄断法》作为经济法学的一个分支必然将保护社会公共利益作为其立法目的之一。某行为对社会公共利益的影响显然作为认定该行为是否为垄断行为的重要参考内容。然而社会公共利益这一概念过度抽象，运用其认定横向垄断协议时适用不当容易造成司法权的滥用和对经济行为的不当限制，甚至影响到国家的经济效率。因而在考量具体行为是否侵害社会公共利益时应主要从维护竞争秩序和消费者权益保护的视角进行，避免不当后果的产生。

虽然客体要件在认定横向垄断协议中作为必不可少的一环，在具体操作中客体要件如何适用依旧充满争议。应坚持所有类型的横向垄断协议均结合实际已经或可能产生的影响个案认定，还是将横向垄断协议分类后分别处理，对于未进行过影响考量的类型在豁免条款中予以考量？抑或者在认定所有横向垄断协议的客体要件时完全坚持其违法性仅在豁免条款中对影响进行考量？还是在认定和豁免时对影响进行双重考量？美国的反垄断违法确认原则随着经济态势不停变化，20 世纪 70 年代之前在本身违法原则、合理原则之间变化不定，随后的趋势是本身违法原则的范围被压缩、合理原则适用范围逐渐变宽，并在违法确认上逐渐呈现将二原则合并适用的趋势。欧盟采取普遍豁免制度，《欧共体条约》第 81 条(1)规定："凡可能影响成员国间贸易，并以阻碍、限制或扭曲共同市场内的竞争为目的或由此效果的企业间协议、企业联合组织的决定或一致行动，均被视为共同市场不相容而被禁止。"该条(3)又规定在有利于改善产品的生产或销售，或有利于促进经济与技术进步，同时使消费者能公平分享由此产生的利益的情况下对符合(1)行为进行豁免。

能够看出，垄断协议的认定模式在不同国家不同区域采用了不同的方法，这与特定国家或区域的特定经济、政治等背景息息相关。横向垄断协议的客体要件的适用应结合我国现有的情形审慎考量。

首先，坚持所有类型的横向垄断协议均结合实际已经或可能产生的影响进行个案认定在我国现有情况下难以实现。如果要求对于所有横向垄断协议客体要件认定过程中均须结合实际已经或可能产生的影响，一方面，执法效率和司法效率将大打折扣；另一方面，目前我国反垄断执法机构、司法机关人员素质是否能够满足实现此种制度的目的也不得而知。

其次，对横向垄断协议予以分类并分别处理，对于未进行过影响考量的类型在豁免条款中予以考量的做法也有待商榷。随着实践的发展，垄断协议的类型千变万化，法律难以穷尽实践中出现的情况而对不同的横向垄断协议进行归类。此外，各类别横向垄断协议对于竞争秩序、消费者权益、经济效率、社会公共利益等的影响也难以精准切割出应在认定过程中考量和可以在认定过程中推定两类。

再次，认定和豁免时对影响进行双重考量看似较为稳妥，为经营者上了"双保险"，但该种认定方式依旧难以摆脱降低执法效率和司法效率的弊端，且四要件中的效果认定和豁免时的效果认定难免产生重复，如此设计在逻辑上也并非无懈可击。

最后，认定所有横向垄断协议的客体要件时应完全坚持其违法性，仅在豁免条款中对影响进行考量。首先，此种方法最大限度地保障了司法效率和行政效率,有助于应对反垄断案件激增的现状。其次,《反垄断法》第 15 条已经通过列举与概括的方式从改进技术、增进效率、提高经营效率、实现社会公共利益、不会严重限制相关市场的竞争、消费者分享利益等多个角度考量了从反垄断法的立法目的来看横向垄断协议应考虑的效果中应有之义:竞争秩序、经济效率、消费者权益、社会公共利益。即使概括加列举的方式不能完全涵盖应当考虑到的反垄断法欲实现的价值,通过第 15 条第 7 款的兜底也可以较大程度地实现适用除外制度的合理性。

综上,在认定所有类型的横向垄断协议时均应坚持四要件,但客体要件应采本身违法原则进行推定,在豁免条款中综合列举加概括的规定以及兜底条款对已经或可能产生的反垄断法应当考量的价值和影响予以分析。

2. 本案中火电企业是否达成了横向垄断协议?

从四要件的角度分析,本案中的火电企业达成了横向垄断协议。

主体上火电企业属于具有竞争关系的复数经营者。主观上各火电企业对《山西省火电企业防止恶意竞争,保障行业健康可持续发展公约》中约定的内容均知悉且清楚其有产生限制、排除竞争的可能并积极追求这种反竞争效果。客体上固定价格的行为对火电市场竞争秩序会产生不利影响,同时以电价为途径侵犯了消费者的利益且不利于火电行业生产效率的提高。本案中涉案企业之交易量占第二批大用户直供电交易量的 85%,其固定价格行为使得高达 85% 的电力是在自由竞争的情形下交易的,这大大抑制了市场调节价格作用的发挥,使得山西的电力市场难以获得自由竞争所能带来的红利。此外,由于横向垄断协议的实施,大用户直供电平均价格明显上升,山西用电企业并未享受到大用户直供电应有的优惠价格,损害了用电企业的实际利益,间接损害了广大消费者的利益,此外,在火电市场充分竞争的情形下,相关企业为在市场中生存并提高收益必然竞先提高生产效率、降低成本,而固定价格协议的达成可能使得火电企业在安逸中产生惰性,不积极技术创新等,进而不利于火电行业效率的提高。客观上经营者之间形成了该公约并且实施了公约中约定的限定价格的行为。

本案中火电企业的行为完全符合四个构成要件,属于横向垄断行为。涉案火电企业约定按照成本加微利原则测算大用户直供最低交易报价,由省电力行业协会加权平均后公布执行;2016 年山西省第二批大用户直供电报价较上网标杆电价让利幅度不超过 0.02 元/千瓦时,最低交易报价为 0.30 元/千瓦时。进一步讲这构成了《反垄断法》第 13 条中规定的“固定或者变更商品价格”的垄断协议,可简称“固定价格垄断协议”。该条中的“固定价格垄断协议”在实践中的表现形式包括固定或变更商品或服务的价格水平、变动幅度;固定或变更对商品或服务价格有影响的手续费、折扣或其他费用;约定计算价格的标准方法;约定未征得其他参加经营者同意不得变更价格;适用约定价格作为与第三方交易的基础等。本案中火电企业的行为类型可归于前述的第一种“固定或变更商品或服务的价格水平、变动幅度”。又因行业协会发挥了重要的组织作用,火电企业达成了“行业协会固定价格协议”。

行政处罚听证会中,山西省电力行业协会及涉案企业提出的关于“公约虽已签字但仍于修改中,并未正式印发及生效,不应认定为垄断协议”的申辩理由并不成立。原因在于客观要件中要求经营者之间达成的合意可以在各种有文字记载的合同等文书体现,但是对于文件是否属于合同法上已生效的合同没有严格要求。此外,即使不存在该公约,反垄断执法机关已掌握涉案企业按约定价格交易量达 250 亿千瓦时,交易额近 80 亿元。此种情况也足以认定火电企业间存在协同行为,存在协同行为也就满足了横向垄断协议中的客观要件。由于本案中山西省电力行业协会起到了重要的组织作用,达成的垄断协议内容为固定价格,可以进一步得出本案中火电企业达成了“行业协会固定价格协议”。

3.《反垄断法》是否规制垄断行业?

在行政处罚听证会中,山西省电力行业协会及涉案企业提出电力市场为非完全市场,并非《反垄断法》规制的完全自由市场,其行为不为反垄断法所规制。该抗辩理由是否成立取决于《反垄断法》是否规制垄断行业。

我国《反垄断法》并未通过直接描述的方式规定其规制市场竞争的状态为完全竞争、非完全竞争还是无竞争状态,但是通过间接的法律规定及反垄断执法、司法实践可以得出《反垄断法》适用于垄断行业。

《反垄断法》第 2 条规定中华人民共和国境内经济活动中的垄断行为适用该法,而没有对经济活动加以限定,在该法的附则中对经营者依法行使知识产权的行为、农业生产者及农村经济组织在农产品生产、加工、销售、运输、储存等经营活动中实施的联合或者协同行为进行排除。从《反垄断法》的法律规定观之,其并未将垄断行业排除在其规制范围之外。

然而《反垄断法》绝非适用所有除附则中豁免的垄断情形,有学者认为其在垄断行业的适用范围受政府产业规制的限制。[①] 任何法律的适用范围都是有一定限度的，在大多数情形下政府产业规制与反垄断法并不冲突，但当有合法依据的政府产业规制对特定产业的市场准入、价格控制存在与反垄断法的不同规定或允许经营者从事某种反垄断法禁止的行为时二者之间便存在冲突情形。而当冲突情形出现时则需要衡量反垄断法所保护的竞争秩序等价值与政府产业规制所侧重的产业发展孰轻孰重，若个案中政府产业规制所保障的利益更加重要，《反垄断法》在该案中的适用可能要受到一定的限制。

垄断行业在我国没有准确的法律定义，我国《反垄断法》第 7 条可以作为垄断行业界定的参考标准："国有经济占控制地位的关系国民经济命脉和国家安全的行业以及依法实行专营专卖的行业"。实践中电力行业被认为是典型的垄断行业，但垄断行业中包括自然垄断业务和竞争业务，垄断行业业务的特殊性并不意味垄断行业的所有业务都具有自然垄断性，如电力设备供应、电力生产、电力供应即属于竞争性业务，可以引入竞争机制。[②] 高压输电和低压配电属于自然垄断业务，但在该种领域没有与反垄断法相冲突的政府产业规制时反垄断法依旧可以对其进行规制，更何况本案中电力供应的领域完全可以引入竞争机制，在电力供应领域实施的垄断行为受反垄断法的约束更无疑问。

2016 年天津市市场监督管理委员会在监督检查过程中发现天津市自来水集团有限公司涉嫌滥用市场支配地位并随后开展调查，经过调查最终认定天津市自来水集团有限公司滥用市场支配地位，利用其市场支配地位在交易中附加不合理条件，其要求房地产开发企业自行建设二次供水设施时必须使用当事人指定的天津市华澄供水工程技术有限公司生产的智能电控柜和远程监控子站。基于该滥用市场支配地位的行为，天津市市场监督管理委员会依据《反垄断法》第 17 条、第 47 条及《行政处罚法》第 51 条责令该自来水公司停止违法行为，并处 2016 年度销售额 3% 的罚款 7,438,622.77 元。[③] 自来水行业属于典型的自然垄断型行业，天津市市场监督管理委员会在行政处罚书中也介绍道"在天津市市南主城区内只有当事人这一家城市公共供水企业。当事人提供的城市公共自来水供水服务所占市场份额为 100%""当事人公用企业地位由来已久。迄今

① 参见孟雁北：《我国〈反垄断法〉之于垄断行业适用范围问题研究》，载《法学家》2012 年第 6 期。

② 参见郑鹏程：《论我国自然垄断行业的垄断特征与法律规制》，载《法学评论》2001 年第 6 期。

③ 参见天津市市场监督管理委员会行政处罚决定书（津市监稽罚字〔2019〕J1 号）。

为止,在本案相关市场中,当事人具备唯一经营者地位”。虽然天津市自来水集团有限公司所经营的自来水行业属于垄断行业,但反垄断执法机关依旧以《反垄断法》作为规制其行为的法律工具。

有线电视传输行业在我国也属于一种垄断行业,“吴某某诉陕西广电网络传媒(集团)股份有限公司捆绑交易纠纷再审案”①作为典型案例公布也可证明从司法实践的角度《反垄断法》可以规制垄断行业。最高人民法院以《反垄断法》第 17 条判定吴某某关于确认广电公司收取其数字电视节目费 15 元的行为无效和请求判令返还 15 元的再审请求成立。

综上,从《反垄断法》的法律规定及反垄断执法实践与司法实践观之,《反垄断法》可以对垄断行业加以规制。另外,反垄断法规制垄断行业时若存在有合法依据的政府产业规制与反垄断法有不同规定,反垄断法的适用范围可能受到一定的限制。但本案的电力供应领域不存在与反垄断法相抵触的政府产业规划,甚至在“电改 9 号文”颁布后政府产业规划与反垄断法所追求的反垄断目的完全一致。因此,本案中达成并实施固定价格垄断协议的行为不应排除于反垄断法的适用范围外。

4. 应当如何适用不景气卡特尔适用除外制度?

本案中,山西省电力行业协会及火电企业以山西经济处于下行期、火电企业面临非常大的困难、产业严重过剩为由申请《反垄断法》第 15 条的适用除外。《反垄断法》第 15 条规定经营者如能够证明其是在经济不景气的背景下为缓解销售量严重下降或生产明显过剩所达成的横向垄断协议,在该协议不会严重限制相关市场的竞争,并能使消费者分享由此产生的利益之前提下可以豁免。此种情形在学术界被归纳为不景气卡特尔的适用除外。

结合我国《反垄断法》的规定可将不景气卡特尔定义为:生产者之间在经济不景气时期以克服经济危机为目的,以限制销售量与生产产量为内容而达成的协议。欲清晰不景气卡特尔适用除外制度的适用须明确该制度的一般原理、合理性,并结合我国法律规定得出认定要件。

(1)一般原理

理想状态中,市场机制作用下的周期性经济危机可以将非效率市场主体淘

---

① 参见最高人民法院(2016)最高法民再98 号民事判决书。

汰，从而恢复社会总需求与总供给的平衡，但仅依靠市场机制自发的调节有许多弊端。首先，在分工合作逐渐深化的背景下，某一个产业因危机遭受打击会牵连到其上下游产业及与之相关的一系列产业，这些相关产业也会遭受破产、休业的威胁，当社会中多个产业均面临困境之时可能给整个社会带来非常严重的恶果。其次，危机可能使非效率市场主体在危机中被淘汰，然而在危机的持续期间生产设备由于闲置可能受到破坏并难以恢复使用，在经济有所好转之时其可能不能满足未被淘汰的企业正常的生产需求，从而导致优秀企业的发展也将受到影响。再次，理想状态的供需状态恢复可能需要一个很长的周期，在这个周期内如果仅依靠市场力量自发调节，当经济重新恢复之时该国家可能已经被世界上其他国家在经济、政治等方方面面全面超越，该国的国际地位可能受到巨大影响，这是每个国家的执政者所不愿看到的。最后，政府很难对供需状态恢复期间内人民水深火热的生活袖手旁观，政府有义务保障人民的基本生活，解决就业问题、住房问题、医疗问题等都要以经济的发展为前提。因此当经济陷入危机，政府有必要在一定的前提下允许生产者实施以限制销售量和生产产量为目的的卡特尔。

不景气卡特尔产生于经济学的动态分析法，然而运用静态分析法得出的静态效率和运用动态分析法所得出的动态效率在卡特尔适用除外制度是否合理这一问题上存在相悖的结论，在如何应对市场失灵这一问题上静态分析法和动态分析法存在分歧，静态分析法会得出不景气卡特尔适用除外制度缺乏存在的正当理由，市场自身可以应对危机的结论。而动态分析法以现实经济社会不存在完全竞争否定静态分析法的结论，其认为不景气卡特尔适用除外制度可以通过增强投资者投资信心的方式提高效率以助于解决危机。[①]

从经济法学作为政府干预经济的代表性法律学科逐渐被立法者及学者所承认，从国家市场监督管理总局的设立，从实践中行政机关对各个经济领域的调控和干预可以看出我国承认国家干预这一理念具有合理性。放眼世界各国，无论是美国、英国还是日本均在坚持市场对于经济调节应发挥主导作用的理念下对经济生活施加干预。从该角度说，在经济发展这一问题上应该将动态分析经济的方法作为基础，承认干预的合理性。在周期性经济危机中应对经济施加一定的干预助力恢复社会总需求与总供给的平衡。

---

① 参见齐虹丽：《“不景气卡特尔适用除外制度”的性质与作用》，载《法学评论》2012 年第 1 期。

(2)合理性

正如上文所言,政府干预经济助力、恢复社会总需求与总供给的平衡有合理性,但干预经济的方式多种多样,是否一定要通过立法承认不景气卡特尔适用除外制度依旧值得商榷。对于不景气卡特尔存在意义的分析要以探寻其合理性为支点。关于不景气卡特尔适用除外制度的合理性可以归纳为以下三点:

首先,完全竞争的市场是经济学分析问题的理想状态,在现实社会中并不存在完全竞争的情形,“垄断竞争”是市场的常态,正如上文所言,仅依靠市场自身力量调节经济有着一系列弊端,如某一产业的危机牵连到其他产业从而造成更大破坏、危机不仅淘汰弱者并且影响到效率高的企业的发展等。仅以市场的静态效率为标准来确定一国之竞争政策是不足以应对危机的。

其次,国际化已是当今时代不可阻遏的潮流,国家与国家之间的交流越发广泛和深入,在开展合作的同时在各个领域尤其是经济领域充满了激烈角逐。在经济领域我们常常用世界五百强来审视我国企业的发展情况,而塑造一个世界五百强水平的企业很难紧紧依靠以市场静态效率为标准制定的竞争政策来实现,国家在一定程度上要扶持、鼓励此种企业的发展甚至在特定情形下允许其采取垄断行为。不可否认的是公平竞争是良性竞争的前提,而良性竞争会使得一个国家的整体经济状况越发繁荣,但经济巨头主体的培养难以单纯靠公平竞争来实现。

最后,政府作为服务者其促进经济发展的主要目的即为实现人们在物质文化等方面的需求,而实现人们的多种多样的需求之重要途径是扩大投资与科技创新。政府对竞争实力强的企业提供风险保障,在特定情形下通过不景气卡特尔豁免制度保护企业的稳健发展有利于提高企业的生产能力和技术水平,并最终会助力满足人们对更美好生活的需要。

综上,不景气卡特尔适用除外制度是有一定合理性的。但是不景气卡特尔适用除外制度的不当使用也可能产生不良后果,比如严重限制竞争、侵犯消费者利益等。为更大发挥不景气卡特尔适用除外制度的效用,避免对其使用不当而产生的不利影响,应严格其认定要件,对其适用范围加以限制。

(3)认定要件

2014年“海南加气砖垄断案”与本章的“山西电力价格垄断案”均以“经济不景气,相关产品产能过剩”为由申请不景气卡特尔适用除外。为避免反垄断法对于垄断协议的规定被此适用除外制度架空，合理发挥不景气卡特尔适用除外制度的效用应根据我国《反垄断法》第 15 条的规定，归纳认定要件以指导反垄断案件的执法和司法。

第一个要件为行为背景。协议须为在经济不景气的影响下出现了销售量严重下降或生产明显过剩的情形下签订。首先，要分析此处的经济不景气是否达到较严重的程度。较严重的程度是指由市场经济周期性危机形成的经济衰退情形，此处的衰退情形表现为多个行业的衰退，但不排除某一行业作为该次经济危机的“导火索”首先产生危机状态。对经济不景气的界定要从宏观角度出发，综合考量一国的经济状况甚至世界各国的经济状况。在全球化的背景下，经济危机会从一个国家传到多个国家，他国经济的经济形势可能对我国某一行业甚至整体经济的影响也不容忽视。其次，要判断是否已发生了销售量严重下降或生产明显过剩的情形。经济不景气为宏观视角，而销售量严重下降或生产明显过剩则为微观视角。此处的销售量严重下降及生产明显过剩是指提出不景气卡特尔适用除外抗辩的主体销售及生产状况产生了问题，根据不同行业的特点，何为“严重下降”“过剩”需要执法机关及司法机关审慎衡量，要以效果为导向在个案中确定是否达到了“严重下降”和“过剩”的标准，此种效果要达到产生的“严重下降”和“过剩”在该企业不采取措施的情形下将会对其产生毁灭性打击程度。最后，经济不景气与销售量严重下降或生产明显过剩之间要具有因果关系。优胜劣汰是竞争的自然结果，因生产效率低下、经营管理问题、不能适应市场需求变化等企业自身因素造成的生产过剩和销售下降问题不属于不景气卡特尔适用除外制度所要保护的情形。视角切换到本案，在本案中，首先我国经济不存在不景气的情形，没有经济危机的情况出现，我国没有产生经济衰退的情形反而处于中高速增长、发展方式转变、结构深度调整、发展动力转向的时期；其次，虽然山西省电力企业的生产严重过剩但该严重过剩并非由于经济不景气导致，而是因为其没有顺应我国的供给侧结构改革，没有适应我国社会用电增长放缓的变化，没有根据绿色发展理念转变生产模式、盲目扩张等自身原因引起的。

第二个要件为行为目的。《反垄断法》第 15 条的表述为因经济不景气，“为缓解”销售量严重下降或者生产明显过剩。从“为缓解”三个字中可以获知两个要点。其一，经营者实施垄断行为的主观目的是缓解销售量严重下降或者生产明显过剩。其二，在程度上讲，只是为“缓解”困境，而非彻底将困境转嫁。在经济不景气时期经营者采取的行为的目的不仅限于缓解困境，其可能为攫取暴利、获得垄断地位等，而只有为缓解销售量严重下降或生产明显过剩的垄断行为为我国《反垄断法》规定的适用不景气卡特尔豁免规定的行为，分析经营者的主观层面较为困难，反垄断执法机关和司法机关可以通过行为内容、行为效果等情形综合判断。另外，法律规定的是为“缓解”而不是为“解决”，经营者面对困难采取行为必然为了转嫁损失，而转嫁的程度仅仅可以是“缓解”，反垄断法不仅保护经营者的利益、不限于保护某一行业的发展，过度地转嫁损失会造成其他经营者、消费者或其他产业利益的受损。对“缓解”的判定也应结合行为内容和行为效果综合考量。在山西电力价格垄断案中各火电企业达成的公约为《山西省火电企业防止恶意竞争，保障行业健康可持续发展公约》，达成此公约的背景之一是山西省电力企业之间存在打价格战的情况，一些企业以远低于成本价的价格售电。然而解决此问题的方式绝非仅有达成横向垄断协议限定价格，加大科技投入提高生产效率降低成本、降低产量减少损失等很多途径均可实现缓解销量下降、生产过剩的目的，在达到目的的方式有很多种的情形下很难说采取限定价格的方式仅仅是为了“缓解”困境而不是继续获得高额利润。

第三个要件为行为效果。《反垄断法》第 15 条规定不会严重限制相关市场的竞争并且能够使消费者分享由此产生利益的垄断协议才可以被豁免。此条将该法所保护的公平竞争秩序和消费者权益作为衡量垄断行为的行为效果的标准。垄断行为的确在特定情形下需要被豁免，但是被豁免的前提是该行为所产生的有利影响应大于不利影响。这也是反垄断法所追求的效率目标。在本案中，各火电企业达成的横向垄断协议严重限制了竞争并对消费者的利益造成了侵害。首先，大用户直供电是一种双面、直接的交易模式，在此种交易模式下电价应由火电企业根据自身的生产成本等因素经过市场竞争产生。充分的市场竞争会激励企业提高效率降低成本，另外也会令电力用户获得低电价的福利，将火电行业的高效率红利惠及更多以电力为重要成本的行业中来。横向上，本案中涉案企业之交易量占第二批大用户直供电交易量的 85%，这意味着有 85% 的电力不再进行自由竞争，抑制了市场调节价格作用的发挥，阻碍了新一轮电改意图建立有效竞争的电力市场。此外，与消费者利益直接相关的便是其购买的商品价格，而商品价格受到商品成本直接影响。本案中固定价格协议的达成使得大用户直供电平均价格明显上升。由 2015 年第一批 0.217/千瓦时（低于标杆电价0.1602元/千瓦时)、2016年第一批0.133/千瓦时(低于标杆电价0.1875元/千瓦时)上升至标杆电价附近,最高成交价与标杆电价持平,为0.3205元/千瓦时,最低电价为0.295元/千瓦时,低于标杆电价0.02元/千瓦时。山西用电企业并未因该固定价格协议而享受到大用户直供电应有的优惠价格,因此该协议损害了用电企业的实际利益,间接损害了广大消费者的利益。

综上,不景气卡特尔认定除外制度的认定要件为行为背景、行为目的与行为效果。综合考量该三个要件,本案中火电企业达成的固定价格协议不属于《反垄断法》第15条规定的豁免情形。

(六)关键要点总结

1. 横向垄断协议的认定要件包含主体要件、主观要件、客体要件、客观要件。

2. 客体要件应采本身违法原则进行推定。

3. 对客体要件的考量,要以判断该行为是否侵害公平竞争秩序为核心,综合考量对经济效率和消费者权益的影响,并谨慎考量其对社会公共利益的影响。

4. 反垄断法的规制范围包括垄断行业。

5. 不景气卡特尔认定除外制度的认定要件包括行为背景、行为目的与行为效果。

(七)附录

参考文献

1. 孟雁北:《我国〈反垄断法〉之于垄断行业适用范围问题研究》,载《法学家》2012年第6期。

2. 齐虹丽:《"不景气卡特尔适用除外制度"的性质与作用》,载《法学评论》2012年第1期。

3. 郑鹏程:《论我国自然垄断行业的垄断特征与法律规制》,载《法学评论》2001年第6期。

参考法条

《中华人民共和国反垄断法》(2007年)

第一条　为了预防和制止垄断行为,保护市场公平竞争,提高经济运行效率,维护消费者利益和社会公共利益,促进社会主义市场经济健康发展,制定本法。

第二条　中华人民共和国境内经济活动中的垄断行为,适用本法;中华人民共和国境外的垄断行为,对境内市场竞争产生排除、限制影响的,适用本法。

第七条　国有经济占控制地位的关系国民经济命脉和国家安全的行业以及依法实行专营专卖的行业,国家对其经营者的合法经营活动予以保护,并对经营者的经营行为及其商品和服务的价格依法实施监管和调控,维护消费者利益,促进技术进步。

前款规定行业的经营者应当依法经营,诚实守信,严格自律,接受社会公众的监督,不得利用其控制地位或者专营专卖地位损害消费者利益。

第十一条　行业协会应当加强行业自律,引导本行业的经营者依法竞争,维护市场竞争秩序。

第十二条　本法所称经营者,是指从事商品生产、经营或者提供服务的自然人、法人和其他组织。

本法所称相关市场,是指经营者在一定时期内就特定商品或者服务(以下统称商品)进行竞争的商品范围和地域范围。

第十三条　禁止具有竞争关系的经营者达成下列垄断协议:

(一)固定或者变更商品价格;

(二)限制商品的生产数量或者销售数量;

(三)分割销售市场或者原材料采购市场;

(四)限制购买新技术、新设备或者限制开发新技术、新产品;

(五)联合抵制交易;

(六)国务院反垄断执法机构认定的其他垄断协议。

本法所称垄断协议,是指排除、限制竞争的协议、决定或者其他协同行为。

第十五条　经营者能够证明所达成的协议属于下列情形之一的,不适用本法第十三条、第十四条的规定:

(一)为改进技术、研究开发新产品的;

(二)为提高产品质量、降低成本、增进效率,统一产品规格、标准或者实行专业化分工的;

(三)为提高中小经营者经营效率,增强中小经营者竞争力的;

(四)为实现节约能源、保护环境、救灾救助等社会公共利益的;

(五)因经济不景气,为缓解销售量严重下降或者生产明显过剩的;

（六）为保障对外贸易和对外经济合作中的正当利益的；

（七）法律和国务院规定的其他情形。

属于前款第一项至第五项情形，不适用本法第十三条、第十四条规定的，经营者还应当证明所达成的协议不会严重限制相关市场的竞争，并且能够使消费者分享由此产生的利益。

第十六条　行业协会不得组织本行业的经营者从事本章禁止的垄断行为。

第二十二条　经营者集中有下列情形之一的，可以不向国务院反垄断执法机构申报：

（一）参与集中的一个经营者拥有其他每个经营者百分之五十以上有表决权的股份或者资产的；

（二）参与集中的每个经营者百分之五十以上有表决权的股份或者资产被同一个未参与集中的经营者拥有的。

第五十五条　经营者依照有关知识产权的法律、行政法规规定行使知识产权的行为，不适用本法；但是，经营者滥用知识产权，排除、限制竞争的行为，适用本法。

第五十六条　农业生产者及农村经济组织在农产品生产、加工、销售、运输、储存等经营活动中实施的联合或者协同行为，不适用本法。

第二章　转售价格维持协议的违法性认定分析

——海南裕泰科技饲料有限公司诉海南省物价局案[①]

一、案例正文

(一)摘要与关键词

摘　要：在我国反垄断行政执法与民事诉讼领域中，行政执法机关与法院在以转售价格维持协议为代表的纵向垄断协议的违法性判定标准的选择上向来存在分歧，执法机关在行政执法中更倾向于适用本身违法/违法推定原则，法院在民事诉讼中则更倾向于适用合理原则。在“海南裕泰科技饲料有限公司诉海南省物价局案”中，这一分歧不仅进一步地被体现出来，而且也引发了关于转售价格维持协议违法性认定标准的争论。各种观点的争论主要集中于不同模式的优劣、《反垄断法》的立法目的及相关条款的效力等方面。最高人民法院在“海南裕泰科技饲料有限公司诉海南省物价局案”的再审裁定书中对上述分歧与争论予以了一定回应，对我国目前反垄断行政执法与民事诉讼在转售价格维持协议的违法性判定标准上的分歧予以了承认，但是最高人民法院的这一做法只是一种“权宜之策”而非“釜底抽薪式”的解决之道，在未来仍需结合我国国情，借鉴其他国家地区的先进经验，以合理原则为基础构建出一套稳定成熟的纵向垄断

---

① 案例来源：最高人民法院(2018)最高法行申4675号行政裁定书、海南省高级人民法院(2017)琼行终1180号行政判决书。

协议规制制度。

关键词：纵向垄断协议；转售价格维持协议；合理原则；本身违法原则

（二）背景介绍

2018 年 12 月 18 日，最高人民法院对“海南裕泰科技饲料有限公司诉海南省物价局”再审一案作出裁定，驳回了再审申请人海南裕泰科技饲料有限公司的再审请求，维持原判。在该案中原被告双方围绕转售价格维持协议的违法性标准进行了讨论，一审、二审判决以及最高人民法院的行政裁定书对于我国《反垄断法》中转售价格维持协议的违法性标准认定颇具参考价值。

（三）基本案情

2015 年 9 月，海南省物价局对海南裕泰科技饲料有限公司（以下简称裕泰公司）与其经销商于 2014 年及 2015 年签订的统一格式文本《饲料产品销售合同》进行调查。经调查发现，该合同的第 7 条规定“乙方（经销商）应为甲方（裕泰公司）保密让利标准，且销售价服从甲方的指导价，否则，甲方有权减少其让利”。经调查核实，经销商并未按照协议中的指导价进行销售，同时裕泰公司也并未对相关经销商采取处罚措施，且在调查过程中积极配合。海南省物价局在作出的《琼价监案处〔2017〕5 号行政处罚决定书》（以下简称《行政处罚决定书》）中认为该《饲料产品销售合同》排除限制经销商销售同一品牌“裕泰”鱼饲料之间的价格竞争，违反了《反垄断法》第 14 条第 1 项的规定，构成了与交易相对人达成“固定向第三人转售商品的价格”垄断协议的行为。根据《反垄断法》第 46 条第 1 款及第 49 条的规定，海南省物价局决定对裕泰公司作出责令裕泰公司立即停止违法行为的决定并对其处以 20 万元的罚款。

裕泰公司不服海南省物价局的行政处罚决定，起诉至海口市中级人民法院。

二、案例使用说明

（一）目标与方向

结合反垄断法的相关规定、司法判例以及执法实践以明晰转售价格维持协议的定义并分析转售价格维持协议的违法性标准。

（二）涉及知识点

1. 转售价格维持协议的违法性标准。

2. 转售价格维持协议的违法性标准在我国反垄断民事诉讼和反垄断行政执法领域内的现状及分歧。

3. 我国学术界关于转售价格维持协议违法性标准的争论以及各派观点的主要内容。

（三）法律问题

1. 我国反垄断民事诉讼与行政执法中对转售价格维持协议认定的模式？二者之间是否存在分歧？如果有的话，二者的分歧体现在何处？

2. 其他国家或地区关于转售价格维持协议的认定模式？

3. 我国学界关于转售价格维持协议违法性判断标准的争论以及对各派观点的分析与评价。

4. 最高人民法院的再审裁定书对我们有何启示？

5. 如何解决转售价格维持协议在违法性标准上的冲突与分歧？

（四）参考结论

1. 一审法院观点

海口市中级人民法院认为判断该行政处罚决定是否合法的关键在于法律适用是否正确。海口市中级人民法院在一审中认为“对于《反垄断法》第 14 条所规定的垄断协议的认定，不能仅以经营者与交易相对人是否达成了固定或者限定转售价格协议为依据，而需要结合该法第 13 条第 2 款所规定的内容，进一步综合考虑相关价格协议是否具有排除、限制竞争效果”。即在认定纵向垄断协议的过程中，应当将该协议是否具有排除、限制竞争效果作为认定的前提条件。故在本案中，若想要判断该《饲料产品销售合同》是否属于《反垄断法》第 14 条所禁止的垄断协议类型，则需要考虑裕泰公司的经营规模、在相关市场上的市场份额、其鱼饲料在相关市场上的竞争水平、该约定对产品供给数量和价格的影响程度、该约定对市场行情的影响等因素，来分析其是否具有“排除、限制竞争效果”。结合相关证据分析，一审法院认为裕泰公司的经营规模、市场所占份额等不具有排除、限制竞争效果，《饲料产品销售合同》不构成垄断协议。判决撤销该行政处罚决定书。

2. 二审法院观点

海南省物价局不服一审判决，上诉至海南省高级人民法院，海南省高级人民法院支持了海南省物价局的上诉请求，认为该行政处罚程序合法、事实清楚，适用法律正确。在二审中，海南省高级人民法院的主要观点包括：

海南省物价局作出的《行政处罚决定书》有事实根据。裕泰公司与经销商签订的销售合同规定经销商的销售价格服从裕泰公司的指导价，固定了经销商向第三人转售鱼饲料的价格，并制定了相应的处罚条款，该协议排除、限制经销商销售同一品牌"裕泰"鱼饲料之间的价格竞争，构成了与交易相对人达成"固定向第三人转售商品的价格"的垄断协议。但由于事实上经销商并未按裕泰公司的指导价销售，裕泰公司也没有对经销商的销售价格进行监控或对经销商违反合同中限定价格规定行为进行处罚，海南省物价局将该协议认定为尚未实施所达成的垄断协议有事实依据。

关于《反垄断法》第 14 条所规定限制固定转售价格的垄断协议是否以该法第 13 条第 2 款规定的"排除、限制竞争"为构成要件，海南省高级人民法院认为：首先，依据《反垄断法》第 1 条的规定，该法的立法目的既包括"制止"垄断行为，还应包括对垄断行为的"预防"。同时依据该法第 15 条所规定的豁免条款说明我国反垄断法具有多重目的，其保护的对象是竞争机制而非竞争者。其次，《反垄断法》第 3 条规定的三种垄断行为中并未对垄断协议的认定设置"要求具有排除、限制竞争效果"的构成要件；同时，该法第 14 条中采取的表述为"禁止"，说明了我国立法对该种垄断协议持积极否定态度；除此之外，第 14 条直接将所规制的对象明确表述为"垄断协议"而非"协议"，即只要符合该条所规定的情形即属垄断协议，而不需要证明其具有"排除、限制竞争效果"；第 14 条明文赋予了国务院反垄断执法机构认定其他垄断协议的权力，表明在反垄断这一特殊领域中，反垄断执法机构在认定垄断协议上拥有一定的自由裁量权。从上述规定来看，直接将"固定向第三人转售商品的价格"视为垄断协议并明令禁止，且未规定该法第 14 条所规定的固定转售价格的垄断协议须以该法第 13 条第 2 款规定的"排除、限制竞争"为构成要件。为实现反垄断法预防和制止垄断行为、维护消费者和社会公共利益等立法目的，在无法条明确规定的情况下，不能得出反垄断执法机构所认定的纵向垄断协议必须以排除、限制竞争为构成要件这一结论。

从《反垄断法》关于垄断协议的处罚规定来看，该法第 46 条规定："经营者违反本法规定，达成并实施垄断协议的，由反垄断执法机构责令停止违法行为，没收违法所得，并处上一年度销售额百分之一以上百分之十以下的罚款；尚未实施所达成的垄断协议的，可以处五十万元以下的罚款。"由此可见，该法根据是否实施达成的垄断协议规定了两种不同的处罚方式，并明确赋予反垄断执法机构对达成但未实施垄断协议进行行政处罚的权力。《反垄断法》第 15 条规定若经营者能够证明所达成的协议属于为改进技术、增进效率、提高中小经营者竞争力、节约能源，或因经济不景气而实施，且能够证明所达成的协议不会严重限制相关市场的竞争，并且能够使消费者分享由此产生的利益的，不适用该法第 13 条、第 14 条的规定。因此，反垄断执法机构根据该法第 14 条认定经营者达成纵向垄断协议后，只有当经营者提交证据证明其达成的协议满足该法第 15 条规定的除外情形，才不适用该法第 14 条关于纵向垄断协议的认定。《反垄断法》第 15 条的举证责任在于达成垄断协议的经营者一方，若经营者未能完成其举证责任，则反垄断执法机构可以根据该法第 46 条的规定，对达成并实施垄断协议以及达成但未实施垄断协议的经营者进行处罚。

最后，海南省高级人民法院认为本案为关于纵向垄断协议的行政案件，行政机关在认定纵向垄断协议时与单个民事主体主张垄断行为造成的实际损失时并不相同。根据《反垄断法》第 50 条"经营者实施垄断行为，给他人造成损失的，依法承担民事责任"的规定，涉及垄断行为的民事案件以造成实际损失为前提，而造成实际损失又须以该垄断行为具有或产生排除、限制竞争效果为前提。本案为对垄断协议的行政处罚进行合法性审查，该法第 46 条规定的法律责任中，区分了"达成并实施垄断协议的"与"尚未实施所达成的垄断协议的"两种情形，上诉人海南省物价局根据裕泰公司与经销商达成垄断协议但经销商未依裕泰公司固定的价格销售鱼饲料以及裕泰公司在调查过程中积极配合调查、主动整改等情形对裕泰公司作出行政处罚符合法律规定，亦即上诉人海南省物价局作出本案行政处罚决定无须以裕泰公司与经销商达成的协议具有排除、限制竞争效果为前提，更无须以给他人造成损失为前提。

3. 最高人民法院观点

裕泰公司不服二审判决，遂向最高人民法院提起再审申请。在再审判决中，最高人民法院首次确认了反垄断执法机关就纵向价格垄断协议的执法模式，明确执法机关无须证明转售价格维持协议具有“排除、限制竞争”的效果，在查实行为存在后即可推定其构成垄断协议行为。

具体而言，最高人民法院认为根据《反垄断法》第 14 条“禁止经营者与交易相对人达成下列垄断协议：（一）固定向第三人转售商品的价格；（二）限定向第三人转售商品的最低价格；（三）国务院反垄断执法机构认定的其他垄断协议”的规定，除了“其他垄断协议”需要由国务院反垄断执法机构认定以外，其他两种协议，一般情况下本身就属于垄断协议，符合该法第 13 条排除、限制竞争的标准。反垄断执法机构经过调查证实经营者存在上述两种情况，即可认定为垄断协议，无须对该协议是否符合“排除、限制竞争”这一构成要件承担举证责任。但这种认定是可以通过经营者提交证据予以推翻的。即使反垄断执法机构通过调查确认存在纵向垄断协议的事实，经营者还可以提交证据证明其签订的协议不符合“排除、限制竞争”要件，或者属于该法第 15 条规定的豁免情形，以此主张对其不适用第 14 条的规定。

在判决中，最高人民法院还纠正了二审法院关于《反垄断法》第 14 条所规定的限制固定转售价格的垄断协议无须以“排除、限制竞争”为构成要件这一观点。首先，反垄断法的立法目的包括“预防”与“制止”，但不论是“预防”抑或是“制止”的对象均为“垄断行为”，是否构成垄断行为仍须以该法规定的构成要件为依据。其次，该法第 13 条第 2 款明确规定：“本法所称垄断协议，是指排除、限制竞争的协议、决定或者其他协同行为。”该条关于垄断协议的定义当然同样适用于第 14 条对纵向垄断协议的规定。最后，根据该法第 46 条的规定，反垄断执法机构可以对达成并实施垄断协议以及达成并未实施垄断协议的经营者进行处罚，但不论是哪种处罚，前提依然是建立在已达成“垄断协议”的前提下。虽然达成但未实施垄断协议的行为不会构成“排除、限制竞争”的效果，但如果该协议一旦实施则必然构成“排除、限制竞争”的效果，也就是未实施的协议依然具有“排除、限制竞争”的可能性。因此不应将“排除、限制竞争”的构成要件，等同于“排除、限制竞争效果”，更不应等同于“造成实际损失”。

最后，最高人民法院认为根据《反垄断法》第 50 条规定，经营者承担民事责任的前提，是经营者实施反垄断行为给原告造成损失，而给原告造成损失是垄断行为排除、限制竞争效果的直接体现。该垄断协议不仅要达成而且要实施并产生损失，此时的垄断协议当然具有排除、限制竞争的效果。因此，在反垄断民事诉讼中,法院审查垄断协议是否具有排除、限制竞争效果,并在此基础上进而判定是否支持原告的诉讼请求,并无不当。在行政诉讼中对反垄断机构执法中认定纵向垄断协议行为合法性的判断标准,与民事诉讼中对纵向垄断协议的审查标准,存在明显的差别。

综上,最高人民法院裁定驳回裕泰公司的再审申请。

(五)法理分析

1. 我国反垄断民事诉讼与行政执法案件对转售价格维持协议认定模式的分歧

转售价格维持协议(Resale Price Maintenance)是指以向购买商设立固定或者最低转售价格,或者以固定或最低价格水平为直接或间接目的的协议或协同行为。一般认为转售价格维持包含四种情形:固定转售价格、最低转售价格维持、最高转售价格维持和推荐转售价格(建议零售价)。[①]

我国在反垄断行政执法与民事诉讼中对于转售价格维持协议的违法性认定标准有两种原则,分别为本身违法/违法推定原则与合理原则。所谓"本身违法/违法推定原则",是指只要协议符合我国《反垄断法》第 14 条所规定的具体情形的协议,则应被当然地推定为法律所禁止的垄断协议,行政执法机关无须对其具有排除、限制竞争的效果进行举证。行为人只能通过举证证明该协议符合第 15 条所规定的豁免制度的情形,否则就应当接受相应的处罚。而"合理原则"则是在指认定一个协议是否构成《反垄断法》第 14 条所禁止的转售价格维持协议时,该协议不仅要符合第 14 条所列举的情形,同时需要考量该协议是否具有第 13 条第 2 款所规定的"排除、限制竞争"的效果,只有二者皆满足时,方能将该协议认定为违法。

我国近年来有众多关于转售价格维持协议的相关案例,其中较早的、最受学界关注、最具有里程碑意义的案例莫过于北京锐邦涌和科贸有限公司诉强生(中国)医疗器材有限公司案(以下简称强生案)。在强生案中,无论是一审上海市第一中级人民法院还是二审的上海市高级人民法院均认为在分析转售价格维持协议的过程中法院应当适用合理原则,上海市高级人民法院认为《反垄断法》

① 黄勇、刘燕南:《关于我国反垄断法转售价格维持协议的法律适用问题研究》,载《社会科学》2013 年第 10 期。

第13条第2款采用了“本法”的表述，通过观察该法中其他四处“本法所称……”的表述可以看出此种表述“均明确在‘本法’范围内定义相关词语，在逻辑上不应仅仅适用于一个条文而应该适用于整部法律，否则还需要在其他含有‘经营者’‘相关市场’‘垄断协议’‘市场支配地位’词语的其他每一个条文中对这些词语再作定义，则显然不合理。”①因此，对于第14条的适用除需符合该条所列举的情形之外，还应分析其是否具有“排除、限制竞争”的效果。

此外，法院在释理的过程中采用了“举重以明轻”的当然解释方法，认为反竞争效果强的横向协议在被认定构成垄断协议尚须以具有排除、限制竞争效果为必要条件，反竞争效果相对较弱的纵向协议更应如此。

在综合了上述理由之后，上海市高级人民法院认为转售价格维持协议需要以排除、限制竞争效果为构成要件，同时在判决书中明确提出了对限制最低转售价格进行经济效果分析时应当考虑的相关要素，包括：(1)相关市场的竞争是否充分；(2)被告市场地位是否强大；(3)被告实施限制最低转售价格的动机；(4)限制最低转售价格的竞争效果。②

最终上海市高级人民法院二审认为，本案相关市场是中国大陆地区的医用缝线产品市场，该市场竞争不充分，强生公司在此市场具有很强的市场地位，本案限制最低转售价格协议限制竞争效果明显而促进竞争效果不明显，应认定构成垄断协议。强生公司对锐邦公司所采取的取消部分医院经销资格、停止缝线产品供货行为属于《反垄断法》禁止的垄断行为，强生公司应赔偿该垄断行为给锐邦公司造成的正常利润损失。

在之后的许多反垄断民事诉讼中，法院依旧延续了采用合理原则这一分析方法，例如，在2016年的东莞市横沥国昌电气诉东莞市晟世欣兴格力贸易有限公司、东莞市合时电器有限公司案③(以下简称格力案)中，一审法院审理后认为虽然原告的行为属于“限定最低转售价格”的协议，但是由于该市场中存在售前、售中、售后市场的多方竞争，格力空调在东莞市空调市场上不存在支配地位，故而该协议不会产生“排除、限制竞争的效果”，因此这一行为并不构成“反垄断

① 参见上海市高级人民法院(2012)沪高民三(知)终字第63号民事判决书。

② 参见上海市高级人民法院(2012)沪高民三(知)终字第63号民事判决书。

③ 参见广州知识产权法院(2015)粤知法商民初字第33号民事判决书、广东省高级人民法院(2016)粤民终1771号民事判决书。

法意义上的垄断行为”。不难看出,法院依然是将合理原则作为判断转售价格维持协议的违法性认定标准。

与此同时,与反垄断民事诉讼中法院采用合理原则进行判断的做法截然相反,行政执法机关在执法的过程中则更倾向于采用本身违法原则。一方面,在“美敦力案”、①“乳粉企业案”、②“茅台五粮液案”、③“捷波朗案”④等案件中,执法机关在作出处罚决定的过程中,首先确认存在转售价格维持协议这一客观情形,之后宣布这一行为违反了《反垄断法》第 14 条,进而认定该行为“排除、限制了市场竞争”。另一方面,在其他如“奔驰案”、⑤“一汽大众案”⑥等案件中,虽然行政执法机关确有提及相关行为“排除、限制了相关市场的正常竞争秩序、损害了消费者权益……”之后认定该行为违反《反垄断法》第 14 条的转售价格维持协议。但是执法机关往往只是对排除、限制竞争效果一笔带过,即使有所叙述,也仅仅是从损害市场竞争的角度进行分析,而鲜有关于相关转售价格维持协议的积极效果的论述,实质上仍然是采用了本身违法原则推定转售价格协议违法。总的来说我国反垄断行政执法实践中依然更倾向于采用本身违法原则来判断转售价格维持协议。

总而言之,在我国反垄断民事诉讼与行政执法案件中,关于维持转售价格协议的违法性标准存在明显的差异。在行政执法中,反垄断执法机关更倾向于适用“本身违法/违法推定原则”,而在民事诉讼中,法院则更倾向于适用“合理原则”。这一差异的关键在于认定转售价格维持协议时,相关机关是直接推定该协议存在“排除、限制竞争”效果,抑或是相关机关需要通过全面细致的经济分析与法律分析来证明该协议具有“排除、限制竞争”的效果。

---

① 参见国家发展和改革委员会行政处罚决定书(〔2016〕8 号)。

② 参见《合生元等乳粉生产企业违反〈反垄断法〉限制竞争行为共被处罚 6.6873 亿元》,载中华人民共和国国家发展和改革委员会新闻中心,http://xwzx.ndrc.gov.cn/xwfb/201308/t20130807_552992.html,最后访问日期:2020 年 9 月 6 日。

③ 参见黄海、崔颖:《茅台、五粮液价格垄断案》,载环球律师事务所官方网站,http://www.glo.com.cn/Content/2019/12-23/1846099438.html,最后访问日期:2020 年 9 月 6 日。

④ 参见大成反垄断实务评论:《上海市物价局查处捷波朗(Jabra)品牌耳机 RPM 案》,载一点资讯,http://www.yidianzixun.com/article/0I8bT4aR,最后访问日期:2019 年 9 月 5 日。

⑤ 参见江苏省物价局行政处罚决定书(〔2014〕苏价反垄断案 2 号)。

⑥ 参见《发改委:一汽大众因价格垄断被罚 2.48 亿》,载新浪财经,https://finance.sina.com.cn/chanjing/gsnews/20140911/144220266697.shtml,最后访问日期:2019 年 7 月 29 日。

有观点指出产生上述分歧原因是由于我国《反垄断法》在较大程度上借鉴了欧盟关于转售价格维持协议认定的相关规定，我国在此方面存在“体系性混乱”，“产生了‘用美国的内核填充欧盟的框架’”的现象。[①] 因此，有必要在清晰欧盟与美国等相关域外立法对转售价格维持协议违法性判定标准规定的基础之上，对我国目前就转售价格维持协议违法性判定标准的各派观点予以进一步分析与评述，从而为化解这一分歧提出行之有效的建议。

2. 美国关于转售价格维持认定的模式

关于转售价格维持违法性的判断模式，不同国家以及地区采用的模式存在差异，目前国际上较为知名并得到较多接受的模式包括美国所采用的“合理原则＋抗辩”/“本身违法原则＋抗辩”模式以及欧盟所采用的“目的违法（违法推定）＋抗辩”/“效果违法＋抗辩”模式。

对于垄断协议的认定模式，美国法院的通常做法是以《谢尔曼法》第 1 条[②]为基础，并考量其他法则中有关公共利益抗辩的规定作为出罪的依据，由法官进行自主裁量的模式，其认定标准经历了一个由本身违法原则不断向合理原则转变的过程。

在美国反垄断法实践早期，对转售价格维持采取本身违法原则进行判断，这主要基于“自然权利”理由。[③] 在 1968 年 Albrecht v. The Herald Co. 案中，被告 Herald 公司规定了送报人的最高转售价格，送报人向读者索取的价格不得高于这一水平。[④] 联邦最高法院认为“固定最高转售价格有可能严重损害经营者的自由，并限制其根据自己的判断进行销售的能力，进而妨碍其竞争能力与生存能力”，以本身违法原则认定该行为的违法性。

除此之外，在 1991 年的 Dr. Miles 案中，原告 Dr. Miles 公司是一家专利药品生产商，它对自己的批发商的转售过程规定了最低转售价格。而被告不愿与原

① 参见洪莹莹：《我国限制转售价格制度的体系化解释及其完善》，载《华东政法大学学报》2015 年第 4 期。

② 《谢尔曼法》第 1 条规定：“任何限制州际间或与外国之间的贸易或商业的契约，以托拉斯形式或其他形式的联合，或共谋，都是非法的。任何人签订上述契约或从事上述联合或共谋，将构成重罪。如果参与人是公司，将处以不超过 1000 万美元的罚款。如果参与人是个人，将处以不超过 35 万美元的罚款，或三年以下监禁。或由法院酌情并用两种处罚。”

③ 参见许光耀：《垄断协议的反垄断法调整》，人民出版社 2018 年版，第 408 页。

④ See Albrecht v. The Herald, 390 U. S. 145(1968).

告签订这一合同。Dr. Miles 公司认为其恶意地引诱了批发商违反它们与原告订立的协议并且给原告带来了利益损失,请求法院予以禁止。[①] 在此案中,美国最高法院认为生产商与销售商之间如果订立了固定转售价格的协议,就会妨碍销售商、经销商之间的价格竞争,虽然垄断协议的形式不尽相同,但是从结果上来看,转售价格维持协议等同于这些经销商之间订立了固定价格的横向卡特尔。因此,美国最高法院依据《谢尔曼法》第 1 条认定这一转售价格维持协议是违法行为。由此可见,在早期美国反垄断执法过程中,法院倾向于采用本身违法原则认定转售价格维持协议,只要该协议在生产商与销售商、经销商之间设置了转售价格维持的情形,那么该协议便当然地会影响相关市场的竞争秩序,进而会被宣告违法。

这一模式一直持续到 1977 年的 Sylvania 案,在该案中,美国最高法院将纵向垄断协议划分为纵向价格限制及纵向非价格限制,同时认为"禁止所有的纵向垄断协议是不合适的","Schwinn 案所确立的对纵向垄断协议的本身违法原则必须被推翻,对于纵向非价格限制则应当适用 Schwinn 案以前的合理原则"。[②] 至此传统的绝对化的本身违法原则被修正,对于纵向垄断协议则根据纵向价格限制及纵向非价格限制予以区别对待。到了 2007 年的 Leegin 案,美国联邦最高法院推翻了 Dr. Miles 的前例,对转售价格维持适用合理原则。大多数法官认为"当一项限制被认为'本身是非法的'时,根据真实的市场力量研究个人限制的合理性的必要性被消除,诉诸本身违法规则仅限于'总是或几乎总是倾向于限制竞争和减少产量的约束'。因此,只有在法院对所争论的限制类型有相当丰富的经验之后,本身违法的规则才是适当的。"[③]这种意见实际上也是经济学引入反垄断分析之后所产生的必然影响,法学家不再仅仅以法学的角度看待垄断行为。纵向垄断协议尤其是转售价格维持固然会存在推动价格卡特尔形成、限制品牌内部竞争、设置市场进入障碍等消极后果。但它也具有增加潜在竞争者进入市场的机会、减少竞争对手"搭便车"行为、改善产品售后服务、维持产品价格稳定等积极效果。因此,盛行于 20 世纪七八十年代的芝加哥学派认为不应当对纵向垄断协议适用本身违法原则进行判断。

---

① See Miles Medical Co. v. John D. Park & Sons Co., 220 U. S. 373 (1911).

② 尚明主编:《反垄断法理论与中外案例评析》,北京大学出版社 2008 年版,第 146 页。

③ See Leegin Creative Leather Products, Inc. v. PSKS, Inc., 551 U. S. 87 (2007).

3. 欧盟委员会对转售价格维持认定的模式

欧盟委员会对于转售价格维持协议规制的主要依据是《欧盟运行条约》第101条。①

该条第1款规定了垄断协议禁止的一般标准："禁止……组织、限制、扭曲竞争的……各种协议。"《欧盟运行条约》第101条对垄断协议的认定模式是目的上的禁止＋效果上的排除、限制竞争考量。不同于美国法的合理原则与本身违法原则，欧盟委员会的这一认定模式可被称为"目的违法/效果违法"的平衡分析模式。目的违法相较于效果违法要严苛许多，只要经营者在订立相关协议时或相关协议存在排除、限制竞争的目的，该协议便当然地违法。效果违法则将更多的注意力集中在协议实施后对于市场竞争所产生的效果，对于协议是否会产生"排除、限制竞争"的效果进行全面而综合的评估。因此，目的违法几乎等同于本身违法原则，而效果违法更近似于合理原则。

在《纵向限制指南》中，欧盟委员会将转售价格维持规定为核心限制的一种，如果一项协议含有转售价格维持的内容，该协议将被推定难以满足第101条(3)款的条件，因此不得适用集体豁免。然而，经营者将有可能依据第101条

① 1. 以下禁止与该内部市场不兼容，包括：一切可能会影响成员之间贸易的，并且在客观上产生了阻止、限制或者扭曲了相关国内市场竞争的在企业之间所达成的协议，由企业协会所作出的决定以及协同一致的行为，尤其是：

(a)直接或间接固定购买或者销售价格或其他交易条件的；

(b)限制或控制产品、市场、技术发展或者投资的；

(c)分享市场或者供货来源的；

(d)对相同的交易采用不同的条件，以便其接受供应义务，而该条件依据性质或商业用途与合同的实质没有关联；

(e)合同的缔结需要以其他经营者接受义务为前提，而该义务依据性质或商业用途与合同的实质没有关联。

2. 根据本条所禁止的任何协议或决定应当自动失效。

3. 但是，对于第1款的规定，在以下情形下可以宣布不适用：

——企业之间达成的任何协议或协议类别；

——企业协会做出的任何协议或协议类别；

——任何协调一致的做法或者一致的做法。

如果上述情形有助于改善商品生产或促进技术或经济进步，同时允许消费者公平分享由此产生的利益，而不是

(a)对有关企业施加限制，这些限制对实现这些目标不是必不可少的；

(b)为这些企业提供消除有关产品大部分竞争的可能性。

(3)款在个案中主张效率抗辩。[①] 由上不难看出欧盟对于转售价格维持的模式采用的是一种"违法推定式的目的违法+效率抗辩"的模式。与此同时在司法实践中,欧洲法院也逐渐接受了效果分析的进路,例如在"葛兰素史克案"中,欧洲初审法院没有一如既往地接受欧盟委员会的目的违法分析方法,而是在一开始就考虑了效果违法分析。[②]

4. 我国关于转售价格维持协议违法性判断标准的分歧与争论

前文已经提到,我国反垄断行政执法与民事诉讼领域中行政执法机关与法院对转售价格维持协议适用何种违法性判定标准存在分歧。与此同时,理论界也就这一分歧,围绕我国应对转售价格维持协议采何种标准这一核心论题展开了争论。下文将对部分所争论的观点及理由进行介绍并予以分析。

(1)支持"合理原则"的理由

首先,支持合理原则的观点认为,合理原则相较于本身违法原则更为优越,更能够适应经济发展的需求,有利于保护经济效率和社会总产出,能够营造更为优渥的竞争秩序。

这主要是由合理原则与纵向垄断协议的本身性质所决定的。与横向垄断协议不同,以转售价格维持为代表的纵向垄断协议的反竞争效果较之前者相对较小。这种垄断协议虽可能会产生横向垄断协议的效果,但这种情形仅存在于市场生产商在该相关产品市场中占有较大的市场份额之时。芝加哥学派认为生产商的产品需要进入市场时往往希望零售商通过售前服务以及广告宣传的方式来抢占市场优势地位,然而在正常情形下,零售商之间往往进行的是价格竞争,没有足够的动力来支持生产商制定加价的市场策略。在可以进行价格竞争时,零售商会将自己的加价压低到竞争性水平,也就是等于零售成本的水平,没有提供服务的经济能力,否则其低于成本,是亏损的。[③] 在这种情形下,转售价格维持为生产商与零售商提供了便利,即生产商可以与零售商之间达成转售价格维持的协议,通过将零售价维持在一个高于竞争水平的价格上来弥补零售商因为加价所产生的损失。与此同时,在转售价格维持协议中,虽然品牌内部的竞争受到

---

① See European Commission, Guidelines on Vertical Restraints(2010/C 130/01).

② 参见洪莹莹:《我国限制转售价格制度的体系化解释及其完善》,载《华东政法大学学报》2015 年第 4 期。

③ 参见许光耀:《垄断协议的反垄断法调整》,人民出版社 2018 年版,第 423 页。

了一定的限制，但是这种协议可以促进各零售商不断提高自己的产品质量，产生了由价格竞争转向服务竞争的过程。因此转售价格维持在一定程度上是有利于相关产品质量提高以及产品销售。

此外只有生产商拥有强大的市场力量之时，才可能产生类似横向垄断协议的排除、限制竞争的效果。正如上文所言，在一个正常竞争的市场中，纵向垄断协议很难对市场竞争产生毁灭性的打击。随着经济分析被引入到反垄断分析中，纵向垄断协议被证明不再是百害而无一利的垄断行为，还存在积极效果，例如能够增加潜在竞争者进入市场的机会、减少"搭便车"行为、改善产品的售后服务、保护一方当事人的投资等。既然转售价格维持能够增加社会总产出，提高相关市场的总体效率，而认定其产生反竞争效果的条件又极为苛刻，则无须再像从前一般认为固定转售价格是一种危害性较大的纵向垄断协议进而采取本身违法原则对其进行当然违法判断。根据芝加哥学派的效率标准，只要该种协议所带来的对市场效率的积极效果高于其因限制竞争所产生的对效率的消极限制，那么这种协议就应当是合法的。

其次，应当将《反垄断法》第 13 条第 2 款的"本法"理解为具有适用于整部反垄断法的普遍性的效力。因此，不应当机械地认为只要满足了第 14 条所列举的情形的协议就当然地构成垄断协议，还需要考量其是否具有前一条第 2 款所规定的"排除、限制竞争"的效果，只有同时满足才构成纵向垄断协议，否则即为合法。

再次，《最高人民法院关于审理因垄断行为引发的民事纠纷案件应用法律若干问题的规定》第 13 条第 1 款列举的典型横向协议要求"以该协议具有排除限制竞争效果为前提"，"举重以明轻，反竞争效果强的横向协议构成垄断协议尚须以具有排除、限制竞争效果为必要条件，反竞争效果相对较弱的纵向协议更应以具有排除、限制竞争效果为必要条件。"①

最后，有观点认为对转售价格维持等纵向垄断协议适用合理原则与我国《反垄断法》的立法目的相一致，合理原则既可以确定我国反垄断法所规制的具体转售价格维持协议，又可以允许不损害竞争的转售价格维持协议正常存在和

---

① 兰磊：《转售价格维持违法推定之论证优度评判——评海南省物价局与海南裕泰科技饲料有限公司行政处罚纠纷案》，载《竞争政策研究》2018 年第 4 期。

运行,以提高相关市场的效率,并最终地有利于消费者利益。

(2)对"合理原则"的评析

首先,合理原则在一定程度上能够针对具体案件具体分析,满足效率、公平、正义的综合权衡的诉求,进而使反垄断法能够更适应于复杂的经济现实,避免机械执法、司法对效率造成的消极损害。

但是合理原则的缺点也一目了然,最大的缺陷在于适用过于烦琐,通常需要高昂的执法、司法成本,给执法和司法带来了严峻的挑战。布兰代斯大法官认为进行判断时需要考虑"该限制所适用的交易的具体情况;施加限制之前和之后的情况;该项限制的性质及其后果,包括实际后果和可能造成的后果。采用该项限制的历史、危害、采取的原因、所追求的目的或所要达到的结果等。"①由此可以看出,虽然合理原则针对个案进行具体分析,有利于保护个案的效率、正义等诉求,但是适用合理原则将带来极高的成本,繁重的调查任务将极大地消耗执法机关资源,无论是对法院还是反垄断执法机构都提出了较高的要求。同时合理原则也增加了反垄断执法机构行政执法的不确定性,可能会妨碍有益行为,增加了相应机构的自由裁量权,很有可能造成权力的滥用。

其次,第 13 条的"本法"是否具有普遍性存在疑问。支持本身违法原则的观点认为第 13 条第 2 款虽然采用了"本法"这一表述,但是这一款所规定的位置是《反垄断法》关于垄断协议的分则而非总则,因此很难认为其具有一种普遍性的约束效力。根据其位置,该条款更多应是对第 13 条第 1 款规定的横向垄断协议所进行的解释,而不能适用于第 14 条所规定的纵向垄断协议。

在笔者看来不妨使用体系解释的方法来进行分析,第 14 条规定了三种纵向垄断协议形式,分别是:固定转售价格、限定最低转售价格以及其他垄断协议。但是可以明确地看出规定的三种情形并不存在当然的并列以及交叉关系,固定转售价格协议以及限定最低转售价格协议都属于纵向价格协议的范畴,但二者又不能囊括全部的纵向价格协议的类型,因此这就意味着对于"其他垄断协议"的内涵必然足够广泛,应当包括相当数量及类别的纵向垄断协议。在认定该兜底性条款时,既然其他类型的纵向垄断协议没有类型化的明确规定,那么如果不认为第 13 条第 2 款所规定的"垄断协议,是指排除、限制竞争的协议、决定或者

---

① 许光耀:《转售价格维持的反垄断法分析》,载《政法论丛》2011 年第 4 期。

其他协同行为”同样能适用于第14条，则将无法解决其他垄断协议的认定问题。虽然法条设置的位置导致很难当然地得出第13条第2款对其他条文效力问题的结论，但是若从体系解释角度来分析则可以解决这一问题。此外，在强生案中上海市高级人民法院提出的理由也有一定道理，即纵观《反垄断法》中所有采“本法”表述之处，均具有适用整部法律的效力，因此若在每一次适用“本法”的表述时都要辅以“经营者”等表述，将会导致条文过于复杂重复。

最后，对“排除、限制竞争”缺乏相应的具体规定，导致适用标准不统一。《反垄断法》第13条虽然规定了垄断协议需要具有“排除、限制竞争”的效果，但是并未就“排除、限制竞争”的含义、具体类型等进行具体规定，导致了司法实践对于“排除、限制竞争”的解释各不相同。例如在上文提到的强生案中，无论是上海市第一中级人民法院还是上海市高级人民法院均认为其含义是“排除、限制竞争的效果”，并且可通过相关市场的竞争是否充分、被告市场地位是否强大等因素来进行判断。而在“深圳有害生物防治协会案”中，法院认为“排除、限制竞争”应当包括“排除、限制竞争的目的、效果以及不合理地限制了竞争”。[①] 不同法院在不同案件中对于“排除、限制竞争”的含义的理解并不统一，如果不能解决这一问题，那么本就抽象的合理原则的不确定性将会进一步增加。

(3)支持“本身违法/违法推定原则”模式观点的理由

围绕第14条的解释，与“合理原则”相对的观点是“本身违法（违法推定）原则＋豁免”原则。支持这一观点的理由主要包括：

第一，第14条是本身违法原则、目的违法在我国《反垄断法》中的体现，第14条通过“禁止”的表述，表明只要满足相关列举的情形便推定其违法。而本身违法原则具有确定性高、操作便利、执法成本低等优点，与我国目前经济、社会发展水平相适应。

第二，《反垄断法》第14条采用的表述是“禁止……垄断协议”的表述，而非“禁止经营者……下列协议”的表述，之后又列举了固定转售价格以及限制最低转售价格两种特定的“垄断协议”以及兜底性条款，因此可以认为虽然纵向垄断协议具有多种形式，但是只要符合第14条具体规定情形的协议便当然属于“垄断协议”的情形，无须对其进行“排除、限制竞争效果”的分析。

---

① 参见广东省高级人民法院(2012)粤高法民三终字第155号民事判决书。

除此之外，第14条采用了“禁止”的表述，因此有观点认为“对于列举的典型垄断协议，我国《反垄断法》第13条第1款和第14条的法律用语明确是禁止，这至少可以证明这些协议的违法性程度很高，客观上具有显著的排除、限制竞争目的或效果”。[①] 此时，如果要求行政执法机关既要分析该行为的积极效果，又要求其证明消极效果，在此基础之上进行综合分析的举证责任，则不合理地加重了其负担与执法成本，降低了执法效率。因而采用可抗辩的违法推定模式既能够有效地解决相关问题维护市场秩序，又给予了经营者抗辩以免于处罚的机会，是较为合理的模式。

第三，认为“这类协议在促进竞争方面的可能性非常小，其危害性远大于可能带来的利益，因此将其推定为违法不仅是正当的，而且可以提高法律实施的确定性和可操作性”。[②] 传统反垄断法认为转售价格维持会有助于生产商或销售商之间达成横向垄断协议，或者会成为拥有市场支配地位的零售商进行市场封锁的手段，因此传统反垄断法认为转售价格维持是一种具有严重损害竞争效果的纵向垄断协议，对其应当适用本身违法原则予以判断和规制。

第四，有观点认为，如果采用“合理原则＋豁免”的立法模式，合理原则的存在会使得其与第15条的豁免规定相冲突，豁免条款实际上已经为违法推定模式提供了相应的利益平衡。如果采用违法推定模式进行判断，经营者在被推定构成转售价格维持协议之后可以适用第15条所规定的豁免事由，只要经营者能够证明其所达成的协议不会严重限制相关市场的竞争，并且能够使消费者分享由此产生的利益，便可以不受反垄断法的规制与处罚。而合理原则的适用要求在进行认定的同时就要考虑“限制、排除竞争的效果”，已经将豁免作为经营者免除责任的依据纳入了合理原则的考量。适用合理原则将会导致第14条的效力与第15条发生冲突，造成重复适用合理原则的情形，并极有可能导致本应受到法律约束的限制、排除竞争的垄断行为得以脱逃。

(4)对“本身违法/违法推定原则”的评析

首先，在一定程度上可以认为本身违法原则与合理原则就是一面镜子的正反面，两种原则之间存在互补性，一种原则的优点往往是另一种原则的缺陷与不

---

① 王健:《垄断协议认定与排除、限制竞争的关系研究》，载《法学》2014年第3期。

② 王健:《垄断协议认定与排除、限制竞争的关系研究》，载《法学》2014年第3期。

足。以本身违法原则为例，一方面本身违法原则能够为相关主体提供稳定的预期，满足法律确定性的要求，从而能够降低交易成本。[①] 除此之外，相关反垄断执法机关不需要花费大量的司法资源对相应行为是否符合合理原则标准进行审查，同时也可以避免对诉讼中所存在的复杂的专业问题进行长时间的审查，从而能够节约司法资源。另一方面，本身违法原则在带来简便的同时也存在一定的不足，主要包括由于过于追求简便，使得反垄断法的打击面过于宽泛，很可能导致促进市场竞争和社会总产出的企业遭受到无端打击，进而损害市场效率，因此不能够满足个案对于公正、效率、公平的诉求。

其次，随着经济学分析的广泛适用，我们对越来越多的垄断行为不能够进行"一刀切"，应当从经济学和法学的双重角度分别予以分析。在过去可能被认为当然违法的相关协议很可能因为其存在相应的效率上的积极效果而变得不再罪大恶极。纵向垄断协议已被证实存在减少"搭便车"行为、改善产品的售后服务等积极效果。不宜再从传统的角度简单认为只要是转售价格维持或限制最低转售价格的垄断协议就一定是百害而无一利的，否则很有可能导致具有积极效果的行为被错误的规制，进而影响社会总产出及效率。故而传统反垄断法的本身违法原则的基础受到了一定的动摇，尤其是代表着效率的芝加哥学派出现之后，对待垄断协议的总体态度也发生了改变。一方面我们仍然关注其本身对于竞争的严重限制，但另一方面，无论是理论还是实践也都越来越考虑其在一定程度上所具有的促进效率、增加社会总产出的积极效果，合理原则的适用愈来愈广泛与深入。

复次，《反垄断法》第 14 条采用的"禁止……垄断协议"的表述不能直接得出我国《反垄断法》对于转售价格维持当然地持本身违法原则的态度这一结论。第 14 条禁止三种垄断协议形式，包括"固定向第三人转售商品的价格""限定向第三人转售商品的最低价格"以及"国务院反垄断执法机构认定的其他垄断协议"。从这一条可以看出这三种禁止情形并非当然的并列等同关系。对于转售价格维持以及限定最低转售价格协议，它们均为纵向价格协议。对于作为兜底性规定的"其他垄断协议"而言，既包括纵向价格协议，又包括纵向非价格协议。如果认为三者在逻辑上为并列关系，要么前两者需要包含转售价格维持的全部

---

① 参见尚明主编：《反垄断法理论与中外案例评析》，北京大学出版社 2008 年版，第 68 页。

情形,在此情形下“其他垄断协议”便可理解为除转售价格维持协议之外的纵向垄断协议;要么前两者需要包含纵向价格协议的全部情形,此时“其他垄断协议”便可理解为纵向非价格协议。但是根据立法规定,显然两种情形均不满足。由此其他垄断协议的范围便具有模糊性,对其认定往往需要执法机关综合考量该行为的效果后才能判断。若仅凭借“禁止”的表述,就得出第 14 条是采用本身违法原则模式的结论,则将与其他垄断协议的判断模式发生条文内部冲突,故“禁止……垄断协议”的表述不能当然地解释为本身违法原则的适用。

再次,《反垄断法》第 15 条规定了豁免的相应情形,条文首先采用了“经营者能够证明所达成的协议属于下列情形之一的,不适用本法第十三条、第十四条的规定”的表述。可以看出,与第 14 条所采用的“垄断协议”的表述不同,第 15 条采用的表述为“协议”而非“垄断协议”,由此也可以看出不能因为第 14 条采用了“垄断协议”的表述就将其当然地认定为只要满足客观的情形就当然构成“垄断协议”,还应当考量“排除、限制竞争”的影响。

最后,针对“第 15 条所规定的豁免实际上是合理原则在纵向垄断协议认定过程中的体现”这一观点,这实际上混淆了合理原则与豁免制度。合理原则并不等同于豁免制度,《反垄断法》豁免制度在于相关垄断协议对于竞争的促进作用,或者带来了其他可以抵销限制竞争的积极效果,实际上是判断垄断协议能否依据特定的效率抗辩等情形而免于处罚,是《反垄断法》之中一项具体的法律制度。而合理原则是对于垄断协议进行规制的原则,其目的是判断一种行为是否属于《反垄断法》中所需规制的行为。与此同时,我国《反垄断法》并未明确规定合理原则,合理原则并不是一种明确的成文法制度,只是在司法机关审理案件或者给予法律指导时对于同一规范适用方式的不同理解。对豁免制度与合理原则的关系的理解不应当停留在“第 15 条所规定的豁免实际上是合理原则在纵向垄断协议认定过程中的体现”的层面,二者的关系实际上是“反垄断法豁免制度可以在合理原则之下运作,但其本身不是合理原则”。[①] 因此单纯地认为合理原则与第 15 条所规定的豁免制度发生冲突的观点是不妥的,并不能作为支持本身违法原则的理论基础。

---

① 尚明主编:《反垄断法理论与中外案例评析》,北京大学出版社 2008 年版,第 150 页。

5."裕泰案"最高人民法院再审裁定书的启示

在纠正了海南省高级人民法院的逻辑错误之后，最高人民法院对"裕泰案"进行了进一步的释理与分析：

第一，明确了反垄断执法机构在执法过程中关于纵向垄断协议的认定标准。根据最高人民法院的再审裁定来看，最高人民法院认为除了《反垄断法》第14条规定的"其他垄断协议"外，只要符合相应的客观要件，反垄断执法机构便可直接认定其为纵向垄断协议，即当然地具有该法第13条所规定的"排除、限制竞争"效果，而不需要对其进行举证。但经营者可以通过举证证明该协议符合第15条所列举的豁免情形免于处罚，这实际上承认了在行政执法中行政机关对转售价格维持协议的违法性判断标准是"违法推定+豁免"的模式。与此同时，在裁定书中还提到反垄断法执法机构在执法活动中对是否构成垄断协议必须要结合《反垄断法》的立法目的，围绕相关条文进行综合考量与判断。最高人民法院强调了在目前我国市场体制环境与反垄断执法处于初期阶段的情况下，要求反垄断执法机构在实践中对纵向垄断协议都进行全面的经济分析将极大地增加执法成本，降低执法效率，难以满足我国反垄断执法工作的需要。

第二，最高人民法院认为，在行政诉讼中对反垄断机构执法中认定纵向垄断协议行为合法性的判断标准与民事诉讼中对纵向垄断协议的审查标准存在明显的差别。按照裁定书的论述，最高人民法院实际上承认了在行政执法中对转售价格维持协议的合法性判断标准是"违法推定+豁免"的模式，那么这似乎意味着在民事诉讼中法院对纵向垄断协议的审查标准就应当是"合理原则"的模式。

第三，最高人民法院认为，反垄断民事诉讼中原告诉讼请求得到支持的前提，即经营者承担民事责任的前提，是经营者实施反垄断行为给原告造成损失。而给原告造成损失是垄断行为排除、限制竞争效果的直接体现。最高人民法院将"有经营者由于转售价格维持协议受到损失"作为判断该协议是否"排除、限制竞争"的一个考量因素。

从整个再审裁定中可以看出最高人民法院明确地承认了认定纵向垄断协议行为合法性的标准，与民事诉讼中对纵向垄断协议的审查标准存在明显的差别。虽然最高人民法院将"排除、限制竞争"效果与反垄断执法机构的执法结合到了一起，但实际上这不过是本身违法原则的违法推定，即不实质上考察相关协议是否存在"排除、限制竞争效果"，只要该协议符合《反垄断法》第14条第1项、第2

项的情形，则推定该协议具有排除、限制竞争的效果，这也是我国近几年反垄断执法机构在执法过程中的通常方法，最高人民法院对其予以了承认。除此之外，在民事诉讼中，最高人民法院仍然沿袭了以往法院对转售价格维持协议认定的通常标准，即适用合理原则，以该协议实质上是否产生了“排除、限制竞争”的效果为要件进行分析。不难看出，最高人民法院在裁定书中承认了目前我国就转售价格维持协议在行政执法案件与民事诉讼案件中的分歧。

实际上，关于转售价格维持协议的争论在于本身违法原则与合理原则之适用方面，而正是由于民事诉讼与行政执法对于违法性的判断标准难以保持一致，才导致了近几年相关案件的争论愈演愈烈。在此案中，最高人民法院认为反垄断执法机构经过调查证实经营者所订立的协议满足第 14 条第 1 项、第 2 项的情形，即可认定其为垄断协议，无须对该协议是否符合“排除、限制竞争”这一构成要件承担举证责任，除非经营者通过提交证据进行抗辩予以推翻。这种协调方法在一定程度上是值得肯定的，正如最高人民法院所指出的一般，我国目前反垄断执法还处于初期阶段，要求执法机构对纵向垄断协议进行全面调查和细致的经济分析，将会极大地增加反垄断执法机关的执法成本，对执法人员的能力也提出了挑战，执法效率可能不增反减。

在论述《反垄断法》第 13 条第 2 款关于垄断协议“排除、限制竞争”前提条件应适用于整部《反垄断法》的过程中，最高人民法院在对适用合理原则的说理上稍显不足。在裁定中，最高人民法院通过分析反垄断法之立法目的包括“预防”与“制止”来引出其所论证的中心，即垄断协议之构成要件问题。但是在对构成要件论证的过程中，最高人民法院仅通过表述“该法第 13 条第 2 款明确规定了：‘本法所称垄断协议，是指排除、限制竞争的协议、决定或者其他协同行为。’该条关于垄断协议的定义当然同样适用于第 14 条对纵向垄断协议的规定”，进而当然地得出了《反垄断法》第 13 条第 2 款应当适用于第 14 条对纵向垄断协议的规定，并未对其合理性进行进一步的阐述与分析。更何况上文已经介绍，在学界中对这一观点的合理性仍未得出一致的结论。

虽然最高人民法院的再审裁定书在一些方面尚存争议，但也在一定程度上对于当前反垄断行政执法与民事诉讼案件对于纵向垄断协议的差异化判断标准给出了相应的观点。归根结底，反垄断行政执法与民事诉讼案件在纵向垄断协议判断标准方面的差异化更偏向于一个立法及法律解释问题。反垄断执法机构应当总结执法经验，进一步明确执法标准，给予经营者明确预期，赋予反垄断法以确定性。期待在不久的将来，《反垄断法》的修订能够解决这一分歧，完善相关立法，破除争议。

6. 解决不同模式的分歧与冲突的建议

第一，笔者在“一定程度上”赞同最高人民法院在“裕泰案”中对反垄断行政执法与民事诉讼中适用不同模式的观点。即反垄断执法机关在行政执法中无须进行较为烦琐的经济分析以举证相关协议具有“排除、限制竞争”效果，只要该协议属于我国《反垄断法》第 14 条所规定的具体情形便可推定违法，由行为人举证证明是否存在《反垄断法》第 15 条所规定的豁免的情形以免于处罚。而在反垄断民事诉讼中则要求原告必须举证证明相关协议存在“排除、限制竞争”的效果。这是由我国反垄断执法现状所决定的，如若要求反垄断执法机关适用合理原则，对待任何案件都要进行全面的经济分析，实际上是给反垄断执法机关强加了不合理的执法成本，将会产生适得其反的效果。

但是，笔者只是在“一定程度上”赞同这一做法，因为最高人民法院在再审裁定书中所提出的这种观点只是一种“权宜之策”而非“釜底抽薪式”的做法。之所以称其为“权宜之策”，是因为首先观察域外相关立法不难看出，大部分国家及地区在认定纵向垄断协议时经历了一个从本身违法原则向合理原则的转变，可以说适用合理原则是符合当今时代的趋势的，也是我国《反垄断法》未来完善的主要方向。其次，如若我国反垄断行政执法与民事诉讼持续地存在分歧，势必会长时间地引发实务界与理论界对转售价格维持协议等纵向垄断协议的违法性标准的争论，这将破坏执法与司法的统一性与安定性。最后，适用合理原则只是一个宽泛的方向问题，即使是在适用合理原则的相关国家及地区之中，其规定也并非完全相同。因此，在未来如何具体构建我国《反垄断法》的相关制度，才是解决这一分歧的重中之重。例如，有学者提出可以用双层平衡模式来解释《反垄断法》的垄断协议规制制度。总体上采用双层平衡模式；作为特例，对于本身违法行为采用单层平衡模式。具体而言，所谓的双层平衡即为内部平衡与外部平衡。一方面，内部平衡是指竞争之间的平衡，即被告以反垄断法所要促进的竞争价值本身来正当化对竞争造成的限制。在第 13 条、第 14 条项下认定垄断协议时应当综合考虑促进竞争效果与反竞争效果，只有在认定“排除、限制竞争”的基础上，才能够认定垄断协议。同时，内部平衡也不排除经济学研究成果与司法经验的积累,可以对某些类型化的行为采用一些更加结构化的分析方法。另一方面,外部平衡是以竞争之外的利益正当化垄断协议对竞争的损害,是对竞争本身造成的冲击,主要体现为第15条项下的豁免考察。① 总而言之,在未来对《反垄断法》完善的过程中,我们可以借鉴其他相关国家或地区的先进经验,同时结合我国国情,对不同的模式进行合理自主的融合,从而创设出最适合我国国情的纵向垄断协议规制制度。

第二,对《反垄断法》中相关内容进行细化,可以实现定分止争的效果。首先,上文提到两种模式所争论的焦点之一在于《反垄断法》第13条中"本法"的射程问题,即是否具有适用于整部《反垄断法》的效力。这一分歧可以通过未来《反垄断法》的修改来实现。其次,应当对"排除、限制竞争"进行进一步细化。一方面,需要对"排除、限制竞争"的内涵进行明晰,"排除、限制竞争"究竟是指认定垄断协议需要满足"排除、限制竞争"的结果还是在结果要件的基础上还需具有"排除、限制竞争"的目的。另一方面,可以具体列举"排除、限制竞争"的参考因素,以便于行政执法机关提高执法效率,如最高人民法院在此案中便将"有经营者由于转售价格维持协议受到损失"作为判断该协议是否"排除、限制竞争"的一个考量因素。

(六)关键要点总结

目前关于转售价格维持协议违法性标准的两种不同模式在我国目前反垄断行政执法与民事诉讼之间的分歧,本身违法/违法推定原则以及合理原则的主要观点及相应的不足。

(七)附录

参考文献

1. 许光耀:《垄断协议的反垄断法调整》,人民出版社2018年版。

2. 尚明主编:《反垄断法理论与中外案例评析》,北京大学出版社2008年版。

3. 兰磊:《转售价格维持违法推定之论证优度评判——评海南省物价局与海南裕泰科技饲料有限公司行政处罚纠纷案》,载《竞争政策研究》2018年第

① 参见兰磊:《论我国垄断协议规制的双层平衡模式》,载《清华法学》2017年第5期。

4 期。

4. 兰磊:《论我国垄断协议规制的双层平衡模式》,载《清华法学》2017 年第 5 期。

5. 洪莹莹:《我国限制转售价格制度的体系化解释及其完善》,载《华东政法大学学报》2015 年第 4 期。

6. 王健:《垄断协议认定与排除、限制竞争的关系研究》,载《法学》2014 年第 3 期。

7. 黄勇、刘燕南:《关于我国反垄断法转售价格维持协议的法律适用问题研究》,载《社会科学》2013 年第 10 期。

8. 许光耀:《转售价格维持的反垄断法分析》,载《政法论丛》2011 年第 4 期。

参考法条

1.《中华人民共和国反垄断法》(2007 年)

第一条　为了预防和制止垄断行为,保护市场公平竞争,提高经济运行效率,维护消费者利益和社会公共利益,促进社会主义市场经济健康发展,制定本法。

第三条　本法规定的垄断行为包括:

(一)经营者达成垄断协议;

(二)经营者滥用市场支配地位;

(三)具有或者可能具有排除、限制竞争效果的经营者集中。

第十二条　本法所称经营者,是指从事商品生产、经营或者提供服务的自然人、法人和其他组织。

本法所称相关市场,是指经营者在一定时期内就特定商品或者服务(以下统称商品)进行竞争的商品范围和地域范围。

第十三条　禁止具有竞争关系的经营者达成下列垄断协议:

(一)固定或者变更商品价格;

(二)限制商品的生产数量或者销售数量;

(三)分割销售市场或者原材料采购市场;

(四)限制购买新技术、新设备或者限制开发新技术、新产品;

(五)联合抵制交易;

(六)国务院反垄断执法机构认定的其他垄断协议。

本法所称垄断协议,是指排除、限制竞争的协议、决定或者其他协同行为。

第十四条 禁止经营者与交易相对人达成下列垄断协议:

(一)固定向第三人转售商品的价格;

(二)限定向第三人转售商品的最低价格;

(三)国务院反垄断执法机构认定的其他垄断协议。

第十五条 经营者能够证明所达成的协议属于下列情形之一的,不适用本法第十三条、第十四条的规定:

(一)为改进技术、研究开发新产品的;

(二)为提高产品质量、降低成本、增进效率,统一产品规格、标准或者实行专业化分工的;

(三)为提高中小经营者经营效率,增强中小经营者竞争力的;

(四)为实现节约能源、保护环境、救灾救助等社会公共利益的;

(五)因经济不景气,为缓解销售量严重下降或者生产明显过剩的;

(六)为保障对外贸易和对外经济合作中的正当利益的;

(七)法律和国务院规定的其他情形。

属于前款第一项至第五项情形,不适用本法第十三条、第十四条规定的,经营者还应当证明所达成的协议不会严重限制相关市场的竞争,并且能够使消费者分享由此产生的利益。

第十七条 禁止具有市场支配地位的经营者从事下列滥用市场支配地位的行为:

(一)以不公平的高价销售商品或者以不公平的低价购买商品;

(二)没有正当理由,以低于成本的价格销售商品;

(三)没有正当理由,拒绝与交易相对人进行交易;

(四)没有正当理由,限定交易相对人只能与其进行交易或者只能与其指定的经营者进行交易;

(五)没有正当理由搭售商品,或者在交易时附加其他不合理的交易条件;

(六)没有正当理由,对条件相同的交易相对人在交易价格等交易条件上实行差别待遇;

(七)国务院反垄断执法机构认定的其他滥用市场支配地位的行为。

本法所称市场支配地位,是指经营者在相关市场内具有能够控制商品价格、数量或者其他交易条件，或者能够阻碍、影响其他经营者进入相关市场能力的市场地位。

第四十五条 对反垄断执法机构调查的涉嫌垄断行为，被调查的经营者承诺在反垄断执法机构认可的期限内采取具体措施消除该行为后果的，反垄断执法机构可以决定中止调查。中止调查的决定应当载明被调查的经营者承诺的具体内容。反垄断执法机构决定中止调查的，应当对经营者履行承诺的情况进行监督。经营者履行承诺的，反垄断执法机构可以决定终止调查。有下列情形之一的，反垄断执法机构应当恢复调查：

（一）经营者未履行承诺的；

（二）作出中止调查决定所依据的事实发生重大变化的；

（三）中止调查的决定是基于经营者提供的不完整或者不真实的信息作出的。

第四十六条 经营者违反本法规定，达成并实施垄断协议的，由反垄断执法机构责令停止违法行为，没收违法所得，并处上一年度销售额百分之一以上百分之十以下的罚款；尚未实施所达成的垄断协议的，可以处五十万元以下的罚款。

经营者主动向反垄断执法机构报告达成垄断协议的有关情况并提供重要证据的，反垄断执法机构可以酌情减轻或者免除对该经营者的处罚。

行业协会违反本法规定，组织本行业的经营者达成垄断协议的，反垄断执法机构可以处五十万元以下的罚款；情节严重的，社会团体登记管理机关可以依法撤销登记。

第五十条 经营者实施垄断行为，给他人造成损失的，依法承担民事责任。

2.《最高人民法院关于审理因垄断行为引发的民事纠纷案件应用法律若干问题的规定》(2012 年)

第七条 被诉垄断行为属于反垄断法第十三条第一款第（一）项至第（五）项规定的垄断协议的，被告应对该协议不具有排除、限制竞争的效果承担举证责任。

3.《谢尔曼法》(1890 年)

第一条 任何限制州际间或与外国之间的贸易或商业的契约，以托拉斯形式或其他形式的联合，或共谋，都是非法的。任何人签订上述契约或从事上述联合或共谋，将构成重罪。如果参与人是公司，将处以不超过 1000 万美元的罚款。

如果参与人是个人,将处以不超过35万美元的罚款,或三年以下监禁,或由法院酌情并用两种处罚。

4.《欧盟运行条约》(2010年)

第101条　1.以下禁止与该内部市场不兼容,包括:一切可能会影响成员之间贸易的,并且在客观上产生了阻止、限制、或者扭曲了相关国内市场竞争的在企业之间所达成的协议,由企业协会所作出的决定以及协同一致的行为,尤其是:

(a)直接或间接固定购买或者销售价格或其他交易条件的;

(b)限制或控制产品、市场、技术发展或者投资的;

(c)分享市场或者供货来源的;

(d)对相同的交易采用不同的条件,以便其接受供应义务,而该条件依据性质或商业用途与合同的实质没有关联;

(e)合同的缔结需要以其他经营者接受义务为前提,而该义务依据性质或商业用途与合同的实质没有关联。

2.根据本条所禁止的任何协议或决定应当自动失效。

3.但是,对于第1款的规定,在以下情形下可以宣布不适用:

——企业之间达成的任何协议或协议类别;

——企业协会做出的任何协议或协议类别;

——任何协调一致的做法或者一致的做法。

如果上述情形有助于改善商品生产或促进技术或经济进步,同时允许消费者公平分享由此产生的利益,而不是

(a)对有关企业施加限制,这些限制对实现这些目标不是必不可少的;

(b)为这些企业提供消除有关产品大部分竞争的可能性。

第三章　互联网领域滥用市场支配地位的认定分析

——徐某某诉腾讯滥用市场支配地位案[①]

一、案例正文

(一)摘要与关键词

摘　要:互联网领域滥用市场支配地位的界定重点需要考量三个方面:相关市场的界定,市场支配地位的认定以及滥用性质的判定。在相关市场界定方面,应当运用需求替代、供给替代与假定垄断者分析这三种方式进行综合、具体的判断;在市场支配地位认定上,由于互联网市场具有动态性、冒尖鼓励性等特征,对其支配地位的认定应与传统市场有所不同,应提高份额标准、重新确定份额因素以及引入市场壁垒标准;在滥用性质的判定上,应当以经济分析作为手段、以市场效率和社会福利作为指向,对行为是否具备"正当理由"进行判断。

关键词:微信表情平台;相关市场;市场支配地位;垄断行为

(二)背景介绍

2017年6月,广东省高级人民法院对"徐某某诉腾讯滥用市场支配地位"一案作出终审判决,驳回了上诉人徐某某的上诉请求,维持原判。在该案中原被告双方围绕腾讯微信平台在相关市场中是否具备支配地位产生了大量讨论,一审

---

① 案例来源:广东省高级人民法院(2016)粤民终1938号。

和二审的判决对于我国《反垄断法》中针对互联网领域相关市场的界定以及市场支配地位的认定标准颇具参考价值。

该案中，原告徐某某系“问问”表情包作品的著作权人，被告腾讯计算机公司的经营范围是互联网信息服务，被告腾讯科技公司的经营范围是计算机技术服务及信息服务。两被告是“腾讯微信软件”的著作权人，用户使用该软件时，可自由从表情商城和表情开放平台中下载自己喜欢的微信表情。同时，用户也可以通过互联网阅读两被告公布的《制作指引》和《审核标准》的内容，经同意《服务协议》后，注册成为微信表情开放平台投稿人，其投稿的表情通过审核后，便可上线表情商店的“投稿表情”栏目，供用户下载。

（三）基本案情

2015 年，徐某某自愿向国家版权局申请名称为“问问”的美术作品著作权并获得登记，其向腾讯计算机公司、腾讯科技公司提交了由“问问”美术作品演绎的 24 个微信表情包，其中第 10 个演绎表情包旁有一行文字，内容为“记得付律师费哦”，但未获审核通过。腾讯计算机公司、腾讯科技公司总体驳回理由是，“感谢投稿，你的表情违反了微信表情开放平台表情审核标准，作品内容不允许含有任何组织机构、个人、产品或服务的名称、标识、产品包装、吉祥物及相关信息或推广目的。”经查，上述审核理由于两被告的《审核标准》和《服务协议》中存在相关依据。

据查，徐某某是“问律师”法律专家咨询平台的创始人，该平台包括手机 APP、网站、线下服务网络，能够为用户提供实时、就近的贴身专家法律服务，网站名称为“问律师”。徐某某设计卡通人物“问问”的卡通形象，是为了推广上述“问律师”法律咨询平台，随后又以“问问”为基础，设计了 24 个“问问”表情。

原告创设的“问律师”法律专家咨询平台已经在手机应用商品平台如苹果 APP、豌豆荚应用中心和应用宝 APP，微博、搜索引擎服务平台（如百度百科）、互联网社交平台（如微信公众号），以及原告自办网站等互联网线上平台借助“问问”卡通形象实现商业推广，且原告在互联网线下也实际推出“问问”卡通形象实物，并当庭提交了“问问”卡通形象实物。

原告徐某某向一审法院提出诉讼请求：（1）确认腾讯计算机公司、腾讯科技公司不向原告开放表情商店的行为属于滥用市场支配地位，判令腾讯计算机公司、腾讯科技公司允许原告进驻表情商店；（2）确认腾讯计算机公司、腾讯科技公司以限制作品传播目的为由不予通过表情包审核的行为属于滥用市场支配地位，判令腾讯计算机公司、腾讯科技公司审核通过原告投稿表情包。同时，原告主张本案“相关市场”界定为“微信表情开放平台”、本案“相关市场的商品范围”界定为24个表情包、本案“相关市场的地域范围”界定为与徐某某相关的中国大陆市场。

二、案例使用说明

（一）目标与方向

目标为结合反垄断法的相关规定和互联网市场的特性来分析互联网领域滥用市场支配地位的认定方式。

（二）涉及知识点

1.《反垄断法》中有关相关市场的界定和滥用市场支配地位的认定问题。

2.《关于相关市场界定的指南》中有关相关市场的多种界定方法和考量因素的问题。

（三）法律问题

1. 本案的相关市场如何界定，相关市场的界定方法应该如何选择？

2. 腾讯计算机公司、腾讯科技公司被诉行为是否具有市场支配地位；目前在互联网领域如何判断市场支配地位？

3. 腾讯计算机公司、腾讯科技公司的被诉行为，是否构成滥用市场支配地位？

（四）参考结论

一审法院认为，本案应当认定为滥用市场支配地位纠纷案件，首先按照需求替代理论分析，认为由于原告徐某某投稿表情包的目的在于互联网市场中进行推广，同时有证据表明被告的经营范围是互联网信息服务，相关市场的商品范围应界定为互联网平台信息服务，包括社交平台、新浪、百度等搜索引擎平台、手机应用软件商店平台等互联网平台信息服务；同时考虑到互联网的无国界性，本案相关市场的地域范围应界定为全球市场。在此基础上，由于本案已基于原告和被告双方不具有竞争关系，从需求替代性来界定本案的相关市场，那么法院认为本案亦应从需求替代性来界定本案相关市场支配地位，而无须再根据市场占有份额来界定本案相关市场支配地位。若需求具有不可替代性，便导致在相关市场具有支配地位的状态；若需求具有可替代性，便不导致在相关市场具有支配地位的状态。根据相关证据表明，原告徐某某需求替代性选择范围已经超出微信社交软件互联网领域，因此原告需求在相关市场上具有可替代性，由此被告的被诉行为不构成反垄断法意义上的市场支配地位。因此，由于本案缺乏“市场支配地位”的事实基础，滥用市场支配地位便无从谈起，徐某某诉称腾讯计算机公司、腾讯科技公司滥用市场支配地位，一审法院不予支持。

原告徐某某对于一审判决不服，向二审法院提起上诉，其上诉请求主张，一审法院认为本案中的相关市场为互联网平台信息服务，是对“市场”的扩大解释，属于事实认定错误和法律适用错误，本案中的相关市场应界定为微信表情开放平台。徐某某专门为微信表情开放平台设计的表情包在其他互联网平台服务中无法应用。同时，一审法院从需求替代性的角度认定被告腾讯计算机公司、腾讯科技公司不具有市场支配地位，属于认定事实错误，对本案涉及的争议内容界定错误。因为没有其他社交平台可代替微信，腾讯计算机公司和腾讯科技公司在社交平台领域已占有独一无二的市场支配地位。微信表情开放平台系腾讯计算机公司和腾讯科技公司开发设计的唯一市场，徐某某通过微信表情开放平台推广“问问”形象的需求在目前没有替代可能性。

二审法院将一审法院所认定的相关市场范围进行了修正，认为相关商品市场应当界定为互联网表情服务市场，相关地域市场应当界定为中国大陆市场。在市场份额的认定上，由于原告所提供的关于被告企业经营规模的相关证据，并不足以证明其在相关的互联网市场内具有支配地位，同时对于排除、限制竞争的目的方面，本案证据表明“问问”表情与徐某某已经与向社会公众提供的法律服务业务之间建立起密切关联性，公众看见“问问”表情将容易与“问律师”网站或者相关法律服务产生联系，腾讯计算机公司和腾讯科技公司基于上述事实考虑，拒绝徐某某的投稿，不存在不正当性。因此，被告腾讯计算机公司和腾讯科技公司对“问问”表情包进行审稿的行为本身没有排除或者限制竞争的目的，其经审核后拒绝“问问”表情包的进驻亦未造成排除或者限制竞争的后果。基于此，二审法院认为原告徐某某提出腾讯计算机公司、腾讯科技公司滥用市场支配地位的主张，没有事实和法律依据，作出了驳回原告请求的判决。

本案的争议焦点在于腾讯公司的微信表情平台是否在相关市场中具有市场支配地位以及腾讯公司拒绝审核通过徐某某表情包的行为是否构成滥用市场支配地位行为。由此引出了当下互联网迅速发展的大背景下有关反垄断认定的重要问题：互联网市场如何认定滥用市场支配地位？其认定方式和认定标准与传统领域有何区别？

（五）法理分析

1. 该案的相关市场如何界定

市场是经济学中相当古老的概念，在最初市场被认定为商品交易的场所，随着经济社会的发展，市场被逐渐认定为可以通过商业交易而促使买卖双方联系在一起，使得商品价格趋于一致的区域。而作为反垄断法上的专业术语，相关市场指的是市场主体在哪些领域或者地域展开竞争，从而判断出有关市场主体的竞争对手的范围。

市场界定对于反垄断法实施的意义不言自明。如波斯纳所言："市场集中率对于反托拉斯法实施的重要性，使得界定市场以计算被告的市场份额变得至关重要。"①德国学者施瓦尔贝、齐默尔也认为，界定相关市场可以"使得企业的市场份额尽可能精确地体现企业的市场力或市场支配强度。"②界定相关市场显然应当是判断滥用市场支配地位乃至判断一切垄断行为的前提。

在我国反垄断法中，相关市场所划定的竞争范围，包括了商品范围和地域范围。我国《反垄断法》第 12 条第 2 款规定："本法所称相关市场，是指经营者在一定时期内就特定商品或者服务进行竞争的商品范围和地域范围。"该条款明确定义了相关市场的法律概念，同时也确立了相关市场界定的指导原则。该规定将相关市场划分为相关商品市场与相关地域市场，分别表示的是经营者竞争的商品范围和地域范围。同时该规定还对于相关市场进行了时间上的限制，要求在"一定时期内"，即还需考虑"相关时间市场"。

2009 年 5 月 24 日，国务院反垄断委员会公布了《关于相关市场界定的指南》（以下简称《指南》），《指南》是我国迄今关于界定相关市场较为完善的法

---

① ［美］理查德·A. 波斯纳（Richard A. Posner）：《反托拉斯法》，孙秋宁译，中国政法大学出版社 2003 年版，第 172 页。

② ［德］马尔里希·施瓦尔贝、［德］丹尼尔·齐默尔：《卡特尔法与经济学》，顾一泉、刘旭译，法律出版社 2014 年版，第 87 页。

规,为法院界定反垄断相关市场提供了明确指导。《指南》中界定相关市场的方法对于垄断协议、经营者集中以及滥用市场支配地位等垄断行为均具有适用意义。其将被界定的市场划分为相关商品市场、相关地域市场、相关时间市场以及相关技术市场。在实践中,一般应当首先界定相关商品市场,即判断哪些商品具有竞争关系;其次界定相关地域市场,即判断形成竞争关系的商品所在的地理区域。当有关的商品以生产周期等因素为其必备的特征时,可以考虑相关时间市场,而相关技术市场则一般适用于某些涉及知识产权的司法实践。

在明确需要界定的相关市场类别的前提下,《指南》规定了界定相关市场的三种基本方法:需求替代分析,供给替代分析和假定垄断者测试。需求替代和供给替代可以统称为替代性分析方法。

"需求替代分析",即用产品需求替代来界定相关市场是当下最为主要的方法。这种方法综合了产品的价格与用途等多个要素,来评价产品可替代性的高低。这种分析方法最初是由哈佛学派创始人 Bain 在其所著《价格、分配与就业》中最先提出的。经济学上有"需求交叉弹性"这一概念,指的是其他条件不变时,某产品 A 在另一种产品 B 的价格发生变化时,其需求量发生变化的程度。这种变化程度实际上反映出的是 AB 两种产品之间市场关系的程度。交叉弹性值越大,AB 产品之间的竞争关系越强;交叉弹性值越小,AB 两种产品之间的竞争关系也就越弱。1956 年美国"杜邦案"第一次采用了需求交叉价格弹性这种方式来界定相关市场。

我国也采纳需求替代分析方法作为相关市场的主要界定方式。需求替代源自经济学中的需求理论,商品之间的替代效应意味着其存在紧密的竞争关系,也由此得以解释消费需求曲线随价格递减的规律,当一种商品价格上涨时若有其他多种替代品,那么对该商品的需求弹性会较高,反之则较低,此时消费者只能任由经营者"宰割",从而易形成垄断。需求替代分析可以比较客观地确定相关竞争者的产品竞争范围,因此该方法在反垄断司法实务中应用相当广泛。如著名的"3Q 案"中,最高人民法院通过需求替代分析的方法,对于腾讯公司即时通讯软件 QQ 的需求替代性进行了认定,法院首先分析了综合性的即时通讯软件与非综合性的软件之间的替代性,其次分析了腾讯公司的 QQ 软件与其他社交通讯软件之间是否具有替代性,最后得出结论,认为即时通讯软件与其他软件之间不具备替代性。在采用这种方法进行分析时,需要考虑诸多细节因素,《指南》对此规定，在界定商品市场时，需求替代角度可以考虑包括需求者转向、商品特性、价格差异、销售渠道等多种因素；界定地域市场时，可以考量包括需求者转向、商品运输成本、需销售分布、贸易壁垒等各类因素。这是一种需要自由裁量的、综合的考量。

但是需求替代分析法同样存在弊端，就是它不能将相关市场的范围具体化。通过这种方法，只能将某类产品与其他产品之间的替代关系进行分析，但是这种分析的前提是，这类产品与其他类产品的界限首先要有一个明确的划分，然而需求替代分析法是无法实现这一点的，因此除了运用需求替代分析法，还需要其他方法对于相关市场的界定进行辅助。

供给替代方法为需求替代分析提供了重要的补充。不同于需求替代的消费者视角，供给替代分析法指的是从生产者的角度进行分析，如果对于某类产品，生产者将其改造成另一种产品所耗费的成本越小，则表明生产者改造行为的风险越低，那么这两类产品的需求替代性越高，即将其认定为同一个产品市场的可能性越大。因此，其他经营者转产的成本是供给替代方法需要重点考量的因素，《指南》列举了这类成本，包括转产时间、额外费用和风险以及转产后商品竞争力等因素。除了转产行为本身的成本之外，还包括了获取信息的成本，如其他经营者对于商品价格变化作出反应的速度等方面。除了界定商品市场，界定地域市场时同样重点考量其他经营者转产的成本，包括转产前的信息获取能力和反应效率，转向其他地域经营的成本等因素。但是，供给替代方法在实践中可操作性较低，其原因在于这种分析所针对的对象是尚未产生的竞争关系，即对于未来的估量，因此操作具有一定的困难程度。

除此之外，假定垄断者测试（Small but Significant Not-transitory Increase in Price，SSNIP）也是一种可以采纳的，较为科学和理想化的相关市场界定方法。不同于需求分析法基于“同一价格原则”对市场进行的判断，SSNIP 方法的核心在于价格提升之后假定垄断者的盈利水平会发生什么样的变化。这一方法最早来源于美国司法部 1982 年颁布的《合并指南》，在该指南中，美国司法部对相关市场作出明确定义：一个市场是指一种产品，或者这种产品生产、销售的地区，在这样的市场内，一个假设的不受价格管制的利润最大化厂商是这个地区该种产品目前唯一的也是未来唯一的生产者、销售者，能够至少非暂时性地在目前或者可能在将来的价格水平上提高一个小而显著的程度而盈利。该定义本身给出了

“假定垄断者模型”这一界定相关市场的新方法，即 SSNIP 测试法，全称是“小而显著的非暂时性价格上升”。SSNIP 测试法目前已经成为很多国家主要采用的相关市场界定方法，具有应用的统一性和全面性，并且较好地体现了垄断行为背后的经济学原理，是一种通过建构模型而进行的精细分析，当然其缺点在于专业性要求较高、调查成本较高。

我国反垄断执法工作中对于这种方法也予以适当使用，《指南》第 10 条、第 11 条对于假定垄断者测试进行了说明。其基本思路可以归纳为：首先界定相关商品市场。假设该经营者是以利润最大化为经营目标的垄断者（假定垄断者），考虑在其他商品的销售条件保持不变的情况下，假定垄断者能否持久地（一般为 1 年）小幅（一般为 5% ~10%）提高目标商品的价格。如果目标商品涨价后其仍然有利可图，那么目标商品构成相关商品市场；如果目标商品涨价后，引起需求者转向其他替代商品，造成目标商品无利可图，那需要将替代商品增加到相关商品市场中，替代商品与目标商品构成商品集合，考虑如果商品集合涨价，假定垄断者是否有利可图，如果答案是肯定，那么上述商品集合构成相关商品市场，如果答案是否定的则继续进行上述分析过程，直到出现某一商品集合，使得假定垄断者可以通过涨价实现盈利。接下来界定相关地域市场，思路同上：考虑在其他地域的销售条件不变的情况下，假定垄断者对目标地域内的相关商品进行持久小幅涨价是否有利可图。如果答案肯定，目标地域就构成相关地域市场；如果其他地域市场的替代使得无利可图，就需要扩大地域范围，直到涨价最终有利可图，该地域就是相关地域市场。“假定垄断者测试”运用了经济分析中的“假设分析”法，这与波斯纳法官将经济分析方式引入法律领域之后所采纳的思路不谋而合，当判断某种经济事实/法律事实是否符合某种规范性要求时，超脱出现有的事实，在控制变量条件的前提下进行行为假设，往往能够得到最贴合现实的可能结论。

但同时，假定垄断者测试方法也有它固有的缺点，因为其使用条件包括类似产品保持相同的销售价格与歧视性价格的排除这两个要素，但是同时具备这两个要素的情形并不较为普遍，因此这大大限制了这种方法的适用范围。在现实的反垄断执法工作中，由于无法取得足够或者准确度较高的数据，往往会导致这种方法无法应用于实际。

因此对于实践中使用上述三类方法的次序，《指南》第 7 条规定，一般来说应当首先进行需求替代分析，在必要时进行供给替代分析，“在经营者竞争的市场范围不够清晰或不易确定时”，可以进行“假定垄断者测试”分析。

因此根据《指南》以上的相关规定，对于本案相关市场的界定，应当从商品市场与地域市场两个角度分别分析。首先对于相关商品市场的界定可以考虑需求替代分析和供给替代分析这两种方法。一方面，原告的需求就是在互联网上推广其制作的表情包。微信表情包目前被广泛用于互联网即时通讯中的感情表达，互联网用户可以在不同的社交平台下载各种表情包，也可以向这些平台投稿自己创作的表情包。对于需求者而言，目前互联网并不存在能够替代通过表情包实现情感表达方式以及相同功能的其他服务形式，而不同经营者（表情包上传平台）提供的表情包服务之间存在较强的竞争关系，因此，从需求替代角度分析，表情包服务就是一个商品市场。另一方面，从供给替代角度分析，满足消费者提供表情包这一需求的企业众多，除了微信之外，多个社交软件都允许用户制作表情包并在平台或软件上投稿。对于原告来说，其需求存在可替代的供给渠道，对于其需求而言，其余的投稿平台和微信之间也存在替代关系。从以上分析来看，本案具有较为紧密替代关系的一类商品是互联网表情包服务，相关商品市场应当界定为互联网表情包服务市场。

其次是对于相关地域市场的界定。相关地域市场应当是与被告存在竞争关系的经营者所处的地域范围。这一点应当认可二审法院的观点：虽然互联网具有无国界性，但是并不能够因此就简单认定相关地域市场为全世界。同样首先从需求替代角度考虑，显然，原告从境外获得“提供表情包”这一需求的成本显然大大高于在国内实现其需求的成本，这体现在其获取途径的便捷和费用上面，并且其需求得以实现的地点位于中国境内；另外，从供给替代角度考虑，即便境外的生产经营者能够向境内进行供给，也并不能对于其他经营者的竞争产生较大威胁，因为其进入境内市场的成本较高。因此，本案中原告能够获取的具有较为紧密替代关系的表情包服务的地域市场应当认定为中国大陆市场。

2. 在界定相关市场的基础上，被告行为是否具有市场支配地位

明确了相关市场的范围之后，应当进一步判断经营者在相关市场中是否具有支配地位，对此我国《反垄断法》采用的是市场结构推定方式，即根据市场份额的比例高低来确定是否具备适配地位，《反垄断法》第 19 条规定了依据经营者在相关市场中的市场份额确定市场支配地位的方法，其规定了实践中在哪种

市场份额比例下应当推定经营者具有市场支配地位，但是该规定存在的问题是：当难以确定经营者在相关市场中所占份额的具体比例，如测定难度过大或者耗费成本过高时，就很难据此认定其具有市场支配地位。尤其在本案所涉及的互联网领域更是如此。

对于传统企业，当市场份额难以确定时，可以根据经营者的财力或者技术条件，对于原材料市场或者销售市场的控制能力大小来加以确定（具体可见《反垄断法》第 18 条），这种判断方式与传统企业的特性有很大关系，对于线下的实体企业而言，其经营场所明确固定，经营地域有限，规模经济效应会受到限制。但是互联网企业在其特性以及对市场的影响力方面，与传统企业存在诸多不同。这主要可以体现在互联网市场竞争的冒尖鼓励性、动态性两个特点上。

垄断性特征指的是互联网市场中的企业很容易在相关市场中占有较高的市场份额，行业内的市场集中度往往相当高，也有学者将这种特点称为“冒尖鼓励性”。[①] 网络市场中，均衡往往倾向于一种或几种产品，导致这一特征的原因有很多，首先是网络的用户导向特征，指的是使用某一产品的用户越多，该产品的价值越大，因此判断一个互联网产品价值高低不仅仅要看产品本身的性能、技术含量、质量等要素，还要考量其用户数量的多少和规模的大小，同时这一特性也导致了一个产品使用的人越多，对于其他人的吸引力越大，那么就会有更多用户开始使用这个产品，由此造成了这样一种循环效应：使用某类产品的人越多，该类产品在市场中的竞争力越大。其次在互联网行业中，还有一种“历史因袭”的特性，[②]即用户锁定性，一项已经被使用的网络产品或网络技术往往具有高度稳定性，转向其他产品或技术的成本极高。互联网产品对于使用该产品的用户而言，很难转而使用其他具有竞争关系的替代产品。因为互联网产品本身具有技术特性，当用户使用一类产品时，需要花费成本来学习产品的功能、使用方法，这就导致当用户已经学会使用该产品之后，很难再耗费额外的成本去转而学习另一项产品的使用，除非使用原有产品所耗费的成本已经大于学习使用另一产品所花费的成本。明确这一点之后，已经拥有大量用户的互联网企业往往就会采取策略使得用户使用本产品的成本较低，从而将现有用户进行锁定，再加上用户

① ［美］保罗·萨缪尔森、［美］威廉·诺德豪斯：《经济学》，人民邮电出版社 2008 年版，第 101 页。

② 参见［美］保罗·萨缪尔森、［美］威廉·诺德豪斯：《经济学》，人民邮电出版社 2008 年版，第 101 页。

导向的原理，吸引更多用户使用本产品，获取更大的利益。除此之外，互联网产业还具有边际成本递减效应，[①]不同于传统行业的边际成本先递减后递增，由于互联网产业中，对于产品的成本投入主要是人的脑力劳动、时间成本，一旦产品投入市场，其运营不同于传统产品，需要源源不断的成本投入，互联网产品的运营过程中除了极少的维护提升费用之外，往往不需要再进一步投入成本，这就导致随着时间的推移，企业的营收与成本之差会越来越大，其边际成本不断递减，因此先进入某一市场的互联网企业的效益会越来越高，借助“历史因袭”的特性，其规模只会越来越大。

因此，基于互联网行业的上述性质，在互联网市场中，率先进入某一市场或者率先研发出某项技术的企业往往会占有极高的市场份额，能够享有规模经济效应，拥有的用户数量不断提升。但是这种经常存在的较高市场份额，却并不一定代表该企业在市场中具有支配地位，因为支配地位所体现的是占有较高份额的企业是否有能力控制市场进入门槛、阻碍其他企业参与竞争，在互联网行业中，由于技术不同于原材料、劳动力等传统生产要素，技术具有创新性、爆炸性，即便一个企业在市场中占有高份额，但是如果它的技术落后、创新停滞，那么当有一家具有创新性和先进技术的产品进入市场时，旧有的产品便会很容易被新产品所取代，如腾讯 QQ 软件进入市场时，微软 MSN 已经在即时通讯软件市场中占有较高份额，但是由于 QQ 的便捷性、创新性，MSN 的高份额并没有阻止 QQ 参与竞争，不久之后 QQ 便取代了 MSN 的市场份额。实际上，互联网市场具有一种潜在的竞争特性，即便现有产品对于用户具有锁定效应，但是一旦出现一个新产品为用户提供更少的使用成本，这种先进技术和创新优势带来的成本差足以让用户为之而转移使用对象，因此往往即便是一个企业占有了较高的市场份额，也不代表其就可以阻碍其他经营者进入市场参与竞争，在这样的互联网市场条件下，使用传统企业所认定的 1/2 市场份额来判断一个企业是否具有市场支配地位，就显得有失偏颇。

除了垄断性特征之外，互联网市场还具有动态性特征。顾名思义，动态性特征表示互联网市场中份额比重变化极快，不同于传统行业市场份额的相对稳定性，互联网行业中市场份额往往变动频繁。可以说，互联网市场充分体现了竞争

---

① 参见叶明：《互联网行业市场支配地位的认定困境及其破解路径》，载《法商研究》2014 年第 1 期。

的本质特点，对其进行考察也应当居于历史长河之中，其原因在于技术创新的快速性。当今信息时代的背景下，技术革新可谓日新月异，从目前网络产品迭代速度之快就可以看出，一旦产品技术革新停止，其往往就会被其他具有更先进技术的产品所取代。在传统行业中，由于不同企业之间的经营模式大同小异，因此一旦控制了资本、原材料、劳动力，其他企业就很难对市场份额较大的企业具有竞争力，但是互联网时代下，可能一个好的灵感或创意就可以造成产品的重大革新，从而形成巨大的创新优势，因此竞争形势无时无刻都在变化，这就导致了互联网市场中市场份额的变化也是无时无刻的，一个企业可能在一夜之间崛起，同样也能在一夜之间倒塌。在这种情况下，判断一个互联网企业是否具有市场支配地位，仅仅依靠其当下瞬时的市场份额，是不够严谨的，因为一旦占有较高市场份额的企业没有紧跟市场的创新步伐，那么其所拥有的高份额很有可能只是“昙花一现”，同时即便一家企业目前并没有较高的份额，但是如果其掌握了当下市场不可替代的核心技术，那么其市场份额的增加也是指日可待的。因此在这种情况下，仅仅依靠市场份额来推定企业的市场支配地位，很有可能是不够科学的。

在上述互联网市场特性明确的前提下，我们对于如何认定互联网行业中的市场支配地位也应当有一个新的认识。首先，由于互联网行业中高市场份额的普遍性，在市场份额标准方面，应当适当提高对于互联网企业形成支配地位的份额要求，即不仅仅是传统企业的1/2，同时，由于互联网市场份额变化之快，应当对于市场份额的判断要求不限于瞬间的比重，而要求这种比重持续一定时间。其次，传统企业的市场份额往往是根据企业销售额在市场总销售额中所占的比重进行计算，但是在互联网行业中，由于许多产品属于免费产品，企业往往并非直接依靠销售产品，而是通过向使用产品的用户投放广告而赚取收益，因此这种情况下仅仅计算产品销售额，并不能体现企业在互联网市场中的占有份额，而是应该通过最能体现互联网企业价值的一个要素——用户，来衡量企业所占据的市场份额。因此在计算互联网企业的市场份额比重时，应当加入用户数量、用户规模等考量要素，而非仅仅根据评估传统行业的销售额比重来进行计算。除此之外，由于市场份额在互联网领域内的变化性、不确定性，不应当仅仅依靠市场份额来判断一个企业在市场中是否具有支配地位，同时还应该着重考量相关市场里的市场进入壁垒，即便一个企业在市场中占有很高的市场份额，但是如果相关市场内的竞争仍然是充分的，其他企业进入该市场是不会受到排斥的，那么也不应当认为占有高份额的企业具有市场支配地位。尽管对于传统行业的支配地位也同样要考虑到市场进入壁垒这一因素，但是传统行业的进入壁垒往往是资金、政策等要素，而在当下互联网时代，大量的风险投资都会涌向具有先进技术的企业，只要在技术、创新上具有优势，企业一般都能够吸引到资金支持，也就不存在资金方面的较大壁垒，再加上各国政府在市场经济的体制之下，往往加大政策力度鼓励竞争，因此政策方面的壁垒也并不突出，在互联网市场中取而代之的是技术壁垒与成本转移壁垒，技术壁垒指的是当一家企业在相关市场中掌握并控制了运营的核心技术时，可以借助该技术排斥其他竞争对手的进入，进而达成该企业对于市场的垄断地位。例如著名的"3Q"大战，腾讯QQ拥有众多用户且其拥有的软件技术使得QQ成为当时市场中唯一可以选择的即时通讯工具，腾讯QQ为了排斥360安全软件的竞争，在自身的软件系统中设置强制程序，造成二者软件无法兼容，消费者必须选择其一进行卸载，这种行为就属于在相关市场中设置了技术壁垒。再如微软公司的Windows系统占有个人电脑系统市场的绝大部分市场份额，微软公司对于该系统掌握了独家的核心技术，那么微软公司便往往借此来推广自家软件，如在Windows系统中对于其他企业的竞争软件设置恶意的不兼容，从而促使消费者只能选择微软公司的软件进行安装使用。这同样属于设置技术壁垒的行为。对于技术壁垒，实务中应当着重考察可替代产品是否优于目标产品，即其他产品是否已经足以替代目标产品，如果已经达成了替代的客观条件，但是用户仍然没有转移到可替代产品上，那么就可以据此认为目标产品设置了市场技术壁垒。

除了技术壁垒之外，互联网市场还存在转移成本壁垒，上文已经提到，互联网企业之所以拥有"历史因袭"的特性，其原因之一在于用户放弃使用当下的软件，转而使用其他替代性软件的行为是具有转移成本的，使用一个新的软件需要花费学习成本（主要是时间方面耗费的成本）、财产成本（如果用户与原软件签订了合同或者协议，那么放弃使用该软件则需要付出财务赔偿）、关系成本（社交软件上原有的联系人会随着放弃使用而失去相关的资源），因此如果上述成本比较高，用户一旦开始使用了某一互联网产品，即便后来又出现了其他更好的产品，由于转移到其他产品上所耗费的成本过高，往往会放弃使用其他产品，这就是转移成本壁垒。例如目前个人电脑的两大系统——微软Windows系统与苹果公司 Mac OS 系统,在某些从业领域 Mac 系统使用性能要优于 Windows 系统,但是如果用户已经长时间使用 Windows 系统,那么其转而学习与 Windows 完全不同的 Mac 系统所要耗费的学习成本过高,这就导致了相关市场很容易出现成本转移壁垒。再如即时通讯系统市场上,由于使用微信的用户占了相当大的比重,长时间使用之后用户的微信账号上会积攒大量的联系人信息,此时即便出现一个新的功能优于微信的即时通讯软件,用户也很可能更倾向于继续使用原有的软件,因为转移到新的软件上所耗费的关系成本实在过高,在这样的市场上也更加容易形成成本转移壁垒。因此,在考量市场进入壁垒时,要着重根据不同市场的特性来判断是否较为容易出现技术壁垒和转移成本壁垒,壁垒越容易出现的市场,形成市场支配地位的可能性也就越大。

根据上述理论分析,本案中判断被告两公司是否具有市场支配地位,应当考量其市场份额(相较于法律规定而言应当适当提高份额标准,并且要求这种份额比重持续一定时间),对于上述市场份额应当着重根据企业所拥有的用户规模、数量进行判断,同时还应当考虑到相关市场的技术壁垒与转移成本壁垒。不过在此之前,应当根据当事人双方提交的证据,首先明确双方对于判定市场支配地位应当承担的举证责任以及是否完成了举证义务。这也同样是二审法院所重点考量的内容,在该案中,法官引用了《最高人民法院关于审理因垄断行为引发的民事纠纷案件应用法律若干问题的规定》第 8 条第 1 款“被诉垄断行为属于反垄断法第十七条第一款规定的滥用市场支配地位的,原告应当对被告在相关市场内具有支配地位和其滥用市场支配地位承担举证责任”的规定。因此,原告应提供证据证明被告在中国大陆地区互联网表情包服务市场中具有市场支配地位,具体应当包括两公司在相关市场中具有的用户数量、规模所占据的份额比重、相关市场的技术壁垒,以及相关份额所持续的时间等因素。但是,原告在该案中所提供的证据并不足以证明被告两公司在本案相关市场中的市场份额和竞争状况、控制市场的能力、财力和技术条件、其他经营者对其在交易上的依赖程度和进入相关市场的难易程度等情况。因此,徐某某应承担举证不能的法律后果。

3. 被告行为是否构成滥用市场支配地位

根据上述分析,本案中由于原告徐某某不能证明腾讯计算机公司和腾讯科技公司在本案的相关市场中具有市场支配地位,因此其对于两公司滥用市场支配地位的主张也就不能成立。但是在此之外我们还应当考虑到的一种情形是，在不考虑市场支配地位的情况下，被告两公司的行为可否能称为“滥用”行为？

垄断是市场竞争的自然结果，竞争的优胜劣汰自然导致市场资源向一家或少量几家大企业集中，因此所谓滥用市场支配地位应当具有两个特点：除了经营者占有市场支配地位之外，还需存在经营者利用市场支配地位实施的排除或者限制竞争的行为。① 在世界各国的竞争法中，滥用市场支配地位的含义因其不同竞争法的立法目的而具备不同之处，如果国家竞争法的立法目的是实现最大限度地经济效益，那么如果相关企业实施了减损经济效益的行为，就属于滥用市场支配地位行为；如果竞争法的立法目的在于实现公平交易，那么企业实施破坏公平交易的市场秩序行为就可以被认定为滥用市场支配地位行为。由此，应当结合我国的反垄断法立法目的以及价值取向等规定来判定在我国法律的语境之下滥用市场支配地位的含义。根据我国《反垄断法》第 6 条的规定，要判断某市场经营者是否滥用市场支配地位，关键是要判断其行为是否排除或者限制了竞争。这体现了一种结果导向，单纯通过竞争将其他企业排挤出竞争市场并非《反垄断法》规制的行为，只有一种行为从根本上危害了市场的竞争机制，市场无法通过自法有序的竞争行为提高经济效益、增加社会财富，而是变成了某一家或少数企业通过牺牲市场和社会的整体福利来谋取个人利益的工具，此时才是《反垄断法》所针对的排除或限制竞争的行为。

因此，对于一种“疑似”限制竞争行为而言，行为的“正当理由”就显得尤为重要，当然，是否存在正当理由并非全部交由法官在每一个个案中分别审查，这显然会耗费过高司法成本。因此结合经济学领域的实证研究结论，一般来说《反垄断法》会吸收经济理论，列举出通常情况下可以认为是限制竞争行为的具体行为，也可称为法律类型化工作。典型的限制或排斥竞争的行为包括拒绝交易、掠夺性定价、搭售以及排他性交易等行为。② 例如，在美国最高法院审理的 ASPEN 滑雪公司案中，法院经过精细的经济学分析之后得出结论：ASPEN 滑雪公司是蓄意阻碍其客户与其竞争对手进行交易，它这样做并不是出于提高效率的目的，而是以牺牲自己短期利益和损害消费者为代价，达到最终削弱市场竞争

---

① 参见时建中主编：《反垄断法：法典释评与学理探源》，中国人民大学出版社 2008 年版，第 228 页。

② 参见李小明：《反垄断法中滥用市场支配地位的违法认定问题研究》，载《河北法学》2007 年第 11 期。

的目的。[①] 这表明经济分析对于判定一种竞争行为是否具备违法性发挥着极为重要的作用。事实上,这些方面在我国《反垄断法》第 17 条中有说明,即在具有“正当理由”的情况下,相关竞争行为不能被认定为滥用市场支配地位行为,这里正当理由的规定实际上就包含了对于竞争行为性质的价值取向,但是在法律条文中并没有给予明确的具体规定。有学者结合我国《反垄断法》的立法目的以及竞争法的法律性质,认为这种行为正当性反映在行为后果方面,主要体现为效率、公平和竞争方面的考量,当经营者的相关行为是为了提高经济效率(如对于新产品、技术革新型低成本产品和为了应对经济危机进行资金周转而进行的促销行为),为了实现与交易向对方(特别是消费者)、公共利益与国家利益之间的利益平衡,为了促进和维护竞争等目的时,则可以认定这类行为是“正当理由”。[②]

具体到本案中,接受用户的表情包投稿是被告提供的服务内容之一,作为自己的经营内容,经营者在法律允许的范围内对其拥有充分的经营自由,因此其应当有自主权制定公众享受该免费服务的准入条件。并且该准入条件在原告投稿之前,已经向公众公开并实施较长时间,被告依据该准入标准审核原告的投稿是否符合其标准,应当属于行使企业经营自主权行为。更重要的是,该准入条件的设定符合相关市场经济效率的考量。对于微信软件及其用户而言,微信的主要功能在于提供社交方式,而非广告平台,如果允许这类广告性质的表情包大量涌入微信软件,用户在使用过程中势必受到推广信息的骚扰,这本身就是对消费者利益的损害。进一步地,用户在微信平台上的消费预期受到减损,自然倾向于替代性产品,这会造成微信用户流失从而使得腾讯公司的经营利益受损。因此,无论是从消费者角度还是从经营者角度,通过准入条件的设置以禁止具有广告性质的表情包通过审核,都是符合经济效益的考量。反之,即便以表情包的形式投放广告对于投稿一方具有经济效益,但是这一部分的经济效益显然不足以弥补腾讯公司以及广大的用户群体为之承担的成本,因此属于无效率的市场行为。由此看来,被告行为乃是正常的基于效益考量的经营行为,其并没有排除、限制竞争的目的,并且也没有造成排除或者限制竞争的后果。由此,原告徐某某提出

---

① 参见黄勇、董灵:《反垄断法经典判例解析》,人民法院出版社 2002 年版,第 127 页。

② 参见肖江平:《滥用市场支配地位行为认定中的“正当理由”》,载《法商研究》2009 年第 5 期。

的腾讯计算机公司、腾讯科技公司滥用市场支配地位的主张，同样是不成立的。

（六）关键要点总结

第一，根据《反垄断法》以及《关于相关市场界定的指南》来分析界定相关市场的多种方法以及不同问题下的方法选择。

第二，根据《反垄断法》以及相关理论知识来判断互联网特定市场中如何认定滥用市场支配地位。

（七）附录

参考文献

1.［德］乌尔里希·施瓦尔贝、［德］丹尼尔·齐默尔：《卡特尔法与经济学》，顾一泉、刘旭译，法律出版社 2014 年版。

2. 时建中主编：《反垄断法：法典释评与学理探源》，中国人民大学出版社 2008 年版。

3.［美］理查德·A. 波斯纳（Richard A. Posner）：《反托拉斯法》，孙秋宁译，中国政法大学出版社 2003 年版。

4. 黄勇、董灵：《反垄断法经典判例解析》，人民法院出版社 2002 年版。

5. 叶明：《互联网行业市场支配地位的认定困境及其破解路径》，载《法商研究》2014 年第 1 期。

6. 肖江平：《滥用市场支配地位行为认定中的“正当理由”》，载《法商研究》2009 年第 5 期。

7. 李小明：《反垄断法中滥用市场支配地位的违法认定问题研究》，载《河北法学》2007 年第 11 期。

参考法条

1.《中华人民共和国反垄断法》（2007 年）

第十七条　本法所称市场支配地位，是指经营者在相关市场内具有能够控制商品价格、数量或者其他交易条件，或者能够阻碍、影响其他经营者进入相关市场能力的市场地位。

第十八条　认定经营者具有市场支配地位，应当依据下列因素：

（一）该经营者在相关市场的市场份额，以及相关市场的竞争状况；

（二）该经营者控制销售市场或者原材料采购市场的能力；

(三)该经营者的财力和技术条件;

(四)其他经营者对该经营者在交易上的依赖程度;

(五)其他经营者进入相关市场的难易程度;

(六)与认定该经营者市场支配地位有关的其他因素。

第十九条　有下列情形之一的,可以推定经营者具有市场支配地位:

(一)一个经营者在相关市场的市场份额达到二分之一的;

(二)两个经营者在相关市场的市场份额合计达到三分之二的;

(三)三个经营者在相关市场的市场份额合计达到四分之三的。

有前款第二项、第三项规定的情形,其中有的经营者市场份额不足十分之一的,不应当推定该经营者具有市场支配地位。

被推定具有市场支配地位的经营者,有证据证明不具有市场支配地位的,不应当认定其具有市场支配地位。

2.《国务院反垄断委员会关于相关市场界定的指南》(2009年)

第三条　相关市场的含义

相关市场是指经营者在一定时期内就特定商品或者服务(以下统称商品)进行竞争的商品范围和地域范围。在反垄断执法实践中,通常需要界定相关商品市场和相关地域市场。

相关商品市场,是根据商品的特性、用途及价格等因素,由需求者认为具有较为紧密替代关系的一组或一类商品所构成的市场。这些商品表现出较强的竞争关系,在反垄断执法中可以作为经营者进行竞争的商品范围。

相关地域市场,是指需求者获取具有较为紧密替代关系的商品的地理区域。这些地域表现出较强的竞争关系,在反垄断执法中可以作为经营者进行竞争的地域范围。

第四条　替代性分析

在反垄断执法实践中,相关市场范围的大小主要取决于商品(地域)的可替代程度。

在市场竞争中对经营者行为构成直接和有效竞争约束的,是市场里存在需求者认为具有较强替代关系的商品或能够提供这些商品的地域,因此,界定相关市场主要从需求者角度进行需求替代分析。当供给替代对经营者行为产生的竞争约束类似于需求替代时,也应考虑供给替代。

第五条　需求替代

需求替代是根据需求者对商品功能用途的需求、质量的认可、价格的接受以及获取的难易程度等因素,从需求者的角度确定不同商品之间的替代程度。

原则上,从需求者角度来看,商品之间的替代程度越高,竞争关系就越强,就越可能属于同一相关市场。

第六条　供给替代

供给替代是根据其他经营者改造生产设施的投入、承担的风险、进入目标市场的时间等因素,从经营者的角度确定不同商品之间的替代程度。

原则上,其他经营者生产设施改造的投入越少,承担的额外风险越小,提供紧密替代商品越迅速,则供给替代程度就越高,界定相关市场尤其在识别相关市场参与者时就应考虑供给替代。

第七条　界定相关市场的方法概述

界定相关市场的方法不是唯一的。在反垄断执法实践中,根据实际情况,可能使用不同的方法。界定相关市场时,可以基于商品的特征、用途、价格等因素进行需求替代分析,必要时进行供给替代分析。在经营者竞争的市场范围不够清晰或不易确定时,可以按照"假定垄断者测试"的分析思路(具体见第十条)来界定相关市场。

第八条　界定相关商品市场考虑的主要因素

从需求替代角度界定相关商品市场,可以考虑的因素包括但不限于以下各方面:

(一)需求者因商品价格或其他竞争因素变化,转向或考虑转向购买其他商品的证据。

(二)商品的外形、特性、质量和技术特点等总体特征和用途。商品可能在特征上表现出某些差异,但需求者仍可以基于商品相同或相似的用途将其视为紧密替代品。

(三)商品之间的价格差异。通常情况下,替代性较强的商品价格比较接近,而且在价格变化时表现出同向变化趋势。在分析价格时,应排除与竞争无关的因素引起价格变化的情况。

(四)商品的销售渠道。销售渠道不同的商品面对的需求者可能不同,相互之间难以构成竞争关系,则成为相关商品的可能性较小。

（五）其他重要因素。如，需求者偏好或需求者对商品的依赖程度；可能阻碍大量需求者转向某些紧密替代商品的障碍、风险和成本；是否存在区别定价等。

从供给角度界定相关商品市场，一般考虑的因素包括：其他经营者对商品价格等竞争因素的变化做出反应的证据；其他经营者的生产流程和工艺，转产的难易程度，转产需要的时间，转产的额外费用和风险，转产后所提供商品的市场竞争力，营销渠道等。

任何因素在界定相关商品市场时的作用都不是绝对的，可以根据案件的不同情况有所侧重。

第九条　界定相关地域市场考虑的主要因素

从需求替代角度界定相关地域市场，可以考虑的因素包括但不限于以下各方面：

（一）需求者因商品价格或其他竞争因素变化，转向或考虑转向其他地域购买商品的证据。

（二）商品的运输成本和运输特征。相对于商品价格来说，运输成本越高，相关地域市场的范围越小，如水泥等商品；商品的运输特征也决定了商品的销售地域，如需要管道运输的工业气体等商品。

（三）多数需求者选择商品的实际区域和主要经营者商品的销售分布。

（四）地域间的贸易壁垒，包括关税、地方性法规、环保因素、技术因素等。如关税相对商品的价格来说比较高时，则相关地域市场很可能是一个区域性市场。

（五）其他重要因素。如，特定区域需求者偏好；商品运进和运出该地域的数量。

从供给角度界定相关地域市场时，一般考虑的因素包括：其他地域的经营者对商品价格等竞争因素的变化做出反应的证据；其他地域的经营者供应或销售相关商品的即时性和可行性，如将订单转向其他地域经营者的转换成本等。

第十条　假定垄断者测试的基本思路

假定垄断者测试一般先界定相关商品市场。首先从反垄断审查关注的经营者提供的商品（目标商品）开始考虑，假设该经营者是以利润最大化为经营目标的垄断者（假定垄断者），那么要分析的问题是，在其他商品的销售条件保持不变的情况下，假定垄断者能否持久地（一般为1年）小幅（一般为5%～10%）提高目标商品的价格。目标商品涨价会导致需求者转向购买具有紧密替代关系的其他商品，从而引起假定垄断者销售量下降。如果目标商品涨价后，即使假定垄断者销售量下降，但其仍然有利可图，则目标商品就构成相关商品市场。

如果涨价引起需求者转向具有紧密替代关系的其他商品，使假定垄断者的涨价行为无利可图，则需要把该替代商品增加到相关商品市场中，该替代商品与目标商品形成商品集合。接下来分析如果该商品集合涨价，假定垄断者是否仍有利可图。如果答案是肯定的，那么该商品集合就构成相关商品市场；否则还需要继续进行上述分析过程。

随着商品集合越来越大，集合内商品与集合外商品的替代性越来越小，最终会出现某一商品集合，假定垄断者可以通过涨价实现盈利，由此便界定出相关商品市场。

界定相关地域市场与界定相关商品市场的思路相同。首先从反垄断审查关注的经营者经营活动的地域（目标地域）开始，要分析的问题是，在其他地域的销售条件不变的情况下，假定垄断者对目标地域内的相关商品进行持久（一般为1年）小幅涨价（一般为5%～10%）是否有利可图。如果答案是肯定的，目标地域就构成相关地域市场；如果其他地域市场的强烈替代使得涨价无利可图，就需要扩大地域范围，直到涨价最终有利可图，该地域就是相关地域市场。

第十一条　假定垄断者测试的几个实际问题

原则上，在使用假定垄断者测试界定相关市场时，选取的基准价格应为充分竞争的当前市场价格。但在滥用市场支配地位、共谋行为和已经存在共谋行为的经营者集中案件中，当前价格明显偏离竞争价格，选择当前价格作为基准价格会使相关市场界定的结果不合理。在此情况下，应该对当前价格进行调整，使用更具有竞争性的价格。

3.《最高人民法院关于审理因垄断行为引发的民事纠纷案件应用法律若干问题的规定》(2012年)

第八条　被诉垄断行为属于反垄断法第十七条第一款规定的滥用市场支配地位的，原告应当对被告在相关市场内具有支配地位和其滥用市场支配地位承担举证责任。被告以其行为具有正当性为由进行抗辩的，应当承担举证责任。

第四章 经营者集中的反垄断法分析

——美团、大众点评合并的反垄断问题分析①

一、案例正文

(一)摘要与关键词

摘　要:近年来,我国互联网行业竞争激烈,经营者集中不断涌现,互联网行业特性也为经营者集中申报与审查带来了挑战。但是从执法方面来看,我国反垄断执法机构对待该类互联网企业经营者集中的态度是模棱两可的。本章以"美团与大众点评合并案"为例,分析了互联网双边市场特征及其附带的免费服务、网络外部性、用户锁定、跨界经营等共性特征为界定相关市场带来的困难并提出改进措施。在申报标准上亦指出纯粹"营业额"标准存在的不足并提出完善路径。最后指出反垄断执法机构的态度应当强化反垄断执法力度,将惩罚措施与激励手法结合适用,从而确保互联网企业以公平公正的竞争理念达成创新目的。

关键词:互联网企业;经营者集中;双边市场;相关市场;申报标准

(二)背景介绍

2015年中国提出"互联网+"战略,互联网企业逐渐成为当代中国经济新引

---

① 本章主要探讨反垄断执法机构对新型互联网领域经营者集中规制的不足之处,本案尚未经执法机构审查认定,其案件背景及事实信息主要源于网络新闻及两公司的披露数据,由于公司未上市之前披露信息有限,所以对部分信息数据进行了推断,推断部分具体在文中已作出说明。本案为真实案例,未经过掩饰处理。

擎,O2O 行业也迎来了春天。O2O(Online To Offline)是一种新型商务模式,即线上购买线下消费再线上点评。商务部统计显示,2015 年上半年我国 O2O 市场规模为 3049.4 亿元,同比增长 80%。[①] 依靠政府政策支持,O2O 是当前互联网行业大热且极具潜力的发展模式。然而作为一种新型发展模式,O2O 也面临着前所未有的挑战,其“烧钱”特质和愈演愈烈的价格战使资本在该行业的投资更为理性和冷静,再加上不断有新的创业者进入该市场,各互联网巨头也在逐步加大该领域的布局力度,行业竞争还将进一步激烈化。

(三)基本案情

2015 年 10 月 8 日,本地生活服务领域两大领头羊公司美团网和大众点评联合发表声明,宣布达成战略合并并成立新公司,这将成为线上、线下电子商务,即 O2O 领域的重要变量。这是 2015 年继 58 同城网与赶集网、滴滴打车和快的打车合并案后,中国互联网领域产生的又一将影响 O2O 行业格局的重大合并案例。

美团网于 2010 年成立,是国内大型团购网站,旨在“为消费者发现最值得信赖的商家,让消费者享受超低折扣的优质服务;为商家找到最合适的消费者,给商家提供最大收益的互联网推广”。美团网在业务上奉行“T”形战略,即以团购业务为主线,并逐步覆盖餐饮、电影、酒店、外卖等垂直细分领域。2015 年美团以数千万美元全资收购酷讯,加快对酒店、旅游等垂直领域的布局,进一步完善“T”形业务。这种战略为美团扩大交易额的同时也使其战线拉长,由于为追求市场份额而持续“烧钱”补贴以及与点评等企业的价格战,2015 年以前美团在各细分领域一直存在一定程度的亏损,并且融资计划的受阻更使美团陷入融资困境。大众点评网于 2003 年成立,是一家“中国领先的本地生活信息门户及交易平台”,也是全球最早建立的独立第三方消费点评网站。大众点评不仅作为信息服务平台,为用户提供商户信息、消费点评及消费优惠等信息服务,也通过投资收购与内部发展相结合的方式来建立自己的 O2O 生态体系。其业务还涉及餐饮、酒店、休闲娱乐、电影、丽人、婚庆、亲子、家装等几乎所有本地生活服务,持续的“烧钱”补贴及价格战同样使大众点评面临一定程度的资金困境。

---

① 参见《商务部:上半年 O2O 市场规模达 3049.4 亿,同比增 80%》,载人民网,http://it.people.com.cn/n/2015/0929/c1009-27647374.html,最后访问日期:2020 年 3 月 22 日。

2015年1月,美团估值70亿美元,大众点评估值40多亿美元,美团本无意合并,但由于接下来的8个月,美团陷入盈利末期、融资不顺的逆境且此时大众点评推出主张去团购化的“闪惠”业务,为美团的团购业务带来一定压力。2015年10月8日,美团与大众点评联合发表声明,宣布双方已达成战略合并并成立新公司。此次合并为行业内企业间的横向并购,且以换股合并的方式完成,但双方并未披露更多的合并详情,根据可查资料,有消息称双方将组建一家新的VIE架构境外公司,双方股东将权益注入新公司,美团与大众点评对标新公司的估值比例将是7:4。[①] 合并后新公司估值150亿美元左右,并会占据80%以上的团购市场份额。[②] 不管坊间关于换股比例的传言究竟是7:4还是5:5,通过新公司2015年11月完成的人事调整也可以窥见市场份额较弱的大众点评似乎已经淡出权力控制体系,美团或成新公司主导。新架构为7个平台的负责人均由美团系高管担任,点评系张涛只出任董事长这一象征性职位,负责新公司战略决策方面工作,而其他高管也几乎全部退出新公司一线管理层。因此该案名义上为合并,实为收购,弱势方退出,由强势方带领新公司继续前行。并且两家公司将保留各自的品牌和业务独立运营,同时加强战略协同和优势互补,推动企业发展。[③] 美团大众点评合并后,美团在电影和酒店等高频领域与大众点评的婚庆和丽人等低频领域形成互补。高频服务客单价低,可以作为获取和黏着用户的工具;而低频服务客单价高,是公司利润的主要来源。两企业合并后即以高频业务作为O2O基础,为低频高利润业务带来大量的流量,低频业务发展又给平台带来口碑,从而形成良性效应,保持平台流量持续快速提升。此外,大众点评在一线城市的深耕,可以和美团在三四线城市的下沉能力互相结合,双方的地域优势也能形成互补,获得经营协同。从业务结构来看,美团点评目前拥有到店餐

---

① 《解读大众点评和美团合并的内幕》,载搜狐科技,https://it.sohu.com/20151008/n422712374.shtml,最后访问日期:2020年3月27日。虽然美团网以及大众点评网方面均否认了上述传闻的真实性,并直接以“假消息”作为回应。值得注意的是,外界对该传闻的关注并没有因为双方的否认而告终,更有投资界及知情人士证实了该消息的真实性。亦有消息指出两家公司换股比例为5:5,且投资人也有不同的换股比例,双方现有股东将权益注入新公司,最终美团和大众点评实现对等合并。

② 易观智库2015年7月16日发布《中国生活服务O2O市场专题研究报告》:“2015年上半年,美团以51.9%的团购交易份额继续保持领先优势,但较去年同期下降了4.1个百分点,大众点评以29.5%的团购交易份额居于第二位,较去年同期上涨8.5个百分点。两者合计贡献团购市场超过八成的成交额。”

③ 参见周运兰、刘晓娆、潘泽江:《美团与大众点评网合并案剖析》,载《财会通讯》2016年第29期。

饮、酒店旅游、在线外卖和移动出行四大板块，其中外卖是公司估值最重要的支撑，成为国内最大的生活服务平台。2018 年 9 月，合并后的美团点评登陆港交所，开盘大涨 5.7%，报 72.9 港元，市值 4000 亿港元（约 510 亿美元），超越京东。

近年来，互联网行业竞争激烈，移动互联网领域的经营者集中不断涌现，[①]这些集中的背后往往是大型互联网公司作为幕后推手，BAT 三大巨头并购行为强势、全面开展，占据多个消费者入口，试图打造一个全面的、闭合链式的业务组合，进一步扩张成为大而全的互联网巨头，从而提高竞争力，扩张规模，也有助于通过非横向集中，也就是所谓的多元化经营来降低投资组合风险、提高综合收益。BAT 将触手伸向了软件开发、社交领域、文化传媒、移动支付、团购、物流、本地生活等各项领域，几乎涉及消费者生活的方方面面。这些投资行为大多均足以控制所投资公司，这些规模巨大的并购集中应受到我国反垄断执法机构的适当关注。

二、案例使用说明

（一）目标与方向

本案例为近年来互联网领域经营者集中的典型案例，希望通过本案例的说明和分析引发对互联网领域经营者集中申报与审查的新思考，完善相关市场界定方法以及申报标准和审查路径，明确反垄断执法机构对该类案件的应持态度。

（二）涉及知识点

本案例主要涉及反垄断法经营者集中相关知识，主要包括相关市场概念、相关市场传统界定方法、申报标准、经营者集中审查制度等。

---

① 如 2015 年 5 月，携程公司宣布入股竞争对手艺龙公司，持有艺龙公司 37.6% 的股权，成为艺龙公司的最大股东。2015 年 10 月，阿里巴巴以 56 亿美元收购了优酷土豆所有的纽交所流通股票。2015 年 10 月，携程与去哪儿网走向合并。而百度通过股权置换拥有携程近 1/4 的总投票权，最终成为此次合并的最大赢家。2016 年 8 月，滴滴和优步中国宣布合并，滴滴在中国占有非常大的市场份额，此次合并加强了其在我国网约车市场的优势地位。2017 年 12 月，携程促成艺龙与同程合作。2017 年 8 月，饿了么与百度外卖合并，尔后被阿里巴巴收购。2018 年 4 月，美团宣布收购摩拜单车。2019 年 9 月，阿里巴巴集团以 20 亿美元全资收购网易考拉，网易考拉也正式更名为考拉海购。

(三)法律问题

1. 互联网行业特性为相关市场的界定带来哪些困难?应当如何改进?

2. 该合并是否达到申报标准?以营业额作为申报标准对互联网行业的经营者集中是否存在不合理性?

3. 对于互联网行业经营者集中,反垄断执法机构应持怎样的态度?

(四)参考结论

1. 互联网行业的双边市场特征附带性带来了免费服务、网络外部性、用户锁定、跨界经营等共性特征,此时界定相关市场再使用传统的分析方法存在困难,可以将 SSNIP 测试法进行一定改进,同时考虑借鉴“盈利模式测试法”“产品性能测试法”等其他测试方法,此外亦可以在合理情况下淡化相关市场的界定。

2. 该合并在理论上依据法条是未达到申报标准的,这也折射出在互联网行业特性下以“营业额”这一单一标准作为申报标准具有不合理性,然而即使涉及集中的企业营业额没有达到法定标准,反垄断执法机构亦完全可以依照是否具有排除、限制竞争的可能依据职权对案件进行调查。此外,可以考虑在申报标准中增加交易额条款以及将大数据纳入经营者集中竞争效果评估标准,以期更好地规制互联网行业经营者集中的行为。

3. 反垄断执法机构应当改变过去由于担心阻碍创新而对互联网领域经营者集中的放松监管态度,应当强化反垄断执法力度,规范商谈制度,充分发挥执法机构监管作用,为市场竞争营造一个公平公正公开的环境,并通过激励政策引导互联网行业不断进行技术创新,即将惩罚措施与激励手段结合适用,从而确保互联网企业以公平公正的竞争理念达成创新目的。

(五)法理分析

1. 互联网行业特性为相关市场的界定带来哪些困难,应当如何改进

根据我国现行《反垄断法》对“经营者集中”的概述[①]以及西方国家和我国台湾地区对于这一概念的阐述,我们可以尝试将“经营者集中”定义为:“从事商品

---

① 《反垄断法》第 20 条规定:“经营者集中是指下列情形:(一)经营者合并;(二)经营者通过取得股权或者资产的方式取得对其他经营者的控制权;(三)经营者通过合同等方式取得对其他经营者的控制权或者能够对其他经营者施加决定性影响。”

生产、经营或提供服务的自然人、法人和其他组织间通过合并、收购资产或股份、委托经营或联营以及人事兼任等方式形成的控制与被控制状态”。[①] 其实质是独立的市场主体之间发生或者强化某种有计划的、长期的控制或者联系的关系，而不仅仅在于他们作出集中交易行为的动机或者手段。方式等虽然是反垄断审查过程中需要考虑的因素，但并非关注的焦点，毕竟经营者集中交易行为的手段是多样的，甚至随着社会经济发展会越加隐蔽，《反垄断法》关注的是这些经营行为是否对市场竞争产生了影响。

如何正确划分相关市场是经营者集中审查工作的关键步骤，《反垄断法》第12条规定，相关市场是指经营者在一定时期内就特定的商品或者服务进行竞争的商品范围和地域范围。相关市场主要包括相关产品市场和相关地域市场，在世界各国反垄断执法和司法实践中，相关市场的界定方法主要经历了从需求替代分析法到供给替代分析法，再到SSNIP测试法的演变过程。其中替代分析法是定性分析，对相关市场的界限认定比较模糊，主观随意性强，对市场外延的判断没有客观的判断标准，而SSNIP测试法的出现在一定程度上解决了市场外延的问题，即在一个临时设定的市场范围内，假定垄断经营者在一定期限内能够成功实施一次涨价行为，那么它涵盖的范围就是相关市场的范围。尽管SSNIP测试法具有较强的客观性和科学性，但也存在一定缺陷。一方面，SSNIP测试法有严格的条件限制，必须保证其他产品的销售条件不变，同时不存在价格歧视行为，但是现实中随着技术进步、物价上涨，保证销售条件不变其实十分困难；另一方面，SSNIP测试法还可能存在人为扩大相关市场范围的问题，使假定垄断者的市场份额减少，从而影响其市场支配地位的认定。其实无论是替代分析法还是SSNIP测试法都是面向于传统市场的，而互联网行业往往具有双边市场的特点，平台两边存在不同的客户群体，为平台提供互补的网络利益，这意味着在互联网行业中界定相关市场相对比较复杂。

(1)双边市场特征为互联网行业相关市场界定带来困难

互联网行业具有双边市场特征，主要表现在三个方面：一是平台向双边用户提供产品或服务，双边用户通过平台实现交易（或交互），使平台参与主体具有双边性；二是只有双边用户同时接入互联网平台，才能使平台的产品或服务具有

---

① 王晓晔主编：《中华人民共和国反垄断法详解》，知识产权出版社2008年版，第166页。

价值,双边用户彼此之间相互依赖和互补,用户需求具有联合性;三是一边用户参与网络平台的数量规模取决于参与到该平台上的另一边用户的数量规模,一边用户的参与提高了另一边用户参与的价值,反之亦然,此为互联网平台具有网络效应的交叉性。[①] 平台的两个相对方是能够互相满足需求与供给的独立群体,如果该互联平台对相对方的收费结构变化能够影响该平台的交易总量变化,则构成了双边市场。

这种双边市场特性同时附带免费服务、网络外部性、产品聚合、用户锁定、跨界经营等共性特征。很多互联网企业采取的是非对称性的倾斜定价,即对双边用户采取不对称定价方式,一边用户作为利润的主要来源(付费方),另一边用户作为补贴的对象(被补贴方),而被补贴方的用户数量将影响付费方的参与数量,被补贴方往往是免费的。平台通过这种免费定价策略,甚至让自身长期处于亏损状态,使用户对其产生消费依赖、形成消费偏好,以获取用户黏性。免费策略甚至亏损策略的实施必然导致营业额计算标准失灵,从而使以价格作为关键因素的假定垄断者测试法(SSNIP 测试法)不能适用。原因在于,该分析法是在假定垄断者小幅涨价导致其销售量降低,但仍然能够获利的情况下,将该目标产品纳入相关市场之内。针对互联网产品,经营者的免费行为使 SSNIP 测试法难以对价格因素进行参考。尽管经营者并不直接依赖于产品本身,而是通过第三方付费进行补贴实现盈利,但是无论是目标产品涨价之前还是涨价之后,其在免费产品上的收益都无法准确计算。因为在大数据产业中,大数据产品具有边际成本递减规律,按照一般计算方法(收益 = 营业额 - 成本支出)对大数据产品的成本进行计算十分困难,这也使判断经营者提价后是否存在盈利行为的操作难度增大。[②] 此外,双边市场平台企业的营利性是《反垄断法》适用的前提条件。例如在谷歌案中,法官强调原告必须证明谷歌搜索的盈利模式,只有在谷歌搜索并非免费的情况下,《反垄断法》才会对其进行规制。[③] 然而不同平台有不同的盈利策略,既有收益无法决定未来收益,免费产品并不意味着不盈利,互联网双

---

① 参见程贵孙:《互联网平台竞争定价与反垄断规制研究:基于双边市场理论的视角》,上海财经大学出版社 2016 年版,第 41 ~44 页。

② 参见王建文、张雯嘉:《论互联网企业相关市场界定的挑战与解决思路》,载《商业经济研究》2017 年第 6 期。

③ See Kinderstart. com LLC. v. Google Tech. ,Inc. ,No. C 06 -2057 JF RS,(N. D. Cal.),March 16, 2007.

边市场是一个多产业交叉的市场，其盈利源于多个方面，比如嵌入费、交易费、广告费等。因此在平台与消费者之间的讨论中，可以发现互联网产业相关市场的界定必须建立在对费用支付模式以及平台盈利模式的进一步深入分析的基础上。

此外，SSNIP 测试法过于关注价格因素，然而由于网络外部性特征，在规模经济效应下，用户不再考虑产品的质量、价格、特征等因素，更多关注的是对形成一定规模且还有发展潜力的产品，“导致这一现象出现的重要原因是网络效应的作用放大了企业间的竞争差距，即网络经济中的垄断不是依靠生产者扩大生产规模而形成，而是消费者选择的结果”。[①] 假设有 A、B 两个外卖平台属于同一市场，如果 A 价格上涨 5% ~10%，消费者不会转而购买 B，原因在于 A 具有更多的受众和资源，从而使用户被牢牢固定于平台 A 之上。价格在这个例子中没有起到关键作用，传统的测试方法失灵。

互联网平台基于营销和技术模式产生的用户锁定效应，是指用户在选择该产品后，由于存在高额的转换成本而无法退出去选择其他产品的状态。对经营者来说，其凭借“先进入”优势能在短时期内聚集大量用户，而后进入市场的产品经营者难以获得那些用户，并在短期内不容易打破这种规模经济所形成的市场壁垒。此外，“先进入”的经营者能够根据用户的喜好、特点不断改进自己的产品和服务，从而吸引更多的用户，以此循环往复，从而在市场中形成垄断地位。对原用户来说，尽管存在某种价格更低、性能更好的类似产品，用户一旦选择产品后，受制于习惯、成本等因素的影响，对原产品逐渐形成“依赖”，而不愿选择新的产品。而对新用户来说，在规模经济下，即使出现价格低廉、质量更好的产品也无济于事，因为他们对已经形成用户规模并即将成为行业标准的产品更感兴趣。受制于网络外部性和用户锁定效应的影响，这种“依赖性”往往导致两种产品替代性不强，进而使传统的“需求替代分析法”在界定互联网行业相关市场时亦存在明显不足。

最后，大数据时代下互联网平台还具有跨界经营的新特点。通过跨界经营将主营业务的数据资源辐射到其他领域，进而在拓宽盈利渠道的同时，维持其数

---

① 胡丽：《网络经济中反垄断法的定位：“放任”与“干预”的博弈》，载《重庆邮电大学学报》（社会科学版）2016 年第 1 期。

据优势。以腾讯、阿里巴巴两个中国最具代表性的互联网平台为例。腾讯依靠QQ聊天工具获得庞大的用户数据,不断扩大产业边界,进而拓展到互联网增值服务、无线增值服务、互联网电子商务、互动娱乐业务。而阿里巴巴从最初的B2B业务,到淘宝网的C2C业务,再到以支付宝为代表的第三方支付业务,并且近年来,阿里巴巴还出资收购、入股了优酷、微博、高德等一系列企业,涉猎领域越发广泛,掌握的数据范围也越发全面。这些在技术、产品或交易系统中提供具有基石作用建构区块的平台提供商,突破了产业分立的限制,行业界限划分变得模糊甚至消失,改变了产业竞争模式,使原本属于不同产业的平台也能展开竞争。① 这使不同互联网平台之间的边界较传统行业而言更为模糊,为相关市场界定增加了难度,传统方法运用于界定大数据产业的相关市场时,基本处于捉襟见肘之境地。②

总而言之,双边市场特征为实践中界定互联网平台相关市场带来了很大的难题。以"3Q"大战为例,从2011年至2014年,历经三年才迎来最高人民法院终审判决,一审和二审法院都花了大量篇幅对相关市场认定问题进行分析判断,二审为此还对一审法院认定欠妥的部分进行了补充和更正。③ 而滴滴优步合并案,从2016年8月企业宣布合并,同年9月反垄断执法机构宣布介入调查至今,由于相关市场界定等疑难问题尚未解决,反垄断执法机构对这次合并是否违反法律规定还没有得出结论。

(2)互联网行业相关市场的界定方法

根据上文的特征分析我们可知传统方法应用于互联网行业相关市场的界定具有很大困难,那么应当如何界定呢?

首先,我们不能完全否定SSNIP测试法的作用,可以考虑将SSNIP测试法进行一定改进。如果说根据上文分析,在大数据产品的网络外部性和用户锁定效应下,用户基于转换成本、心理、习惯等综合因素的考虑,即使面对产品的小幅

---

① 参见程贵孙:《互联网平台竞争定价与反垄断规制研究:基于双边市场理论的视角》,上海财经大学出版社2016年版,第53页。

② 参见邹开亮、刘佳明:《大数据产业相关市场界定的困境与出路》,载《重庆邮电大学学报》(社会科学版)2018年第5期。

③ 参见最高人民法院(2013)民三终字第4号民事判决书。一审法院认为QQ与社交网站、微博服务属于同一相关市场的商品集合。而最高人民法院认为这样的认定欠妥。一审法院认为,相关地域市场应该是全球市场,而最高人民法院则认定为中国大陆地区市场。

(1 年之内 5% ~10%)涨价行为,用户对产品的价值关注也会高于对价格提升的关注。那么可以适当提高经营者涨价行为的幅度范围,通过涨价幅度的提升来抵消互联网网络外部性和用户锁定效应的影响,提升幅度范围应该由反垄断执法部门在对已有案件进行总结的基础上作出科学、合理的限定。① 另外,针对大数据产业中用户对产品质量的偏好高于价格的特点,在进行 SSNIP 分析测试时,还应结合产品的性能、使用效果、竞争者数量等因素进行综合考虑。而在免费模式下,相较于依赖性,用户对价格会更为敏感,一旦大数据经营者对用户已经免费使用很久的产品进行收费,不排除一些用户会放弃依赖性立刻转向其他可替代的产品。例如,在“奇虎诉百度滥用市场支配地位案”中,广东省高级人民法院对 SSNIP 测试法进行变通,不是通过刻板地小幅持续提高目标商品价格,从而判断经营者在目标商品的销售量下降的同时是否仍有利可图来界定相关产品市场,而是通过考察将商品价格慢慢由零到小幅收费,需求者是否转向其他具有紧密替代性的商品,来界定相关商品市场。此外,在认定产品的可替代性之时,还可以通过结合判断产品是否被用于或可以被用于同一目的、用户所了解的信息和其作出的行为等方面进行综合分析,即通过对用户进行调查,了解他们对产品信息的掌握和使用情况,由用户来决定产品的替代性大小。

其次,我们可以考虑引入其他测试方法,如增加“盈利模式测试法”“产品性能测试法”等。“盈利模式测试法”是目前欧盟委员会在反垄断实践中常常适用的方法,是以明确互联网企业的盈利模式,即从何获得利润为根据,认为在相同的盈利模式之间,其相对性的交易主体是相对能够代替的,能够归属于同一市场。在以价格难以确定相关市场的时候,可以适用“盈利模式测试法”,其适用的前提在于明确大数据产品经营者的盈利模式和利润来源。目前大数据产品的盈利模式主要有四种:一是大数据系统的提供、维护、升级模式,如 IBM、SIP、Oracle 等公司的经营模式;二是大数据基础设施服务模式,主要为用户提供大数据基础设施部署,如数据堂、聚合数据等公司;三是数据产品的服务模式,主要包括可视化、精准营销、情报挖掘等,如阿里的数加平台、Talkingdate、DateEye 等;四是行业运用模式,主要为用户提供行业洞察的能力,如智慧城市、无人驾驶等。② “盈

---

① 参见叶明:《互联网对相关产品市场界定的挑战及解决思路》,载《社会科学研究》2014 年第 1 期。

② 参见邹开亮、刘佳明:《大数据产业相关市场界定的困境与出路》,载《重庆邮电大学学报》(社会科学版)2018 年第 5 期。

利模式测试法”通过对互联网平台盈利模式的分析,对平台的收费主体和收费对象为基础进行研究,不再囿于互联网行业“关键技术或性能”这类专业技术问题的认定,只要不同的交易主体之间盈利模式能够被证明具有可替换性,那么就可以认定其为同一市场,在实践中操作更为便利。第二种方法是“产品性能测试法”,即通过产品性能的变化来确定相关产品市场的方法。产品性能的变化主要包括提高和降低两种方式,如果产品性能提高而导致其他用户放弃原使用产品,进而选择性能更高的产品,或者产品性能降低导致用户流失,去选择其他类似产品,那么可以将流入或者流出的产品纳入相关产品市场范围之内。这样也能够克服SSNIP测试法过于关注对目标产品价格变化而在免费模式中适用不足的弊端。[①]

(3)可以在合理情况下淡化相关市场的界定

近些年在反垄断法理论界和实务界都不断出现在合理情况下淡化相关市场界定在反垄断案件中的作用的呼声,其主张关键要看合并对竞争与经济效率的影响,更应注重考察合并后企业实施限制竞争性市场行为的可能。黄勇和蒋潇君认为,在符合严格条件下,如果其他事实证据充实,如某种只有依赖市场支配地位才能成立的行为(如歧视行为)持续了相当长的时间且损害效果明显,精确界定相关市场非常困难时,可以务实性地选择淡化“相关市场”概念。[②] 马君慧认为在某些界定相关市场十分困难的个案中,可以运用经济学工具直接对经营者的市场支配力进行评估,淡化界定相关市场的作用。[③] 2014年,最高人民法院在“北京奇虎诉腾讯滥用市场支配地位案”中认为:“界定相关市场是评估经营者的市场力量及被诉垄断行为对竞争的影响的工具,其本身并非目的。即使不明确界定相关市场,也可以通过排除或者妨碍竞争的直接证据对被诉经营者的市场地位及被诉垄断行为可能的市场影响进行评估。因此,并非在每一个认定市场支配地位的案件中均必须明确而清楚地界定相关市场。”并且通过立法条文的变化亦可见淡化相关市场概念的痕迹,2019年1月实施的《电子商务法》第22条规定:“电子商务经营者因其技术优势、用户数量、对相关行业的控制能力

---

① 参见邹开亮、刘佳明:《大数据产业相关市场界定的困境与出路》,载《重庆邮电大学学报》(社会科学版)2018年第5期。

② 参见黄勇、蒋潇君:《互联网产业中“相关市场”之界定》,载《法学》2014年第6期。

③ 参见马君慧:《相关市场界定在竞争分析中的意义研究》,载《中国价格监管与反垄断》2018年第10期。

以及其他经营者对该电子商务经营者在交易上的依赖程度等因素而具有市场支配地位的，不得滥用市场支配地位排除、限制竞争。”对比《反垄断法》第 18 条[①]认定经营者具有市场支配地位应当考虑的因素发现，其仅仅把“相关市场的市场份额”“相关市场的竞争状况”“进入相关市场的难易程度”这三个涉及“相关市场”概念的因素删除了。由此可以推断，在互联网经济中，立法者也认可界定相关市场不再是认定经营者市场支配地位的必要途径。此外，在面临互联网平台的价格不对称性、赢者通吃、跨界经营等竞争策略时，进行相关市场界定将加重原告的举证责任和法院的认定责任，不死守相关市场界定更有利于垄断案件的顺利推进。此外可以“微软收购领英案”为例，表面上呈现不相关市场性特征，但其背后或许存在某些关联。微软公司看重领英作为职业社交平台，其所享有的大量用户关系数据和职业生涯信息有机会在大数据等领域产生价值，对微软布局未来意义重大。因此我国的经营者集中申报审核在涉及互联网领域时，不应将界定相关市场作为必要途径，而应更多考虑经营者集中的背后目的和集中后对当前互联网市场造成的影响，从而决定允许集中、附条件集中还是禁止集中。

2. 该合并是否达到申报标准，以营业额作为申报标准对互联网行业的经营者集中是否存在不合理性

我国《反垄断法》目前明确规定了经营者集中反垄断审查的一般标准和实体标准，要求经营者在符合一般标准时应积极主动地向反垄断机构进行申报，这是法律明文规定的申报义务。[②] 根据《国务院关于经营者集中申报标准的规定》第 3 条规定，[③]可以看出我国对于经营者集中申报采用的是纯粹“营业额”标准，

---

① 《反垄断法》第 18 条规定：“认定经营者具有市场支配地位，应当依据下列因素：(一)该经营者在相关市场的市场份额，以及相关市场的竞争状况；(二)该经营者控制销售市场或者原材料采购市场的能力；(三)该经营者的财力和技术条件；(四)其他经营者对该经营者在交易上的依赖程度；(五)其他经营者进入相关市场的难易程度；(六)与认定该经营者市场支配地位有关的其他因素。”

② 《反垄断法》第 21 条规定：“经营者集中达到国务院规定的申报标准的，经营者应当事先向国务院反垄断执法机构申报，未申报的不得实施集中。”

③ 《国务院关于经营者集中申报标准的规定》第 3 条规定：“经营者集中达到下列标准之一的，经营者应当事先向国务院反垄断执法机构申报，未申报的不得实施集中：(一)参与集中的所有经营者上一会计年度在全球范围内的营业额合计超过 100 亿元人民币，并且其中至少两个经营者上一会计年度在中国境内的营业额均超过 4 亿元人民币；(二)参与集中的所有经营者上一会计年度在中国境内的营业额合计超过 20 亿元人民币，并且其中至少两个经营者上一会计年度在中国境内的营业额均超过 4 亿元人民币。营业额的计算，应当考虑银行、保险、证券、期货等特殊行业、领域的实际情况，具体办法由国务院反垄断执法机构会同国务院有关部门制定。”

这是申报的一般标准,而我国《反垄断法》第 27 条、第 28 条规定了实体标准,① 明确了经营者集中应考虑多种因素如企业所占市场份额、对市场的控制力、市场集中程度及该集中对竞争者的市场进入、消费者权益以及整体国民经济发展的影响等,由此可见我国目前对经营者集中所采用的实体标准是排除、限制竞争标准。对于传统产业,以营业额作为一般申报标准的优点是显而易见的:(1)采用了营业额为标准,便于计算。(2)对营业额的确定,区分了国内和国外,营业额的计算考虑了金融业和其他行业的差异,实行区别对待。(3)该标准由中国社会科学院数量经济与技术经济研究所测算,具有相当的代表性和时效性。然而,这一标准适用于互联网产业却广受质疑,其症结在于营业额标准的计算。

在移动互联网领域经营者集中申报过程中,营业额的披露与计算面临着不小的障碍。通常情况下,非上市的移动互联网企业没有向公众进行信息披露的义务,且营业额的计算没有章法可循。② 如本案中美团和大众点评在 2018 年才登陆港交所,市值 4000 亿港元(约 510 亿美元),超越了京东。然而因为 2015 年美团和大众点评两家公司均未上市,没有公开的会计年度营业额可供查证。并且,相关部门对于该类平台的营业额也没有明确的计算标准,国家市场监督管理总局、反垄断局《关于经营者集中申报的指导意见》第 5 条③采取税务方面的解释,没有明确具体的营业额计算方法和扣除相关成本的方法。通过查询资料可知:2015 年 1 月 2 日,美团公布 2014 年业绩,全年交易额突破 460 亿元,较前一年增长 180%。④ 2015 年 7 月,美团 CEO 王兴在媒体沟通会上称美团 2015 年仅

---

① 《反垄断法》第 27 条规定:“审查经营者集中,应当考虑下列因素:(一)参与集中的经营者在相关市场的市场份额及其对市场的控制力;(二)相关市场的市场集中度;(三)经营者集中对市场进入、技术进步的影响;(四)经营者集中对消费者和其他有关经营者的影响;(五)经营者集中对国民经济发展的影响;(六)国务院反垄断执法机构认为应当考虑的影响市场竞争的其他因素。”第 28 条规定:“经营者集中具有或者可能具有排除、限制竞争效果的,国务院反垄断执法机构应当作出禁止经营者集中的决定。但是,经营者能够证明该集中对竞争产生的有利影响明显大于不利影响,或者符合社会公共利益的,国务院反垄断执法机构可以作出对经营者集中不予禁止的决定。”

② 参见李俪:《互联网产业经营者集中审查制度探析——以滴滴和优步合并案为例》,载《山东青年政治学院学报》2017 年第 6 期。

③ 国家市场监督管理总局、反垄断局《关于经营者集中申报的指导意见》第 5 条规定:“营业额包括相关经营者上一会计年度内销售产品和提供服务所获得的收入,扣除相关税金及其附加。”

④ 《2014 年美团交易额突破 460 亿元 同比增长 180%》,载 199IT 网,http://www.199it.com/archives/318890.html,最后访问日期:2020 年 4 月 28 日。

上半年整体交易额便达470亿元，同比增长190%。[①] 这是美团和大众点评合并前可查的两组数据，虽然都没有明确指向营业额，但可以参照合并上市后公布的近几年数据进行推断。2018年6月25日，美团点评在港交所提交招股书，招股书显示，2017年度美团点评GMV交易额达到3600亿元，外卖交易额为1710亿元（占比47.5%），整体收入超过330亿元，线上日订单量峰值超过2700万元、线下超过700万元。2017年的活跃买家数为3.1亿人，活跃商户440万户。[②] 2019年3月发布2018年度财报，显示2018年美团总交易金额达到5156.4亿元，同比增长44.3%；实现营业收入652.3亿元，较2017年同期增长92.3%。[③] 2020年3月，美团点评对外发布2019年度财报。数据显示，美团点评2019全年总交易金额增长32.3%至6821亿元，收入达到975亿元，同比增长49.5%，平台年度交易用户达4.5亿。从全年收入来看，餐饮外卖业务，到店、酒店及旅游业务，包括B端供应链解决方案、共享单车、网约车等新业务营收贡献分别约为548亿元（占比55.8%）、223亿元（占比22.6%）、204亿元（占比21.6%），外卖仍然是美团点评主要的营收来源和盈利贡献业务。[④]

根据近几年美团点评披露数据可见合并后的公司营业额实现了大规模增长，假设平台抽成比例不变，以2019年为例，收入约占全年交易总额的14.29%，类推到合并前的数据，可以大概得出美团点评合并前在2014年的收入约为65.7亿元，又根据大众点评创始人兼CEO张涛在2015年1月的公司年会上表示大众点评2015年的目标交易额为700亿元，收入目标为20亿元，[⑤]可以大致得出美团点评合并上一年度的营业额合计应为85亿元左右，并未超过100亿元，似乎不符合申报标准，然而据易观智库的统计数据，在美团网和大众点评网合并前，美团网、大众点评网和百度糯米位列O2O行业前三，其中美团网占51.95%，

---

① 《王兴：美团2015上半年交易额470亿，全年将达1300亿！》，载搜狐网，https://www.sohu.com/a/22532129_115035，最后访问日期：2020年4月28日。

② 参见《美团递交招股书：2017年收入339亿，亏损28亿》，载搜狐网，https://www.sohu.com/a/237687154_100185429，最后访问日期：2020年4月28日。

③ 参见《美团点评公布2018年度财报：总收入652亿元，同比增92.3%》，载IT之家，https://www.ithome.com/0/413/600.htm，最后访问日期：2020年4月28日。

④ 参见《远超预期！一图看懂美团点评2019年业绩报告》，载新浪财经，http://finance.sina.com.cn/roll/2020-03-30/doc-iimxyqwa4132116.shtml，最后访问日期：2020年4月28日。

⑤ 参见《大众点评CEO张涛：2015年目标交易额700亿元》，载腾讯科技，https://tech.qq.com/a/20150123/052898.htm，最后访问日期：2020年4月28日。

大众点评网占 29.5%，百度糯米占 13.6%。[①] 且合并后的美团点评形成战略互补，年收入和交易额不断上升，2019 年全年总交易金额更是增长至 6821 亿元，成为中国一大生活服务市场巨头，是具有排除、限制竞争的可能的，这种种现实表明若仅靠营业额作为单一的申报标准是不科学的，[②]原因也与前述所提及的互联网的行业特性有关。

因为互联网行业中企业所提供的大部分产品及服务都是免费的甚至采取营销补贴策略，主要目的是吸引消费者并锁定用户，以此形成客户黏性、提高流量从而迅速壮大，所以往往在发展前期尚未产生可观的收益额，一些互联网企业一直处于亏损的阶段，有些互联网企业甚至没有收入，可能达不到申报门槛。但是形成黏性的客户群体和用户偏好信息数据将成为宝贵的财富，使公司具有极大发展潜力，是公司未来提高盈利的一大砝码。因此，仅仅以营业额来确定互联网行业中经营者集中申报的标准可能会导致一些应该进行审查的经营者集中案例逃避掉被审查的义务。

互联网行业中的市场往往是一个双边市场，它通过一边来吸引海量用户，变更商业模式，以使平台另一端可以获利。在对互联网平台进行反垄断分析的时候，执法机构不要仅将视角拘束在网络平台的收费一方，而是应该更全方位地挖掘收费和免费双方的全部用户群体的价值。网络平台的收费一方的支配力和价值，实际上是由网络双边平台双方的客户数量规模以及客户使用产品或者服务的次数所决定的，其表明了网络平台自身所具有的价值。因此，在分析互联网平台并购反垄断问题时不能仅拘泥于收费一边，更应该考察双边甚至多边市场全部用户群体的价值，把互联网平台由获得的客户关注度所带来的商业价值量化纳入经营者集中申报审查分析因素范围内。

在欧盟委员会“Facebook 收购 Whats App 案”中，被收购的 Whats App 是类似微信的即时通讯交流工具，该公司被收购前营业额非常低，但 Facebook 在

---

① 参见《易观智库：上半年大众点评成交额增速连续 6 月行业第一》，载搜狐科技，https://it.sohu.com/20150716/n416927744.shtml，最后访问日期：2020 年 4 月 28 日。

② 世界范围内仅以营业额作为经营者集中申报标准的国家并不多，其他国家通常情况下还会以市场份额或市场占有率、资产额、收入额、利润额等相关因素作为申报标准。如欧盟经营者集中的申报标准采取销售额标准，美国经营者集中的申报标准采取交易额、资产额、销售额标准，德国经营者集中的申报标准采取销售额标准，巴西经营者集中的申报标准采取市场份额标准，印度经营者集中的申报标准采取股权比例标准。

2014年却以140亿美元收购了该公司。因为不符合申报的营业额标准，该项交易无须在欧盟委员会或者德国进行经营者集中申报。只是因为这个交易在欧盟的其他三个成员国有申报义务并且Facebook申请转移申报，欧盟委员会才得以审查此案。因此欧盟垄断委员会提出建议在其现有申报标准中增加“交易额条款”。[①] 2017年生效的《德国反对限制竞争法》（第九修正案）第35条引入了交易额条款。[②] 虽然我国对于未达到经营者集中申报标准的并购案有一个兜底条款（《国务院关于经营者集中申报标准的规定》第4条[③]），但对于企业而言，他们并不清楚哪些情况可能导致被调查，导致法律和交易的不确定性。因此，有必要在我国《国务院关于经营者集中申报标准的规定》中增加交易额条款，以保障交易安全，增加法律的确定性。

同时，由于现今用户数据对于企业的创新起着越来越重要的作用，无论是经营者还是消费者都越来越重视和依赖用户数据，因此可以将大数据纳入经营者集中竞争效果评估标准。在互联网市场中，由于大部分服务是免费的，经营者通过免费端吸引住大量的客户，对用户的行为进行收集分析可获取大量数据，通过分析收集的数据，不断改善服务质量，如搜索引擎利用用户搜索数据来提高搜索结果的准确度，线上商店利用用户购买数据为其提供产品推荐，社交网络利用用户的行为数据为其提供更感兴趣的信息。这也使多平台企业往往利用这些大数据在其他平台领域与普通平台企业进行竞争。欧盟委员会已经开始在一些互联网行业合并案中评估数据收集给企业带来的优势。在“谷歌收购Double Click案”中，欧委会认为线上广告商可以通过地理位置、兴趣领域、购买商品记录和喜好等信息来明确目标用户，因此合并后的企业可能会利用Double Click和谷

① 欧盟委员会建议在现有的申报标准中增加“交易额条款”，即在《欧盟并购条例》[欧盟理事会（EC）第139/2004号规定]第1条中增加第6款内容：如果参与集中的一个经营者的对价超过50亿欧元，并且至少有一个参与集中的经营者在共同体取得超过2.5亿欧元的营业额，也视为达到第2款的营业额标准。

② 《德国反对限制竞争法》（第九修正案）第35条规定：“有关经营者集中之控制权规则将适用，如果：（一）第一款之第一项中的条件得以满足；（二）交易之前在德国境内上一会计年度中：1.其中一个参与集中的企业营业额超过2500万欧元，且2.对于拟被收购企业以及任何其他参与集中的企业的营业额都未超过500万欧元；（三）本次集中的交易价格超过4亿欧元；且（四）根据第2项的规定，拟被收购企业在德国境内有重要的商业活动。”

③ 《国务院关于经营者集中申报标准的规定》第4条规定：“经营者集中未达到本规定第三条规定的申报标准，但按照规定程序收集的事实和证据表明该经营者集中具有或者可能具有排除、限制竞争效果的，国务院商务主管部门应当依法进行调查。”

歌双方的数据来改进服务,并将数据库进行综合分析,将用户的搜索历史和上网习惯进行匹配以获得更多的用户信息。当然,欧盟委员会也指出这一竞争优势并非重大竞争优势,因为竞争对手亦可以从第三方购买数据来弥补自身不足,欧盟委员会的考虑标准是竞争对手获得相似数据的可能性。① 同样在“Facebook收购 Whats App 案”中,欧盟委员会同样分析了合并后数据的影响。在“微软收购雅虎案”中,欧盟委员会认为企业合并后扩大数据收集的规模能够为用户提供更好的服务,并且合并后并不会给竞争带来威胁。从案例我们可以得出,在考虑数据与市场力量的相关性时通常是考虑数据的稀缺性和数据收集规模、范围对企业竞争力的影响。

因此,欧盟委员会对于互联网行业合并往往采取的是合并后所获得的大数据是否能使其产生竞争对手无法拥有优势这一标准,此时需要评估竞争对手是否能用其他方式获取其他大量有价值的数据。这对我国在审查互联网行业的经营者集中竞争效果时将用户数据作为一个评价因素也起到了借鉴作用。

3. 对于互联网行业经营者集中,反垄断执法机构应持怎样的态度

为应对执法机构相互推诿、效率低下问题,我国目前将三局合一,但是针对新形势下出现的互联网行业经营者集中行为,一方面这类集中对我国的经济发展和社会进步确有裨益,若严格执法则有可能导致经营者望而却步,阻碍产业创新发展;另一方面互联网平台并购容易导致一家独大占据市场,形成寡头竞争限制行业创新,对消费者和其他竞争经营者造成损害,事后的惩戒也必然无法治其根本。对于互联网平台的并购,执法机构主要关注经营者集中和滥用市场支配地位的垄断行为,即事前预防与事后制裁。事实上,我国执法机构对于互联网行业的垄断行为审查一直是消极态度,除了由于立法上相关标准不清而难以执行之外,主要原因还在于互联网行业一直在政府的助力下野蛮生长,政府为推进产业经济的发展,对互联网行业实行保护政策。

笔者认为,在经营者营业额尚未达到申报标准的情况下,执法机构应当适用《国务院关于经营者集中申报标准的规定》第 4 条规定主动介入调查,在个案中规范行使自由裁量权,并同时明确自由裁量权的启动条件和影响因素种类以及

---

① 参见韩伟、李正、沈罗怡:《法德〈竞争法与数据〉调研报告介评》,法律出版社 2017 年版,第 207 页。

经营者的抗辩和法定豁免条件，在此基础上，增加执法机构主动介入调查概率，同时也确保调查的合法合规性。此外，应当规范商谈程序，《关于经营者集中申报的指导意见》第9条①提到，经营者在反垄断局决定立案审查前，可以就已申报或拟申报的经营者集中向反垄断局申请商谈。可见目前的规定并非将商谈程序作为经营者集中申报的必经程序，而是由经营者自主决定，给予了拟集中企业一定的自主选择空间。目前我国关于商谈制度的规定多是一些行政性指导，且规定寥寥无几，对于商谈机构的权利义务、集中企业的权利义务、商谈范围、商谈内容均未作出细化规定，互联网行业经营者集中申报需要商谈机制的规范化。只有通过确保竞争政策具有基础决定性作用，强化反垄断执法力度，对互联网行业经营者集中的“先发制人式集中”进行关注，充分发挥执法机构的监管作用，为市场竞争营造一个公平公正公开的环境，并通过激励政策引导互联网行业不断进行技术创新，即将惩罚措施与激励手段结合适用，从而确保互联网企业以公平公正的竞争理念达成创新目的。

（六）关键要点总结

1. 互联网行业具有双边市场特性，由此附带性还带来了免费服务、网络外部性、用户锁定、跨界经营等共性特征。

2. 关于界定相关市场的方法，SSNIP测试法的关键要素是“价格”，可将其进行一定改进，同时考虑借鉴“盈利模式测试法”“产品性能测试法”等其他测试法。

3. 近年出现了在合理情况下淡化相关市场界定作用的呼声，即关键要看合并对竞争与经济效率的影响，更应注重考察合并后企业实施限制竞争性市场行为的可能。

4. 以“营业额”作为纯粹申报标准具有不合理性。

5. 应将大数据纳入经营者集中竞争效果评估标准。

6. 反垄断执法机构应将惩罚措施与激励手段结合适用。

---

① 《关于经营者集中申报的指导意见》第9条规定：“在反垄断局决定立案审查前，经营者可就已申报或拟申报的经营者集中，向反垄断局申请商谈。反垄断局将根据商谈申请方提供的信息，就其关心的问题提供指导意见。商谈不是经营者集中申报的必经程序，经营者自行决定是否申请商谈。”

(七)附录

参考文献

1. 韩伟、李正、沈罗怡:《法德〈竞争法与数据〉调研报告介评》,法律出版社 2017 年版。

2. 程贵孙:《互联网平台竞争定价与反垄断规制研究:基于双边市场理论的视角》,上海财经大学出版社 2016 年版。

3. 王晓晔主编:《中华人民共和国反垄断法详解》,知识产权出版社 2008 年版。

4. 马君慧:《相关市场界定在竞争分析中的意义研究》,载《反垄断论坛》2018 年第 10 期。

5. 邹开亮、刘佳明:《大数据产业相关市场界定的困境与出路》,载《重庆邮电大学学报》(社会科学版)2018 年第 5 期。

6. 王建文、张雯嘉:《论互联网企业相关市场界定的挑战与解决思路》,载《商业经济研究》2017 年第 6 期。

7. 李俪:《互联网产业经营者集中审查制度探析——以滴滴和优步合并案为例》,载《山东青年政治学院学报》2017 年第 6 期。

8. 周运兰、刘晓娆、潘泽江:《美团与大众点评网合并案剖析》,载《财会通讯》2016 年第 29 期。

9. 胡丽:《网络经济中反垄断法的定位:"放任"与"干预"的博弈》,载《重庆邮电大学学报》(社会科学版)2016 年第 1 期。

10. 黄勇、蒋潇君:《互联网产业中"相关市场"之界定》,载《法学》2014 年第 6 期。

11. 叶明:《互联网对相关产品市场界定的挑战及解决思路》,载《社会科学研究》2014 年第 1 期。

参考法条

1.《中华人民共和国反垄断法》(2007 年)

第三条 本法规定的垄断行为包括:

(一)经营者达成垄断协议;

(二)经营者滥用市场支配地位;

（三）具有或者可能具有排除、限制竞争效果的经营者集中。

第十二条　本法所称经营者，是指从事商品生产、经营或者提供服务的自然人、法人和其他组织。

本法所称相关市场，是指经营者在一定时期内就特定商品或者服务（以下统称商品）进行竞争的商品范围和地域范围。

第十八条　认定经营者具有市场支配地位，应当依据下列因素：

（一）该经营者在相关市场的市场份额，以及相关市场的竞争状况；

（二）该经营者控制销售市场或者原材料采购市场的能力；

（三）该经营者的财力和技术条件；

（四）其他经营者对该经营者在交易上的依赖程度；

（五）其他经营者进入相关市场的难易程度；

（六）与认定该经营者市场支配地位有关的其他因素。

第二十条　经营者集中是指下列情形：

（一）经营者合并；

（二）经营者通过取得股权或者资产的方式取得对其他经营者的控制权；

（三）经营者通过合同等方式取得对其他经营者的控制权或者能够对其他经营者施加决定性影响。

第二十一条　经营者集中达到国务院规定的申报标准的，经营者应当事先向国务院反垄断执法机构申报，未申报的不得实施集中。

第二十七条　审查经营者集中，应当考虑下列因素：

（一）参与集中的经营者在相关市场的市场份额及其对市场的控制力；

（二）相关市场的市场集中度；

（三）经营者集中对市场进入、技术进步的影响；

（四）经营者集中对消费者和其他有关经营者的影响；

（五）经营者集中对国民经济发展的影响；

（六）国务院反垄断执法机构认为应当考虑的影响市场竞争的其他因素。

第二十八条　经营者集中具有或者可能具有排除、限制竞争效果的，国务院反垄断执法机构应当作出禁止经营者集中的决定。但是，经营者能够证明该集中对竞争产生的有利影响明显大于不利影响，或者符合社会公共利益的，国务院反垄断执法机构可以作出对经营者集中不予禁止的决定。

2.《国务院关于经营者集中申报标准的规定》(2008 年)

第三条 经营者集中达到下列标准之一的,经营者应当事先向国务院反垄断执法机构申报,未申报的不得实施集中:

(一)参与集中的所有经营者上一会计年度在全球范围内的营业额合计超过 100 亿元人民币,并且其中至少两个经营者上一会计年度在中国境内的营业额均超过 4 亿元人民币;

(二)参与集中的所有经营者上一会计年度在中国境内的营业额合计超过 20 亿元人民币,并且其中至少两个经营者上一会计年度在中国境内的营业额均超过 4 亿元人民币。

营业额的计算,应当考虑银行、保险、证券、期货等特殊行业、领域的实际情况,具体办法由国务院反垄断执法机构会同国务院有关部门制定。

第四条 经营者集中未达到本规定第三条规定的申报标准,但按照规定程序收集的事实和证据表明该经营者集中具有或者可能具有排除、限制竞争效果的,国务院商务主管部门应当依法进行调查。

3.《关于经营者集中申报的指导意见》(2014 年)

第九条 在反垄断局决定立案审查前,经营者可就已申报或拟申报的经营者集中,向反垄断局申请商谈。反垄断局将根据商谈申请方提供的信息,就其关心的问题提供指导意见。

商谈不是经营者集中申报的必经程序,经营者自行决定是否申请商谈。

4.《国务院反垄断委员会关于相关市场界定的指南》(2009 年)

第三条 相关市场的含义

相关市场是指经营者在一定时期内就特定商品或者服务(以下统称商品)进行竞争的商品范围和地域范围。在反垄断执法实践中,通常需要界定相关商品市场和相关地域市场。

相关商品市场,是根据商品的特性、用途及价格等因素,由需求者认为具有较为紧密替代关系的一组或一类商品所构成的市场。这些商品表现出较强的竞争关系,在反垄断执法中可以作为经营者进行竞争的商品范围。

相关地域市场,是指需求者获取具有较为紧密替代关系的商品的地理区域。这些地域表现出较强的竞争关系,在反垄断执法中可以作为经营者进行竞争的地域范围。

第十条　假定垄断者测试的基本思路

假定垄断者测试是界定相关市场的一种分析思路，可以帮助解决相关市场界定中可能出现的不确定性，目前为各国和地区制定反垄断指南时普遍采用。依据这种思路，人们可以借助经济学工具分析所获取的相关数据，确定假定垄断者可以将价格维持在高于竞争价格水平的最小商品集合和地域范围，从而界定相关市场。

假定垄断者测试一般先界定相关商品市场。首先从反垄断审查关注的经营者提供的商品（目标商品）开始考虑，假设该经营者是以利润最大化为经营目标的垄断者（假定垄断者），那么要分析的问题是，在其他商品的销售条件保持不变的情况下，假定垄断者能否持久地（一般为 1 年）小幅（一般为 5% ~10%）提高目标商品的价格。目标商品涨价会导致需求者转向购买具有紧密替代关系的其他商品，从而引起假定垄断者销售量下降。如果目标商品涨价后，即使假定垄断者销售量下降，但其仍然有利可图，则目标商品就构成相关商品市场。

如果涨价引起需求者转向具有紧密替代关系的其他商品，使假定垄断者的涨价行为无利可图，则需要把该替代商品增加到相关商品市场中，该替代商品与目标商品形成商品集合。接下来分析如果该商品集合涨价，假定垄断者是否仍有利可图。如果答案是肯定的，那么该商品集合就构成相关商品市场；否则还需要继续进行上述分析过程。

随着商品集合越来越大，集合内商品与集合外商品的替代性越来越小，最终会出现某一商品集合，假定垄断者可以通过涨价实现盈利，由此便界定出相关商品市场。

界定相关地域市场与界定相关商品市场的思路相同。首先从反垄断审查关注的经营者经营活动的地域（目标地域）开始，要分析的问题是，在其他地域的销售条件不变的情况下，假定垄断者对目标地域内的相关商品进行持久（一般为 1 年）小幅涨价（一般为 5% ~10%）是否有利可图。如果答案是肯定的，目标地域就构成相关地域市场；如果其他地域市场的强烈替代使得涨价无利可图，就需要扩大地域范围，直到涨价最终有利可图，该地域就是相关地域市场。

第五章　行政垄断的法律规制

——云南省通信管理局组织垄断协议案①

一、案例正文

(一)摘要与关键词

摘　要:云南省通信管理局曾牵头组织四家电信运营商达成了垄断协议,对其开展经营活动的价格信息等内容进行了约定。云南省发展和改革委员会发现上述违法行为后,督促云南省通信管理局进行了整改,停止相关做法,并对参与垄断协议的四家电信运营商进行了处罚,但其处罚标准并不明晰,处罚金额亦未经详细考量。行政强制垄断的责任分配问题在成文法中尚无明确规定,在司法和执法实践中对责任标准也尚付阙如。对此,应当明确行政强制垄断的双层架构,并分别从行政主体是否滥用行政权力、是否构成"强制"、经营者的抗辩事由等角度综合认定经营者责任。

关键词:行政垄断;强制垄断;经营者责任

(二)背景介绍

加入 WTO 后,我国为实现政企分离,减持国家在电信企业的股权,调整国家控股状况,准许了各种成分的经济融入电信行业。由此,中国的电信行业一改

---

① 参见国家发展和改革委员会:《发展改革委:云南通信管理局违反〈反垄断法〉滥用行政权力排除限制竞争被依法纠正》,载中央政府网,http://www.gov.cn/xinwen/2015-06/03/content_2872715.htm,最后访问日期:2020 年 2 月 27 日。

从前一家独大的完全垄断形态,迸发出竞争活力。

21 世纪伊始,我国通信行业重组步伐加快,竞争格局基本形成。2002 年中国电信的南北分家开始,中国通信行业完成了第二次重组,形成了中国移动、中国联通、中国电信、中国网通、中国铁通、中国卫星集团六家电信运营商并存的市场格局。虽然依照当时的 WTO 规则,通信是充分竞争的基础设施行业,允许民间资本和国外资本进入,不允许通信行业垄断,国内的通信业现虽已打破寡头垄断,但是由于行业惯性及通信行业对大规模基础设施建设、高新技术变革的依赖性相对较强等因素,虽经多次重组改革,我国通信行业引入市场竞争较为成功,但行政机关尚未完全打破行政垄断,有的地方政府部门滥用行政权力,组织经营者达成垄断性协议、控制通信行业价格水平,侵害消费者利益的现象时有发生。

(三)基本案情

2014 年,云南省发展和改革委员会在对一起价格垄断协议案件进行调查的过程中,发现云南省通信管理局涉嫌违反《反垄断法》,滥用行政权力,组织电信运营商达成价格垄断协议,排除和限制相关市场竞争。为此,国家发展和改革委员会指导云南省发展和改革委员会进行了调查。

调查发现,云南省通信管理局牵头组织中国移动通信集团云南分公司、中国电信股份有限公司云南分公司、中国联合网络通信有限公司云南分公司和中国铁通集团有限公司云南分公司多次进行会议协商,于 2009 年年底达成《云南基础电信运营企业规范各类赠送活动的协议》(以下简称《协议》),对四家电信运营商开展相关赠送活动的内容、额度、频次等进行了约定,包括各企业均不得采取"无预存话费""无保底消费""无在网时限"等方式开展赠送活动;赠送通信内产品的价值不得高于用户承诺在网期限内承诺消费总额的 60%,赠送通信外产品的价值不得高于用户承诺在网期限内承诺消费总额的 30%;赠送活动对同一用户每年不超过两次(含两次);各电信企业制定的积分回馈方案中,用户消费价值与积分价值之比不超过 1∶1,积分价值与兑换服务的价值之比不超过 1∶0.05等。《协议》同时规定了有关执行措施以及违规处理措施。对电信运营商违反《协议》开展赠送的行为,其他电信运营商可以向云南省通信管理局申告。云南省通信管理局在确认后会下发整改通知书,责令相关企业进行整改。2011 年,云南省通信管理局组织召开第一次规范电信市场秩序工作会,进一步细化了违规行为的处理流程。"电信企业的县市级分公司发现违规行为时,应主动以函件形式通报对方，双方协商解决；协商解决不了的，发现方可报上级州市级分公司协调解决"，"解决不了再报省公司协调，省公司间协调仍解决不了的，最后报管局（即云南省通信管理局）依法解决"。

云南省发展和改革委员会发现上述情况后，便督促云南省通信管理局进行整改，停止相关做法，维护了公平竞争的市场秩序。国家发展和改革委员会也就此与工业和信息化部进行了沟通。工业和信息化部将指导各省、自治区、直辖市通信管理局加强对《反垄断法》等法律法规的学习，提高依法行政能力，对辖区内类似行为进行清理规范。

同时，云南省发展和改革委员会依法对参与垄断协议的四家电信运营商进行了处罚。其中，对参与达成并实施垄断协议的中国移动通信集团云南分公司、中国电信股份有限公司云南分公司、中国联合网络通信有限公司云南分公司，处以上一年度相关市场销售额 2% 的罚款；对参与达成但未实施垄断协议的中国铁通集团有限公司云南分公司，处以 20 万元罚款。罚款金额共计约 1318 万元。

二、案例使用说明

（一）目标与方向

法学是规范科学、实践科学，需要将大量抽象的法律规范适用到具体事实中，这一步是法律人思维训练中的关键环节，案例是承载这个环节的主要方式。在理论中进行案例分析既进行了知识拓展，又有助于思辨和推理能力的培养，锤炼对法条的解释和适用本领。从竞争法的角度来讲，研究本案例有助于加深对行政强制垄断问题乃至垄断协议问题的理解，亦对探讨未来行政机关与经营者在类似案件中的责任划分、标准设定问题等有着厘清思路的作用。

（二）涉及知识点

1. 行政强制垄断的判断标准。
2. 行政"强制"的认定。
3. 行政强制垄断"二重性"结构。
4. 行政强制垄断中的经营者责任问题。

（三）法律问题

1. 行政强制垄断的构成要件是什么？行政机关的"强制"行为应当如何

界定？

2. 行政强制垄断的“二重性”如何理解？

3. 行政强制垄断的认定规则是什么？

4. 行政强制垄断中的经营者责任如何认定？

（四）参考结论

由于四家电信运营商是电信市场上的主要经营者，相互之间为直接竞争关系，各电信运营商在市场营销中赠送消费者话费、充值卡等礼品，直接影响到产品最终价格，是开展市场竞争的重要手段。云南省通信管理局牵头组织四家电信运营商达成协议，对赠送礼品的范围、幅度、频次等进行约定，并通过下发整改通知书等手段强制执行，限制了电信运营商的竞争能力和手段。同时，云南省通信管理局制定争议解决规则，要求处于竞争关系的电信运营商，在对赠送行为出现争议时，先进行逐级协调，并争取达成一致，这实质上是为了维持电信运营商就相关问题达成的垄断协议，排除和限制了相关市场竞争，导致价格上升，影响消费者福利。因此，云南省发展和改革委员会认为，云南省通信管理局的做法违反了《反垄断法》第 8 条“行政机关和法律、法规授权的具有管理公共事务职能的组织不得滥用行政权力，排除、限制竞争”的规定，属于第 36 条所列“滥用行政权力，强制经营者从事本法规定的垄断行为”的行为。该案的结果是，在云南省发展和改革委员会的督促下，云南省通信管理局对其限制竞争的行为进行了整改，云南省发展和改革委员会还依法对实施了垄断协议的几家电信运营商分别处以上一营业年度市场销售额 2% 的罚款。

（五）法理分析

1. 行政强制垄断的构成要件是什么？行政机关的“强制”行为应当如何界定？

在行政强制垄断案件中，经营者的责任认定及分配从立法来看尚无明晰的标准，从执法上看也难以做到同案同判。在本案中，虽然四位经营者均受到了不同程度的处罚，牵头达成垄断协议的行政机关也接受了相应的整改，但从国家发展和改革委员会公布的文件来看，本案中的经营者、行政机关的责任认定及分配的具体标准尚未明晰体现，对于“强制”的认定也缺乏系统的论证分析。故而我们需要着重讨论行政强制垄断的结构构成，以及“强制”的界定规则，以明晰在类似案件中的责任权重分配。由于在行政强制垄断案件中,存在行政机关和经营者双重主体和双重意志,故而在具体案件判定中,需要分别考察双重主体的独立意志及二者的意思和行为传导。只有明晰了行政机关和经营者的双重意志及意思关联,才可将经营者责任的认定论证清楚。

(1)行政强制垄断的构成要件

市场是错综复杂、瞬息万变的,市场主体的主观心理状态如何判定也绝非易事。从文义解释的角度出发,根据我国《反垄断法》第 36 条,行政强制垄断行为需要符合以下几个要件:①主体要件:在《反垄断法》第 36 条的语境下存在两个主体,即"行政机关或者法律、法规授权的具有管理公共事务职能的组织"和"经营者";②性质要件:行政主体行使行政权力的行为系"滥用";③行为要件:行政机关强制经营者从事违反《反垄断法》的行为。

(2)行政强制垄断中的"强制"的理解

关于"强制"这一构成要件的理解,原国家工商行政管理总局于 2011 年发布的《工商行政管理机关制止滥用行政权力排除、限制竞争行为的规定》对其作出了解读,其第 5 条规定,经营者不得从事下列行为:以行政机关和法律、法规授权的具有管理公共事务职能的组织的行政限定为由,达成、实施垄断协议和滥用市场支配地位;以行政机关和法律、法规授权的具有管理公共事务职能的组织的行政授权为由,达成、实施垄断协议和滥用市场支配地位;以依据行政机关和法律、法规授权的具有管理公共事务职能的组织制定、发布的行政规定为由,达成、实施垄断协议和滥用市场支配地位。

现行法中有关行政强制垄断的法律依据主要是《反垄断法》第 36 条:"行政机关和法律、法规授权的具有管理公共事务职能的组织不得滥用行政权力,强制经营者从事本法规定的垄断行为。"然而,行政机关的"强制"行为具体应当如何认定,法条中并没有明确说明。正是因为我国法律现状对与行政强制垄断的性质认定并不清晰,从而造成了法律责任的划分和认定标准的杂乱,导致了此类案件在行政和司法实践中同案不同判。

"强制"为行政强制垄断行为的构成要件之一,对其理解如下:

从表现形式上看,强制行为不仅可以表现为具体行政行为,如本案中的行政机关进行"牵头""组织""制定争议解决规则";也可以是抽象行政行为,比如出台规范性文件,如北京市住房和城乡建设委员会发布《关于发布预拌混凝土质量控制价的通知》。

从具体内容上看，"强制"行为的内容是迫使经营者从事违反反垄断法所禁止的行为，其行为包括但不限于价格垄断协议（如本案）、经营者集中、滥用市场支配地位等。另外，该行为乃是违法的充分条件，无论经营者面对行政权力的强制采取认同、屈服还是反抗的做法，都无法影响行政性垄断的认定。这是由于该行为侵犯了经营者的经济自主权，限制了经营者的经营自由。行政机关滥用其行政权力造成如此效果，恰恰是行政垄断的危害性所在。

从行为手段上看，强制主体具有公权力属性。《现代汉语词典》中将"强制"定义为"用法律或政治、经济力量压迫"，[①]亦包含此意。故而从这一维度进行理解，"强制"需以具有管理公共事务权力的机关、机构或组织为主体，且该机关、机构、组织事实上利用了行政权力，迫使经营者服从。[②] 值得注意的是，行政机关利用行政权力的方式，可表现为出台规范性文件、正式约谈、动用行政手段对不服从的经营者进行某种维度上的惩戒等。若行政机关事实上并未利用公共权力，仅为程度较轻的建议、引导、倡议等，则难以被认定为"强制"。本案中，行政机关采取牵头组织会议的形式，在形式上虽未采取正式的强制方式，但其最终达成的垄断协议中明确规定了违反该协议的惩罚性条款，在实质上也造成了"强制"的效果。从这个角度上说，其被认定为行政强制垄断是符合逻辑的。

从主观形态上看，行政机关的强制行为须与经营者的主观意愿相悖。值得注意的是，此处的意愿作较为广义的理解，即经营者和行政机关即使并未在具体目标上达成一致，只要双方在实施垄断行为的层面上具有合意，则不可认定为"强制"。另外，从前述原国家工商行政管理总局（现为国家市场监督管理总局）发布的规定也可以看出，工商行政管理机关认识到了《反垄断法》第 36 条所述的不同于该法第五章其他条款的"强制"要件，即行政强制垄断的构成要件之一是经营者与行政机关的主观意愿相左，即经营者须作出反抗。换言之，如果经营者对行政机关的限定行为乐见其成，就不能完全归责于行政机关；与之相反，根据我国《行政处罚法》第 27 条，如果经营者基于行政机关的胁迫而实施违法行为，则应当被从轻或者减轻处罚。此外，基于市场变化的波谲云诡，从最终的结

---

① 中国社会科学院语言研究所词典编辑室编：《现代汉语词典》，商务印书馆 2016 年版，第 1048 页。

② 参见余凌云：《行政法讲义》，清华大学出版社 2014 年版，第 218 页。

果上看，经营者对财产利益是不可预见的，其既可能获益也可能受损，因此经营者获益并不能直接否定被强制；反之，实际受损也不能当然证明经营者被强制。

综上所述，认定“强制”时不仅要考虑行政行为基于管理与被管理关系而本身具有的强制性，还要考虑经营者自身意愿与行政机关意志与命令的契合程度。

2. 二重性——行政强制垄断的理解

（1）行政强制垄断中经营者责任认定的基础

与行政主体自身直接干预市场的行为，以及由企业自身意志自由决定的单纯性的经济性垄断不同的是，有两方主体均在行政强制垄断中扮演着重要角色——行政机关和经营者，他们的意志具有二重特征。在行政机关—经营者—市场的结构体系中，行政机关利用其行政权力或经济权力，可以将其意志强加于经营者，强制经营者进行垄断行为，经营者再通过具体的经营行为以经济性垄断的方式作用于市场，实现行政主体的意志。二重性是行政强制垄断区别于其他经济性垄断、单纯的行政性垄断的独有特征，作为行政机关和经营者责任划分的理论基础，其在具体案件中判断垄断行为的违法性方面具有重要作用。

（2）行政强制垄断的二重性结构

在行政强制垄断行为的过程中，存在相互具有传递关系的两层架构：行政性垄断和经济性垄断。其中，第一层结构发生在法律地位不平等的行政机关和经营者这双方主体之间，这一层结构属行政性垄断范畴；第二层结构发生在法律地位较为平等的经营者与其交易相对人之间或者经营者与其竞争者等其他市场主体之间，而这一层结构属于经济性垄断的范畴。

行政强制垄断的复杂之处在于：首先该类型垄断的内在动力源于行政机关所滥用的公权力。行政强制力或行政机关的经济权力是通过经营者之手作用到市场经济中的，最终妨碍了竞争秩序，产生了排除、限制市场经济竞争的效果。因此，由于其附加着的行政权力的强制性，即使经营者的主观意志与其相左，也难以对其进行有效的反抗。另外，行政强制垄断的外在表现为经济性垄断，行政权力和经济权力这两种力量错综交织，破坏了市场的自由公平竞争秩序，且难以从外部及时察觉。

延续上文关于行政强制垄断的“强制”要件的解读，一旦行政机关和法律、法规授权的具有管理公共事务职能的组织实施了“强制”行为，就构成对行政权力的滥用，该行为侵犯了经营者的经济自主权、自由竞争权，其违法性就已经成立，构成了《反垄断法》第 36 条项下的行政性垄断。此后在行政强制垄断的力量传递过程之中，倘若经营者选择服从了行政机关的指示而从事该垄断行为，损害了市场的竞争秩序，则应当按照经济性垄断的认定方法，根据《反垄断法》第二章、第三章、第四章的规则进行判断。由此可见，行政性垄断与经济性垄断不仅权力来源不同，被侵犯的权利客体也有所差别。行政强制垄断的二重属性是相互联系但是又相互可以分割的。倘若行政主体作出了强制经营者的行为，如组织会议并作出决议，甚至明确了监督处罚规则，则构成行政性垄断。在之后的力量传递过程之中，倘若经营者在其经营活动之中拒不执行，则不应当认定其违法，亦不应由经营者承担法律责任；倘若经营者主动减少竞争损害，那么应当根据情节从轻或减轻甚至免除对其的处罚。

虽然行政强制垄断中的第二层结构的外在表现为经营者的经济性垄断，但是其内在原因是经营者屈从于行政机关的强制力量。因此，被强制的经营者在此架构下的角色更像是行政机关为实现自己意志而假借的提线木偶，故而在强制垄断中，经营者的主观过错要小于纯粹的经济性垄断，在责任认定上也应当有所区别。但是，经营者倘若在进行抗辩时，仅仅提出行政强制这唯一理由来抵消其垄断行为的违法性，则还是略显单薄。因为在行政强制垄断行为之中，除了行政机关这一层主观意志之外，还存在经营者一方的自由意志，而在这第二重架构之中，形成经济性垄断也不无可能。因此在此双层结构中，对于经营者和行政机关的责任认定不能简单粗暴地一概而论，除上文所述的"强制"的判断规则外，对于行政权力的滥用、双层结构关联性等方面也应当遵循一定的行为定性和责任分配的判断规则，留待后文叙述。

3. 行政强制垄断的判断规则

(1)行政权力滥用的判断规则

如前所述，在行政强制垄断情形下，存在行政性垄断和经济性垄断的双重结构，而行政主体滥用管理公共事物的行政权力为第一层行政性垄断的前提。原则上，行政主体的行政行为具有确定力和公定力，即行政行为一经作出便可确定有效，虽存在行政复议、行政诉讼等救济机制，也难以对抗最终依法撤销、确认无效等裁决作出之前行政行为的强制执行力。[①] 行政权力的权威性特征要求行政

① 参见余凌云：《行政法讲义》，清华大学出版社 2014 年版，第 226 页。

主体无论在抽象行政行为还是在具体行政行为作出之时都须严格审慎，合乎法律法规及社会公共利益的要求，否则即有滥用行政权力之嫌。基于此行政行为公定力原理对行政行为效力的推定，[①]经营者的行为判断及主观意愿往往因对行政主体的相对信赖而受到较大影响，再者，从经营者的角度来判断行政主体的行为是否构成行政性垄断是比较困难的，因而经营者难以及时对滥用行政权力的行为及时、适度地进行反抗。然而这样的信赖在很大程度上是合乎情理的，倘若经营者对于行政主体作出的具体行政行为或发布的规范性文件的第一反应并非服从而是质疑，这种质疑对国家机关的公信力、法律公信力造成的负面影响，往往会导致行政效率降低，妨碍行政机关对市场经济的统筹监管，最终彻底影响行政主体发挥管理公共事务、维护社会公共利益的作用。

在实践中，除贪腐等权力寻租之外，行政主体实施行政强制垄断行为的动因往往是基于对本行政区域内产业的特别保护，以维护产业发展及消费者权益之名，行违法之实。因此，如何判定行政主体的行为为正当行政管理权力的行使、是否超越了合理界限乃至合法界限则显得至关重要。

首先，倘若某具体行政行为被有权机关认定为行政垄断或者某规范性文件被确认违法，而相关行政主体仍然据此强制经营者着手相关行为的落实，则可当然被判定为滥用行政权力。

其次值得注意的是，对行政主体的行为是否属于滥用行政权力的判断难度，和经营者以"强制"为由进行抗辩的门槛是相匹配的。即某行政行为依一般理性人标准被判定为违法的可能性越大，则经营者被允许以"强制"为由进行抗辩的可行性越低。类比本案，假设云南省通信管理局的有关行为被认定为行政性垄断后，其依然引导、鼓励电信行业遵守该《协议》、实施横向价格协议，四家电信运营商即使因被强制而执行，也不能以基于对行政主体的信赖为由进行抗辩。相应地，倘若依照一般理性人的标准难以判断，则在行政垄断的违法性认定中，基于对公权力机关的尊重和信赖理论，应当相应减轻经营者的举证责任。

此外，对于行政主体的行为样态，应当采较为广泛的理解，即无论行政主体的干预手段是《反垄断法》第 32 条规定的限定交易、第 33 条至第 35 条规定的限制外地商品交易、第 36 条规定的强制交易、第 37 条规定的抽象行政行为限制等

---

① 参见王锡辞：《行政行为无效理论与相对人抵抗权问题探讨》，载《法学》2001 年第 10 期。

具体规制条款，还是《反垄断法》第8条规定的一般性条款，均可能滥用行政权力从而构成行政强制垄断，并且该行为性质的认定都会直接关系到经营者行为的定性。

(2)行政性垄断与经济性垄断的关联性

正如上文所述，行政强制垄断的二重结构之第一层，行政主体滥用管理公共事务的行政权力排除限制竞争，构成了行政性垄断。此第一重结构与第二重经济性垄断之间的相互交错的关联性，对于经营者责任分配的理解亦具有重要作用。

从条件关系上看，行政性垄断是经营者责任的前提。也就是说，如果行政主体所实施的行政行为并非违反《反垄断法》的行政垄断行为，其在法律上不具有可追责性，则经营者责任也无从谈起。反之，只有当行政主体实施了不法行为，才具有搭建第二重结构——经济性垄断的基础，此时再依据前文所述“强制”的判断规则对经营者抗辩的有效性作进一步的认定。从这个角度上来说，经营者享有着后发抗辩权，即经营者承担责任的前提是经营者的行政行为被认定为违法，且具有可罚性，故而在行政强制案件中，对经营者的处罚决定不应早于行政机关的责任认定。也即行政机关作为垄断行为的“主犯”，其行为定性对于经营者的责任认定具有决定性的影响。

从行为模式上看，依据双重主体的主观意愿及行为效果的不同，二重结构最终可反映为以下几种模式：其一，行政机关确实存在行政垄断行为，但是其与经营者之间的“强制”关系无法成立，即经营者主观意愿与行政机关在实施垄断行为层面达成了一致，此时则不构成行政强制垄断，而是由单纯的行政垄断和单纯的经济性垄断相互独立而共同进行的违法行为，此时二者的责任互不干涉、单独认定，则不存在责任分配之说。其二，行政机关对经营者实施强制行为，此虽与经营者的主观意愿相悖，但经营者囿于行政机关的公权力属性而不敢反抗，或者基于对行政行为公定力的合理信赖而不知反抗，最终在客观上遵从了行政机关的意志。此时二者合二为一，共同对外表现为行政机关的独立意志，经营者的意思自由被吞没，在此情形下，则应当适当减轻甚至免除经营者的行政责任。其三，行政机关用强制或其他手段，有意促使经营者进行垄断行为，受到经营者的有效反抗，如向市场监督管理机关进行举报或向其他有权机关及时寻求法律救济而最终未实施具有排除、限制竞争效果的违法行为，此种情况下应当免去经营者的责任，仅应当追究行政机关的行政责任。

4. 经营者在行政强制垄断中的经营者责任认定

诚如前文所述，在行政和司法实践中，同类案件的法律适用结果相去甚远，其根本原因还是对行政强制经营者垄断行为的认定存在一定的差异，同时亦缺乏法律层面的逻辑分析。因此，在实践中其不仅因同案不同判而有损法律权威和公信力，还可能造成“真强制”而经营者被处罚或者“假强制”而经营者免责的情形，致使市场竞争秩序紊乱。[①] 笔者在搜集类似垄断案件时觉察到，在实践中，多有经营者抗辩其因受到行政机关的“强制”而从事违法垄断行为，或因充分信任行政机关行为的公定力与权威性而完全未考虑该行为的违法可能性，自然也无“反抗”行为，而这种抗辩的法律效力如何，还缺乏明确统一的判断标准。

(1)强制情形下，经营者责任的认定现状

自2008年《反垄断法》实施以来，各级反垄断执法机构通过公开渠道公布了近百件相关行政处罚案例，这些案例均涉及违反《反垄断法》第五章“滥用行政权力、排除限制竞争”。[②] 笔者从中发现，依据《反垄断法》第36条处理的行政性垄断案件共计5起，而其中相关经营者被给予行政处罚的案件只有2起，即本案和“武威市道路运输管理局案”。另外，在“上海市交通委员会黄浦江游览行业横向协议案”“北京市住房和城乡建设委员会纠正混凝土行业横向协议案”“深圳教育局中小学生装潢横向协议案”这3起违反《反垄断法》第36条的行政性垄断案件中，涉案经营者均未被处罚，且未说明原因。

从实践现状来看，我国行政执法和司法实践对于行政强制垄断中的“强制”要件存在同案不同判、处罚标准混乱的局面；从立法层面来看，我国现行法中，尚未制定标准统一的认定规则，在目前公布的法律文书中也缺乏全面的论证过程。在对相关案件的分析中可以看出，我国司法审判和行政执法实践中认定的“强制”经营者违法的案件呈现以下特点：第一，从强制方式来看，在行政强制垄断行为中，行政机关通常会促使行业协会制定相关的垄断协议，来限制该行业内企业的经济自由和自由竞争，并且由于横向垄断协议的难以维持特性，行政机关通常还会加强对该垄断协议的落实和监督，制定规则对违反垄断协议的经营者予

---

① 参见张晨颖：《行政强制垄断中经营者责任的认定》，载《政治与法律》2019年第3期。

② 参见时建中、戴龙、焦海涛编：《反垄断法行政执法典型案例分析与解读》，中国政法大学出版社2018年版，第533页。

以惩处。第二,从外在表现形式上看,“强制”行为通常表现为“约谈”“协调会议”“牵头”“组织”“协调”等。第三,从责任分配上看,经营者、行业协会和行政机关在类似案件中承担的法律责任差异巨大。一方面,参与强制经营者违法的行业协会均未受到处罚;另一方面,有的经营者因达成并实施横向协议被处罚,如本案中的经营者;有的经营者未予处罚,而在“行政建议书”中并未说明原因。

由上不难看出,在我国司法审判和行政执法实践中,由于经行政机关公示的行政强制垄断类型案例寥寥可数,故而尚无法针对实践中经营者责任的分配问题总结出较为系统而全面的处理。在类似案件中的实践做法往往并不圆满,问题重重,对此笔者从上述5起案件的视角窥测,进行分析探讨。

首先,对于经营者违法事实的定性规则尚不明晰。在前述5起行政强制垄断案件中,有的经营者的行为被定性为独立的经济性垄断(如“安徽央行合肥支行密码器行政性垄断案”);有的被认定为与行政垄断具有因果关系的经济性垄断(如本案);有的在行政垄断被定性的前提下,虽然也确认了经营者的违法事实,但最终经营者行为未被认为构成违法(如“北京市住房和城乡建设委员会混凝土行业行政性垄断案”“上海市交通委员会黄浦江游览行业管理行政性垄断案”)。由上述分析可以看出,在数起案件中,行政执法机关及司法审判机关尚未形成较为一致的认定规则,对于不同主体的类似行为,尚不能采取较为统一的范式进行规制。另外,在处理经营者的责任划分时,行政执法与司法实践目前对待行政强制垄断行为的分析思路与单纯的经济性垄断行为完全相同。因此,在增加了“强制”这一要件以后,立法的缺失也造成了对经营者责任认识的模糊和类似案件处理规则的不清晰。

其次,经营者是否受到“强制”尚无统一且明晰的认定标准。如前所述,在行政机关强制垄断的数起案件中,行政机关的行为类型以及对应的表述是多种多样的:“约谈”“协调会议”“牵头”“组织”“协调”等。然而“强制”一词的逻辑内涵是“不可违逆”,这其中包含经营者的主观意愿与此相悖却无法反抗或不敢反抗的意味。诚然,仅仅通过案件中的横向垄断协议,或者违反垄断协议而进行相应惩罚的监督落实机制虽然可以得出经营者不得反抗的结论,但似乎并不能当然得出经营者的真实主观意思,即无法仅由此判断该“强制”是违逆经营者意志的“真强制”还是经营者与行政机关达成合意的“假强制”。然而在相关案件的处理文书中,对于经营者的主观意愿既无客观陈述,也缺乏相应的推导过程,导致对于“强制”的认定标准目前仍处于缺位状态。另外，在本案中，由云南省通信管理局牵头四家电信运营商而达成的垄断协议本身似乎包含的经济性垄断色彩更为强烈，而云南省通信管理局制定的争议解决规则，其“强制”性质体现得更加具体。云南省通信管理局要求处于竞争关系的电信运营商，在对赠送行为出现争议时进行逐级协调，并争取达成一致，并且在发现企业违反该垄断协议的行为之时，云南省通信管理局将对该企业下达整改通知书，责令其实行整改，这实质上是采用行政强制力维持了电信运营商就相关问题达成的垄断协议。

最后，在行政强制垄断行为中，经营者在与行政机关、行业协会等主体的法律责任划分方面，认定标准尚不明确。在《反垄断法》第 36 条的适用上，行政机关的“强制”行为是否是经营者违法性和责任划分的考量要素，法条规定不明，且适用情况大相径庭。从前述案件来看，在类似案件中经营者责任的性质认定是存在差别的。并且，即使是在同一案件中，不同经营者的责任认定也并不统一。此外，在法律责任的认定方式上，这些案件也各有不同。如“甘肃武威案”，是在行政垄断之外另案发布处罚决定书；[①]在本案中，四家电信运营商均被认定为违法，并且被裁定罚款，但是发展和改革委员会却没有专门针对经营者作出行政处罚决定书，而是在行政建议书中一并作出处罚决定。另外，行政机关的强制行为，究竟是否影响经营者责任判定问题也不明晰。在前述多起案件中，一方面，裁判机关承认经营者的违法行为的确存在被行政机关强制的情形，然而对是否具有违法的主观故意，在客观上的行为是否具有违法性质等问题的处理，仅仅是和一般的、纯粹经济性垄断行为采用了相同的判断规则，而并没有采取特别的处理方式，并非拥有与一般的经济性垄断行为相区别的一套处理模式。我国《行政处罚法》第 27 条规定，当事人受他人胁迫从事违法行为的，属法定减轻或从轻的情形。而在此处所述情形中，行政机关的强制垄断行为可当然理解为经营者确系受到他人胁迫，且胁迫的主体为具有合法的管理公共事务权力的、行为具有公定力的行政主体。故而经营者所受“强制”的不可违逆性、自由意思的限制程度相比于其他主体更甚。从这个层面来说，在此情形中经营者因被强制而从事垄断行为，适当减轻其责任划分是符合逻辑的。但从目前实践看，在行政执

---

① 参见甘肃省发展和改革委员会行政处罚决定书（甘发改价检处〔2015〕25 号至甘发改价检处〔2015〕46 号）。

法中无论是否对经营者予以行政处罚，在处罚决定书或者行政建议书、报道中均未说明经营者的垄断行为是否有被强制情节以及强制程度如何。

(2)强制情形下经营者责任的认定规则

行政强制垄断具有行政机关—经营者的双重结构，在此结构中，行政机关和经营者的主观意志相对独立，但最终从行为上仅表现行政机关的意志效果。由于行为主体的双重性，在最终的责任分配问题上较为复杂，因此应当在判断经营者责任之前，对于以下四个要素进行先行判断。

第一，行政主体是否滥用行政权力。如前所述，行政主体滥用行政权力是形成行政性垄断的前提，若行政主体在合理、合法限度内正当行使公共权力，则经营者违法性的认定基础不能成立，经营者的行政责任也无从谈起。

第二，行政主体是否实施了“强制”行为。即行政主体是否在行为模式上采取了难以违逆的方式，如通过规范性文件、发号行政命令，或者在牵头达成的垄断协议中约定违反协议的处罚条款等。此为影响经营者责任的重要判断依据。

第三，行政主体的行为是否具有较为明显的违法性。如前所述，若行政机关出台的规范行文件或实施的具体行政行为已被有权机关作出违法认定，或者依据一般理性人的标准可当然推知该行政行为的违法性，则经营者应当承担较重的不作为义务。

第四，经营者是否实施了反抗行为。即若经营者的主观意愿与行政主体相悖，是否在客观上采取了诸如举报、不作为等方式进行反抗。《反垄断法》第6条、第13条、第14条、第17条、第28条均对禁止经营者从事垄断行为进行了明确的规定，故而可推知，经营者在法律上面对不法行为邀约存在默认的不作为义务。市场监督管理总局于2019年1月发布的《关于制止滥用行政权力排除、限制竞争行为的规定(征求意见稿)》第14条第2款规定：“经营者被强制、限定、规定从事垄断协议滥用市场支配地位行为，可以向市场监管部门举报、提供线索。”若经营者怀疑行政主体的行政行为构成行政权力滥用，则应当主动寻求法律救济，如向市场监督管理机关申请公平竞争审查或者举报。若经营者在尽一般理性人的判断之后，明知或可推知行政机关的行为具有违法性而继续实施，则具有可追责性。若经营者虽无施行垄断行为之意，但基于对公共机关的信赖，采一般理性人的判断之后亦无法判断行政机关行为的违法性而不知反抗，或者虽知其违法，但收到行政机关的强制控制而无法反抗，则应当相应减轻经营者的行政责任。

(六)关键要点总结

该案例关键要点在厘清行政强制垄断中经营者和行政机关的责任划分问题,为此需要掌握行政强制垄断中"强制"的界定过程,以及多维度下对经营者责任问题的分析方法,并结合通信行业多头垄断的特殊性质加以评判。

(七)附录

参考文献

1. 时建中、戴龙、焦海涛编:《反垄断法行政执法典型案例分析与解读》,中国政法大学出版社2018年版。

2. 余凌云:《行政法讲义》,清华大学出版社2014年版。

3. 张晨颖:《行政强制垄断中经营者责任的认定》,载《政治与法律》2019年第3期。

4. 王锡辞:《行政行为无效理论与相对人抵抗权问题探讨》,载《法学》2001年第10期。

参考法条

1. 原国家工商行政管理总局《工商行政管理机关制止滥用行政权力排除、限制竞争行为的规定》(2011年)

第五条 经营者不得从事下列行为:

(一)以行政机关和法律、法规授权的具有管理公共事务职能的组织的行政限定为由,达成、实施垄断协议和滥用市场支配地位;

(二)以行政机关和法律、法规授权的具有管理公共事务职能的组织的行政授权为由,达成、实施垄断协议和滥用市场支配地位;

(三)以依据行政机关和法律、法规授权的具有管理公共事务职能的组织制定、发布的行政规定为由,达成、实施垄断协议和滥用市场支配地位。

2.《中华人民共和国行政处罚法》(2017年)

第二十七条 当事人有下列情形之一的,应当依法从轻或者减轻行政处罚:

(一)主动消除或者减轻违法行为危害后果的;

(二)受他人胁迫有违法行为的;

(三)配合行政机关查处违法行为有立功表现的;

(四)其他依法从轻或者减轻行政处罚的。

违法行为轻微并及时纠正,没有造成危害后果的,不予行政处罚。

3.《中华人民共和国反垄断法》(2007 年)

第八条 行政机关和法律、法规授权的具有管理公共事务职能的组织不得滥用行政权力,排除、限制竞争。

第十三条 禁止具有竞争关系的经营者达成下列垄断协议:

(一)固定或者变更商品价格;

(二)限制商品的生产数量或者销售数量;

(三)分割销售市场或者原材料采购市场;

(四)限制购买新技术、新设备或者限制开发新技术、新产品;

(五)联合抵制交易;

(六)国务院反垄断执法机构认定的其他垄断协议。

本法所称垄断协议,是指排除、限制竞争的协议、决定或者其他协同行为。

第三十六条 行政机关和法律、法规授权的具有管理公共事务职能的组织不得滥用行政权力,强制经营者从事本法规定的垄断行为。

第四十六条 经营者违反本法规定,达成并实施垄断协议的,由反垄断执法机构责令停止违法行为,没收违法所得,并处上一年度销售额百分之一以上百分之十以下的罚款;尚未实施所达成的垄断协议的,可以处五十万元以下的罚款。

经营者主动向反垄断执法机构报告达成垄断协议的有关情况并提供重要证据的,反垄断执法机构可以酌情减轻或者免除对该经营者的处罚。

行业协会违反本法规定,组织本行业的经营者达成垄断协议的,反垄断执法机构可以处五十万元以下的罚款;情节严重的,社会团体登记管理机关可以依法撤销登记。

第五十一条 行政机关和法律、法规授权的具有管理公共事务职能的组织滥用行政权力,实施排除、限制竞争行为的,由上级机关责令改正;对直接负责的主管人员和其他直接责任人员依法给予处分。反垄断执法机构可以向有关上级机关提出依法处理的建议。

法律、行政法规对行政机关和法律、法规授权的具有管理公共事务职能的组织滥用行政权力实施排除、限制竞争行为的处理另有规定的,依照其规定。

4. 市场监督管理总局《关于制止滥用行政权力排除、限制竞争行为的规定(征求意见稿)》(2019年)

第十四条 经营者不得以行政机关和法律、法规授权的具有管理公共事务职能的组织的强制、限定、规定、授权等为由,从事垄断协议、滥用市场支配地位行为。

经营者被强制、限定、规定从事垄断协议、滥用市场支配地位行为,可以向市场监管部门举报、提供线索。

第六章　搜索引擎关键词的隐性使用行为的反不正当竞争法规制

——北京百度网讯科技有限公司、爱普生(中国)有限公司与新会江裕信息产业有限公司不正当竞争纠纷案①

一、案例正文

(一)摘要与关键词

摘　要:新会江裕公司和爱普生公司有关商标侵权和不正当竞争的案件历经一审、二审和再审,最终画上句号,但该案所涉及的关于搜索引擎关键词的隐性使用行为性质的讨论并未结束。对于此种行为和案件,不仅法院判决标准不一,学者的观点也莫衷一是,远未形成统一意见。本章便聚焦搜索引擎关键词的隐性使用行为的性质这一问题,讨论该行为中的隐性使用他人商标作关键词一方以及竞价排名服务提供商的责任,通过对以本案为主的一系列案例的分析梳理,力图厘清该类案件中各方行为的性质及责任,以期形成较为清晰的脉络,为该类案件的分析提供有益指引。

关键词:竞价排名;不正当竞争;隐性使用行为;关键词

---

① 案例来源:北京知识产权法院(2015)京知民终字第1753号民事判决书、北京市高级人民法院(2018)京民再177号民事判决书。

(二)背景介绍

随着互联网时代的技术发展,借助搜索引擎进行商业推广的模式得到普及,竞价排名在各种搜索引擎、应用软件中被普遍应用。将他人商标用作关键词是竞价排名新的演变形式,以往的竞价排名只是广告主单纯地为自己购买关键词的行为,将他人商标作为购买的关键词的行为则将他人牵扯其中,同时涉及对商标权保护的尺度和对不当竞争行为的界定,因此带来了很多争议。目前学术界和实务界对其看法不一,部分主张其构成商标侵权,部分主张构成不当竞争行为,也有人认为其既不构成商标侵权也不构成不正当竞争,同时对于该行为中竞价排名服务的提供商,其责任认定也存在诸多问题与分歧。本案例将侧重于从反不正当竞争法的角度分析将他人商标用作关键词的行为性质,并对相关竞价排名服务提供商的责任进行探究。

(三)基本案情

新会江裕信息产业有限公司(以下简称新会江裕公司)是一家提供针式打印机、发票打印机等计算机外部设备产品的开发、生产、销售服务的知名企业,其分别在第7类、第9类、第10类、第16类、第17类、第21类、第37类、第41类、第42类注册了“Jolimark”“映美”“Jolimark映美”等商标,上述商标都在法定有效期内。

爱普生(中国)有限公司(以下简称爱普生公司)主要经营打印机、扫描仪、投影机等信息关联产品业务,电子元器件业务以及工业自动化设备业务。爱普生公司是北京百度网讯科技有限公司(以下简称百度公司)旗下的百度竞价排名推广业务的用户。打开百度VPN系统可查,爱普生公司于2013年10月在百度推广后台添加了关键词“jolimark”,并于2014年8月暂停了该关键词;于2014年7月添加了关键词“映美”,并于2014年10月删除该关键词。

2014年8月,新会江裕公司发现,在百度搜索引擎的搜索框中分别输入“jolimark”“映美”“jolimark映美”“映美官网”等关键词,搜索结果的第一项均为“7月1日~9月30日,发票打印机首选爱普生……超强拷贝能力,确保各层票据清晰可见,关于爱普生创新科技m. epson. com. cn”,词条下方显示“推广”字样,点击该结果,即进入爱普生打印机首页。简言之,用户搜索新会江裕公司的商标时,搜索结果的第一项显示的是爱普生公司的链接。需要注意的是,上述过程中，无论是在搜索结果的标题、描述或打开的页面中均没有“映美”“jolimark”等字样或图形。

新会江裕公司认为，爱普生公司作为与其同样生产和销售针式打印机、发票打印机产品的同业竞争者，将本公司享有商标专用权的“jolimark”“映美”等文字作为搜索引擎竞价排名的后台关键词使用，这一行为违背了诚实信用原则，构成不正当竞争，应承担相应的损害赔偿责任。百度公司既是网络服务提供商又是广告的经营者，其未对爱普生公司设置的内容履行相应的审查和合理注意的义务，客观上也为爱普生公司实施不正当竞争行为提供了便利条件，应当承担连带责任。新会江裕公司遂向法院提起诉讼。

二、案例使用说明

（一）目标与方向

1. 加深对新型互联网不正当竞争行为的理解。

2. 掌握《反不正当竞争法》第 2 条、第 6 条的适用条件。

3. 探究商标侵权行为与商标不正当竞争行为的联系与区别。

（二）涉及知识点

1. 商业标识混淆行为的构成要件。

2.《反不正当竞争法》一般条款的适用情形。

3. 商标侵权以及商标共同侵权的构成要件。

（三）法律问题

1. 爱普生公司的行为是否构成不正当竞争？

2. 百度公司是否应当承担责任？

3. 竞价排名服务提供商的责任认定？

（四）参考结论

1. 一审法院观点

一审法院认为，爱普生公司与新会江裕公司同为打印机行业的经营者，并且均生产、销售针式打印机，故双方存在竞争关系。

本案中，从百度公司后台公证的情况来看，爱普生公司在其百度推广服务管理账户中,添加了“映美”“Jolimark”作为关键词,即使用竞争对手的商标作为关键词推广自己的产品,主观上存在故意。“爱普生打印机”的相应链接出现在“映美”“Jolimark”打印机的搜索结果页面,其中部分链接还列为搜索结果的第一项,这将导致本欲关注“映美”“Jolimark”打印机的网络用户却由此关注了“爱普生打印机”,并进入该公司的相关页面,爱普生公司的这一行为攫取了新会江裕公司的交易机会,继而减少了新会江裕公司就此交易机会应获得的经济利益,造成经济损失。因此,爱普生公司的上述行为有违《反不正当竞争法》第 2 条,构成不正当竞争,应承担相应民事责任。

百度公司提供网络搜索技术服务,并未直接实施上述不正当竞争行为,而是仅提供了帮助及便利条件。从本案现有证据来看,百度公司并未在提供涉案竞价排名服务之外另行实施为爱普生公司选择、添加、推荐涉案关键词的行为。从其应负的注意义务来看,除对明显违反国家法律法规以及具有较高知名度的商标等关键词应予主动排除之外,一般情况下,竞价排名服务商对于用户所选择使用的关键词并不负有全面、主动、事先审查的义务。因此,百度公司在本案中不存在过错,不应为爱普生公司的上述不正当竞争行为承担民事责任。

2. 二审法院观点

二审法院认为,爱普生公司行为的实质在于使用新会江裕公司商标增加了自己的商业机会。但是,判断竞争行为正当性的关键,并非在于经营者是否争夺了其他竞争者的商业机会,而在于经营者用于争夺商业机会的手段是否符合公认的商业道德和诚实信用原则。

涉案两商标标志“映美”与“Jolimark”均系臆造词,在无相反证据证明其具有其他含义的情况下,可基本认定搜索用户使用涉案两商标进行搜索的目的在于搜索新会江裕公司的产品或相关信息。但被诉行为的存在使搜索用户在看到新会江裕公司的产品或信息之前,便会在搜索结果顶部看到爱普生公司的相关推广链接。尽管在推广链接中以及点击进入的网站中并未包括涉案商标,但不可否认的是,必然会有部分用户看到该搜索结果后点击链接进入爱普生的网站浏览,而在该部分用户中,亦极有可能有部分用户因而成为爱普生公司的用户。这一情形充分说明,虽然并无混淆发生,亦并未影响自然搜索结果,但被诉行为对于新会江裕公司的商业机会的掠夺是毋庸置疑的。据此,被诉行为不符合公认的商业道德和诚实信用原则,违反了《反不正当竞争法》第 2 条的规定。

关于百度公司的责任,因反不正当竞争法中并未涉及帮助行为的责任承担规则,故对其责任的认定需要适用帮助侵权行为的相关规则。在这一责任的认定中,帮助行为人的合理注意义务的确定是关键因素。具体到本案,主要在于百度公司对于商标关键词购买行为应尽何种注意义务。确定经营者对某经营行为应负的注意义务,可考虑三个因素:其一为该经营行为为经营者所带来的经营利益;其二为该经营行为对社会公众的影响;其三为经营者满足具体注意义务的客观可能性。

对于任何搜索引擎而言,竞价排名行为是其最为重要的盈利手段已成为不争之事实。而在互联网环境下,搜索引擎的搜索准确性对于网络用户显然具有至关重要的影响,而竞价排名行为的出现无疑可能影响搜索结果的准确性。上述情形充分说明,搜索引擎对于其竞价排名服务需承担相对较高的注意义务。本案中,爱普生公司系将新会江裕公司的商标作为品牌词购买,但百度公司并无证据证明其要求爱普生公司提交了拥有商标所有权的证据,这一做法说明百度公司未尽到合理的注意义务,主观存在过错。基于此,在爱普生公司购买关键词行为构成不正当竞争行为并需承担赔偿责任的情况下,百度公司应对此承担连带责任。

3. 再审法院观点

再审法院在判决中,认可了一审和二审法院对爱普生公司的被诉行为构成不正当竞争行为的分析,但对百度公司的责任,又发表了与二审法院不同的意见。

侵权责任法是认定侵权行为并确定相应侵权责任的基本法律,对于判断搜索引擎服务提供者的特定行为是否构成侵权行为以及是否应当承担民事责任,亦应当适用侵权责任法的相关规定。

在搜索引擎服务提供者未参与具体的竞价排名推广链接关键词选择设定的情况下,搜索引擎服务提供者既无实施不正当竞争行为的主观过错,亦无制止具体不正当竞争行为的可能,因此,不应因他人实施的不正当竞争行为而当然承担连带责任。此外,百度推广对关键词选择的推荐,通常是根据事先已经设定好的计算机算法自动生成的,搜索引擎服务提供者通常无法知悉他人在使用竞价排名推广链接服务过程中实施了特定的不正当竞争行为。因此,即使搜索引擎服务提供者实施了关键词的推荐行为,也不应当然认定其因该行为而具有了实施侵权行为或不正当竞争行为的主观过错。依据现有证据不能认定百度公司知道或者应当知道爱普生公司实施了具体的不正当竞争行为。据此,再审法院认定二审判决关于百度公司应当承担连带责任的认定缺乏事实和法律依据,并予以纠正。

(五)法理分析

1. 爱普生公司的行为是否构成不正当竞争

(1)爱普生公司的行为属于关键词的隐性使用行为

在本案中,爱普生公司在百度推广的后台将新会江裕公司的商标设置为关键词,使大众在利用百度搜索"映美""Jolimark"时,会看到爱普生公司的相应链接出现在搜索结果界面。爱普生公司的推广链接作为搜索结果,无论是其标题,还是点击进入后显示的内容,均无"映美""Jolimark"等字样,且词条下方显示了"推广"字样。可以看出,爱普生公司实质上实施了一种隐性使用竞争者商标作为竞价排名广告关键词的行为。

竞价排名推广服务是搜索引擎服务提供商推出的一种网络推广服务方式,其本质是一种广告行为,属于互联网广告服务类别下的付费搜索广告。市场经营者在竞价排名系统中注册账号后,可以自行选定竞价排名关键词、编辑推广广告内容(包含标题、网页描述和网址链接)并设定点击价格,从而使能够链接到其网站网页的广告内容在网络用户搜索其设定的关键词得到的搜索结果中排序优先。竞价排名的实质是,推广客户通过对某一关键词进行投标而获得的对某一关键词之搜索结果的控制权,其权利是可要求搜索引擎服务提供商按相同关键词将广告与其超链接在搜索引擎服务提供商提供的数据服务器关联起来,使之在网络用户搜索关键词后发送到网络用户的浏览器上,搜索引擎服务提供商将依据推广客户的标价和网络用户点击次数计算费用并索取报酬。推广客户选择竞价排名服务时,有两种选择模式:其一可以将关键词作为网络用户搜索的选择词汇,但最终搜索结果页面上不出现该关键词;其二是网络用户以推广客户设置的关键词进行搜索后,关键词会出现在最终搜索结果页面上的网页标题以及网页描述部分。第一种模式就是关键词的隐性使用行为,第二种模式即为关键词的显性使用行为。

许多市场经营者利用竞价排名服务,不仅将他人的商标设定为关键词,还将他人的商标包含在自己的推广标题、推广描述甚至网页内容中,这种对他人商标的显性使用行为极易使网络用户产生混淆，使其误以为该内容与关键词商标所有人存在联系，进而进行交易。因此，显性使用他人商标作为关键词的行为在诸多案件中被认定为商标侵权或不正当竞争，其关键点就在于该种行为使用户产生了混淆。如果市场经营者仅仅是将他人商标设置为后台关键词，而未将其包含在推广标题、推广描述等内容中，那么，虽然广告内容仍旧会因用户搜索词与推广关键词一致而出现在搜索结果中，可是网络用户所看到的广告内容中不展现他人商标，这种行为可称作将他人商标作为关键词的隐性使用行为。与显性使用行为相反，隐性使用行为的关键便是其一般不会使网络用户产生混淆。因为经营者对关键词的相关设置均在后台进行，在推广标题、推广链接及链接指向的网站内容中并未涉及他人商标，且链接下方会显示“推广”或“广告”字样，一般网络用户会意识到此条结果属于广告，或者发现此条结果和搜索关键词无关，从而不会产生混淆。

但是，即使没有混淆，也不一定代表经营者的这种将他人商标作为关键词的隐性使用行为是完全合法的。在本案中，二审法院就表示：“虽然被诉行为购买的是用户不会看到的后台关键词，从而不会使用户产生混淆，亦不影响自然搜索结果，但这并不意味着其不会影响到新会江裕公司的商业机会。”[①]然而，在与本案类似的“费希尔厂、慧鱼诉美坚利、百度案”中，法官却在判决书写道：“虽然美坚利公司以与他人商标‘慧鱼’相关的文字作为推广链接的关键词有借此增加其网站及产品广告出现在搜索结果中的机会的意图，但综合考虑其设置的推广链接的具体情形、关键词广告市场特性以及网络用户的认知水平等因素，其行为尚未达到违反诚实信用原则和公认的商业道德的程度。”[②]可见，对此类行为的认定，法院在类似的案件中表现出了不同的态度。

(2)法院对关键词的隐性使用行为的认定

在“北大法宝司法案例”中利用高级检索功能进行搜索，以“不正当竞争纠纷或侵害商标权纠纷”作为案由，以“推广，关键词”作为全文检索关键词，选取从2010年1月1日至2019年8月31日的所有判决书，共得到125条搜索结果。筛选出其中涉及与本案类似的关键词的隐性使用行为的案件，共7起，见表

---

① 北京市高级人民法院(2018)京民再177号民事判决书。

② 北京市高级人民法院(2013)高民终字第1620号民事判决书。

6－1(判决结果以终审判决为准)。

表 6－1　2010～2019 年部分关键词隐性使用案例

审结年份	案件名称	终审法院	判决结果
2014	费希尔厂、慧鱼诉美坚利、百度案(慧鱼商案)	北京市高级人民法院	未构成不正当竞争
2015	等势线诉星谷案(ETW 商案)	上海市杨浦区人民法院	构成不正当竞争
2016	万国思迅诉科脉、百度案	广东省深圳市南山区人民法院	构成不正当竞争
2017	金夫人诉米兰、百度案	江苏省南京市中级人民法院	未构成不正当竞争
2017	聚焦人才诉前锦、百度案	重庆市第五中级人民法院	构成商标侵权,不再适用反不正当竞争法
2017	聚焦人才诉网聘、百度案	重庆市第五中级人民法院	构成商标侵权,不再适用反不正当竞争法
2019	新会江裕诉爱普生、百度案(映美商标案)	北京市高级人民法院	构成不正当竞争

从表 6－1 中可以看出,法院在对关键词的隐性使用行为的认定上存在不确定和反复。以北京市高级人民法院为例,其在“慧鱼商标案”和“映美商标案”这两个极其相似的案件中表现出了相反的态度。在聚焦人才服务公司起诉的两起案件中,重庆市第五中级人民法院认为关键词的隐性使用行为构成商标侵权,其认为“由于反不正当竞争法通常是在知识产权专门法以外提供单独的保护,本案已适用《商标法》进行规范,不再适用《反不正当竞争法》的规定”。[①] 而剩下的 5 起案件,除了“映美商标案”未涉及商标侵权的判断,其余案件中法院均认为关键词的隐性使用行为不构成商标侵权。由于重庆市第五中级人民法院的两个判决未涉及对不正当竞争的论述,所以笔者针对余下 5 起案件的判决理由作出总结。

法院认为关键词的隐性使用行为不构成不正当竞争的理由包括:第一,被诉

① 重庆市第五中级人民法院(2017)渝 05 民初 380 号民事判决书。

方设置的推广链接和网站内容没有显示涉案商标，所以不会引起混淆，也不影响商标权人的网页链接出现在自然搜索结果中，相关公众会综合衡量各方因素作出判断，被诉行为不会对商标权人的合法权益造成实际损害。第二，“商业机会虽然作为一种可以受到反不正当竞争法所保护的法益，但其本身并非一种法定权利，而且交易的达成并非完全取决于单方意愿，而是需要交易双方的合意，因此他人可以自由参与竞争来争夺交易机会。对于同一交易机会而言，竞争对手之间一方有所得另一方即有所失。利益受损方要获得民事救济，还必须证明竞争对手的行为具有不正当性。”①虽然被诉方有借用他人商标增加自己出现在搜索结果中的机会的意图，但综合考虑关键词设置的隐形性，关键词广告市场特性以及网络用户的认知水平等因素，其行为尚未达到违反诚实信用原则和公认的商业道德的程度。

法院认为关键词的隐性使用行为构成不正当竞争的主要理由是：“尽管在推广链接标题内并未包括涉案商标，但不可否认的是，必然会有部分用户看到该搜索结果后点击链接进入被诉方网站浏览，而在该部分用户中，亦极有可能有部分用户因而成为被诉方的用户。这一情形充分说明，虽然并无混淆发生，亦并未影响自然搜索结果，但被诉行为对于权利人的商业机会的掠夺是毋庸置疑的。该行为势必使被诉方借助网络用户对权利人及其产品的认知而得到自己网站得以访问概率提高的利益，进而挤占了权利人的市场利益，降低了其竞争优势，造成其经济损失。”②

可以看出，未造成实际损害和不正当性缺失是法院认定关键词的隐性使用行为不构成不正当竞争的主要原因，而作出相反判决的理由主要是竞争者对权利人商业机会的掠夺。值得关注的是，有关商业机会的论述，在两种判决中都有出现，除了上述的“慧鱼商标案”中存在关于商业机会的论述，在本案中，法院同样认为“因无论是传统商业领域，还是互联网商业领域，任何竞争行为在相当程度上均可被认为是对商业机会的竞争，因此，是否争夺了其他经营者的商业机会，并非判断正当性的决定因素，判断的关键在于经营者用以争夺商业机会的手段是否符合公认的商业道德”。③ 然而，有关商业机会的相同的观点却导向了不

---

① 北京市高级人民法院（2013）高民终字第1620号民事判决书。

② 北京市高级人民法院（2018）京民再177号民事判决书。

③ 北京市高级人民法院（2018）京民再177号民事判决书。

同的结论,关键的分歧点就是被诉方的行为是否有足够的不正当性而违反了诚实信用原则和公认的商业道德,应当由法律予以规制。被诉行为的不正当性需要法院着重论述,然而以本案为例,法院在认可对商业机会的争夺是正常的市场状态之后,又以"虽然并无混淆发生,亦并未影响自然搜索结果,但被诉行为对于权利人的商业机会的掠夺是毋庸置疑的。该行为势必使被诉方借助网络用户对权利人及其产品的认知而得到自己网站得以访问概率提高的利益,进而挤占了权利人的市场利益,降低了其竞争优势,造成其经济损失"为理由认定被诉方的行为构成不正当竞争,这其中出现了逻辑断层。法院并未论证被诉方行为的不正当性,而仍是围绕商业机会的争夺展开论述。既然承认商业机会争夺的合理性,那么,对商业机会的争夺必然会导致一方商业机会减少而另一方增多,一方存在利益受损的可能性。在本案中被诉方手段的不正当性似乎没有被清晰地论证。

(3)判断竞争行为不正当性的考虑因素

关键词的隐性使用行为没有被包含在我国《反不正当竞争法》所列举的11种不正当行为中,对法律没有明确规定的竞争行为是否具有正当性进行判断,只能依据《反不正当竞争法》第2条分析其是否违反诚实信用原则和公认的商业道德。"针对互联网商业标识侵权和不正当竞争发展的新形势,我国法院创造性地利用《反不正当竞争法》第2条发展出了'搭便车'理论,认为竞争者不正当地利用他人商业标识的商誉和市场影响力为自己谋取交易机会并从中获取利益的行为,是违背诚实信用原则的不正当竞争行为。'搭便车'理论在司法实践中的运用不以消费者存在混淆为前提,而以行为人'不正当地利用他人商誉为自己谋取利益'作为可责性的基础。"[①]据此,法院认定关键词的隐性使用行为构成不正当竞争的思路似乎是,虽然互联网用户一般情况下会注意到推广链接和他们本来搜索的内容并无关系,但不排除一些用户也可能会满意推广的内容而变换了意欲关注或交易的对象,因此竞争者不正当地占用了权利人的商标所建立起来的商誉。

的确,在"搭便车"行为中,权利人和竞争者存在利益冲突,对于权利人来

① 周樨平:《商业标识保护中"搭便车"理论的运用——从关键词不正当竞争案件切入》,载《法学》2017年第5期。

说，竞争者的“搭便车”行为可能会造成其商业机会的丧失，进而带来利益损失；对竞争者而言，其因此获得了相应的交易机会。但是，这种一方受损另一方受益的关系并不一定会导致社会整体利益的受损。例如关键词的隐性使用行为，其虽然是对权利人商业机会的争夺，但对网络用户并无实质影响，从另一方面说，竞争者反而给网络用户提供了更多选择以供浏览。反不正当竞争法保护的并非竞争者本身而是要保护竞争，保护竞争秩序、竞争自由和竞争效率，其目的是给所有的竞争者构建一个公平竞争的环境，防止有的竞争者获取不正当的竞争优势。“不正当竞争行为本质上是一种扭曲竞争、会对竞争造成负面影响的行为，当一种竞争行为对个体利益损害的质和量达到足以对竞争环境产生不利影响的程度时，可以谓之‘损害竞争秩序’。”①是故，如果“搭便车”行为并未产生较大的负外部性，即不需法律的特别干涉，只有在该行为同时对其他利益产生了实质性损害，如损害了消费者利益、公平竞争秩序等社会公共利益时，才可能构成不正当竞争。所以，在对竞争行为的正当性进行判断时，消费者利益具有特殊的价值。“竞争实质就是抢夺竞争对手的竞争利益，任何竞争行为在某种意义上都是‘损人利己’的，因此，在判断一项行为是否构成不正当竞争时，要重点研究行为人所使用的手段是否超出了一般可接受的‘损人利己’的限度，研究此项行为对正常的市场竞争产生的影响主要是积极还是消极的。”②一种竞争行为若仅损害竞争对手并不一定会得到法律的否定性评价，因为竞争行为天然会给对手带来损害，但若这种行为同时损害了消费者利益，则必然构成不正当竞争。

需要注意的是，实践中还可能出现尽管商标关键词只是被隐性使用，但与关键词无关的推广链接占据了搜索结果页面的很大部分，甚至在搜索结果的第一页都看不到自然搜索结果的情况。这种情形下，商标权利人的网页链接会被湮没在竞争者的推广链接之中，难以被消费者识别，这将会实质性地损害商标权利人正当经营的权利。对消费者来说，其无法轻易找到甚至无法找到本欲搜索的内容，进行搜索的成本提高，利益受损。这种“搭便车”的行为必然具有不正当性，需要予以规制。《互联网广告管理暂行办法》的征求意见稿第15条曾将“使

① 周樨平：《商业标识保护中“搭便车”理论的运用——从关键词不正当竞争案件切入》，载《法学》2017年第5期。

② 邵建东：《我国反不正当竞争法中的一般条款及其在司法实践中的适用》，载《南京大学法律评论》2003年第1期。

用他人商标、企业名称作为付费搜索广告的关键词”的行为规定为不正当竞争行为，但在正式公布的规章中删除了该条内容，这一变化表明该问题尚存有争议。这也意味着并非只有商标权人才能使用其商标作为付费搜索的关键词，使用他人商标作为付费搜索的关键词的行为不当然构成侵权。尽管法律、行政法规及规章未禁止关键词的隐性使用行为，但并不意味着市场经营者可以毫无顾忌地使用他人特别是同业其他经营者的商标、企业名称等作为付费搜索的关键词。市场经营者在经营中仍应依法经营，充分尊重权利人的合法权利，合理避让他人的正当利益，防止对权利人权益的侵害。

2. 百度公司是否应当承担责任

尽管依据上文的分析，笔者认为关键词的隐性使用行为不构成不正当竞争，但在本案中，三个法院对爱普生公司行为的判断保持一致，均认为其构成不正当竞争。然而，法院对百度公司的责任认定则经历了反复。一审法院认为百度公司不构成不正当竞争，不承担责任，二审法院认为百度公司构成帮助侵权，应该与爱普生公司承担连带责任。而再审法院则回到了一审法院的观点，认为百度公司不构成侵权或不正当竞争，百度公司实质上就是提供了竞价排名的推广服务，并且“默许”爱普生公司利用推广服务的功能实施了关键词的隐性使用行为。在本案中，根据现有证据，法院认定百度公司没有在推广后台系统中推荐关键词等主动性的行为，而仅仅是提供了竞价排名这样一种技术性的服务。

关键词隐性使用案件中对竞价排名服务提供商行为的定性，并没有直接相关的法条，也并未形成统一的理论。本案中，法院似乎采取了单独加共同分析的模式，先分析百度公司没有独立实施不正当竞争行为，“搜索引擎服务提供者在未参与具体的竞价排名推广链接关键词选择设定的情况下，搜索引擎服务提供者既无实施不正当竞争行为的主观过错，亦无制止具体不正当竞争行为的可能”。[①] 再分析百度公司和爱普生公司是否构成共同侵权，“因被诉行为的损害后果客观上确由爱普生公司购买关键词的行为以及百度公司提供的竞价排名行为共同造成，故不能当然排除百度公司与爱普生公司承担连带责任的可能性。但因反不正当竞争法中并未涉及帮助行为的责任承担规则，故对其责任的认定

① 北京市高级人民法院(2018)京民再177号民事判决书。

需要适用帮助侵权行为的相关规则”。[①] 根据侵权法的相关原理，判断百度公司构成共同侵权的前提应该是爱普生公司构成商标侵权，然而，本案的诉讼请求和法院论证均未涉及爱普生公司的商标侵权行为，法院直接论述百度公司是否构成共同侵权的思路似乎存在不妥。

法院这种将商标侵权和不正当竞争混合起来看待、当百度公司存在过错加之爱普生具有不正当竞争行为即可成立共同侵权的思路似乎存在漏洞，体系上不具有完整性。“商标侵权行为和商标不正当竞争行为之间的区别，是商标法与反不正当竞争法各自单独立法的最基本理由。”[②]商标法主要保护权利人的合法利益，反不正当竞争法主要保护竞争秩序和社会公共利益，商标法和反不正当竞争法在立法取向、调整对象以及规制方式等方面均有所不同，不能简单地混为一谈。爱普生公司和百度公司的商标侵权的不正当竞争行为应该区别来看。在本案中，新会江裕公司诉称爱普生公司和百度公司实施了不正当竞争行为，损害其合法权益。根据民事诉讼法中的“不告不理”原则，法院审判的范围应与原告起诉的范围相一致，法院不得对原告未提出诉讼请求的事项进行审判。法院认定爱普生公司实施了不正当竞争行为，在不对爱普生公司是否构成商标侵权进行判断的情况下，应分析百度公司的行为是否也构成不正当竞争。

爱普生公司利用百度公司的竞价排名推广服务实施了关键词的隐性使用行为，一般会认为百度公司可以成立帮助行为。但是，反不正当竞争法中并没有关于帮助行为的规定，唯一涉及的是2019年修正的《反不正当竞争法》的第9条第1款第4项，[③]条文将帮助侵犯商业秘密的行为同样视为侵犯商业秘密，类似刑法中的“帮助行为正犯化”。同时，由于百度公司的行为不属于《反不正当竞争

---

① 北京市高级人民法院（2018）京民再177号民事判决书。

② 刘继峰：《论商标侵权行为与商标不正当竞争行为的“交错”》，载《湖北大学学报》（哲学社会科学版）2009年第4期。

③ 《反不正当竞争法》第9条规定：“经营者不得实施下列侵犯商业秘密的行为：（一）以盗窃、贿赂、欺诈、胁迫、电子侵入或者其他不正当手段获取权利人的商业秘密；（二）披露、使用或者允许他人使用以前项手段获取的权利人的商业秘密；（三）违反保密义务或者违反权利人有关保守商业秘密的要求，披露、使用或者允许他人使用其所掌握的商业秘密；（四）教唆、引诱、帮助他人违反保密义务或者违反权利人有关保守商业秘密的要求，获取、披露、使用或者允许他人使用权利人的商业秘密。经营者以外的其他自然人、法人和非法人组织实施前款所列违法行为的，视为侵犯商业秘密。第三人明知或者应知商业秘密权利人的员工、前员工或者其他单位、个人实施本条第一款所列违法行为，仍获取、披露、使用或者允许他人使用该商业秘密的，视为侵犯商业秘密。本法所称的商业秘密，是指不为公众所知悉、具有商业价值并经权利人采取相应保密措施的技术信息、经营信息等商业信息。”

法》第二章列举的具体不正当竞争行为,所以只能用《反不正当竞争法》第2条的一般条款来规制。参考上述条文并结合反不正当竞争法的保护法益来思考,似乎可以认为,在反不正当竞争法领域不存在或不必存在实行行为和帮助行为的划分,只要实施了一定行为,并可能损害竞争,即成立不正当竞争。当然,有时候损害结果的出现可能需要两方行为共同作用,例如,百度公司提供竞价排名推广服务,必须有推广客户使用,才能呈现关键词的隐性使用或者显性使用,两者行为需要结合才发生效果。但是,一方成立不正当竞争,不以另一方同样成立为前提,即一方成立不正当竞争与否,与另一方无关,这是其与帮助侵权行为的区别,帮助侵权以被帮助者成立侵权为前提,而不正当竞争行为并无此要求。举例而言,无论爱普生公司的关键词隐性使用行为是否构成不正当竞争,如果百度公司在提供竞价排名推广服务时没有在付费搜索结果中标示出“推广”或“广告”字样,那就会导致互联网用户无法清楚地区分付费搜索结果和自然搜索结果,产生不便甚至混淆,影响消费者的利益,损害正常的竞争秩序,构成不正当竞争。

因此,在本案中,对百度公司行为的判断,就要根据《反不正当竞争法》第2条分析其是否违反了诚实信用原则和公认的商业道德,损害了竞争秩序和社会公共利益。“市场秩序在很大程度是耦合的秩序,竞争规则并非理性构建主义所能精心设计。商业生活极其重要地要求追求创新、挑战风险,对竞争者宜采取‘无辜假定’,所禁止的行为必须是超出了社会容忍的必要限度。”①百度公司虽然为爱普生公司提供了百度推广服务,但并未直接实施设置关键词的行为,其既无实施不正当竞争行为的主观过错,亦无制止具体不正当竞争行为的可能。百度公司在《百度推广服务合同》中已约定并提醒推广用户不得侵犯他人的合法权利,作为网络搜索技术服务提供者,除对明显违反国家法律法规的内容应予主动排除外,一般情况下,其对于用户所选择使用的关键词并不负有全面、主动、事先审查的义务。由于网络用户众多,面对海量的信息,不可能进行人工审查,对关键词的审查只能进行计算机筛选,而注册商标众多,涉案商标在不同商品及服务上注册,百度公司亦不可能预先将涉案商标在计算机内设置。并且百度公司

① 谢晓尧:《一般条款的裁判思维与方法——以广告过滤行为的正当性判断为例》,载《知识产权》2018年第4期。

在网站上告知了网络用户当发生侵害自身权益的情形时向百度投诉的方法和渠道。关键词的隐性使用行为，其虽然是对权利人商业机会的争夺，但对网络用户并无实质影响，也不会影响竞争秩序，仅提供推广服务的百度公司不构成不正当竞争。

3. 竞价排名服务提供商的责任认定

随着互联网技术的发展，搜索引擎服务已经渗透至人们的网络行为之中，线上与线下相结合的消费模式日益凸显。搜索引擎市场规模不断扩大，但规制这类新兴营销模式中商标使用行为的规则却不明确。回顾问题 1 中提到的 7 起案件，其中有 6 起案件百度公司都被列为共同被告，法院对其应否承担责任以及承担何种责任的判断并不统一。在将他人商标用作关键词的同类案件中，对竞价排名服务提供商的法律责任认定越发重要。

在前述 7 起案例中，除“映美商标案”原告未提起商标侵权之诉以及聚焦人才案法院未对被告的不正当竞争行为作出判断外，其余 5 起案例法院均对设定关键词方和百度公司的行为从商标侵权和不正当竞争两方面进行了认定，这也是此类案件中一般涉及的两个方向。回应司法实务中的需求，在关键词的隐性使用案件中，对竞价排名服务提供商的责任认定也应当从商标侵权和不正当竞争两方面进行。为了进行周延的分析，笔者采取单独加共同的分析模式，先分析百度公司的行为是否能够独立构成商标侵权或不正当竞争，再从将两者行为结合起来的角度分析关键词设置方和竞价排名服务提供商是否构成共同侵权或不正当竞争。

首先，分析竞价排名服务提供商是否独立构成商标侵权。除法律明文规定外，侵犯注册商标专用权的行为均系对商标的商业性使用。商标的商业性使用是指将商业标识用于商品、商品包装或者容器以及商品交易文书上，或者将其用于广告宣传、展览以及其他商业活动中，可以用来指示商品的来源，足以使相关公众认识其为商标。竞价排名服务提供商提供推广服务的行为系向用户提供一种网络技术服务，本身不涉及对其推广用户设置的关键词的商标性使用，同时，竞价排名服务提供商在未参与具体的竞价排名推广链接关键词选择设定的情况下，没有实施商标侵权的主观过错。综上所述，竞价排名服务提供商的行为不能独立构成商标侵权。

其次，分析竞价排名服务提供商是否独立构成不正当竞争。对不正当竞争行为的判断,首先应当确立竞争关系的存在,即当事人双方互为竞争者。当独立看待百度公司时,其作为竞价排名服务提供商或者说是搜索引擎服务提供商,和提供一般性商品的市场经营者并不具有竞争关系。再者,竞价排名服务提供商既没有直接实施不正当竞争行为,也没有进行不正当竞争的主观过错。是故,竞价排名服务提供商的行为不能独立构成不正当竞争。

不难看出,竞价排名服务提供商作为平台性质的经营者,在其没有主动性行为的关键词隐性使用案件中,很难独立承担责任。对其责任的认定,应该借助关键词设置方,判断两者是否构成共同侵权或者不正当竞争。

在共同侵权的模式下,首先从商标侵权的方向进行分析。竞价排名服务提供商成立共同侵权的前提是关键词设置方成立商标侵权。关键词的隐性使用行为可能涉及商标的识别功能以及在识别功能基础上产生的广告宣传功能。关于识别功能,付费搜索结果和自然搜索结果相区别,下方会标示出"推广"或"广告"字样。根据一般网络用户对搜索服务的认知水平,应当能够认识到付费搜索结果并未直接与搜索词之间具有指示商品来源的关系。推广链接是否会造成相关公众的混淆取决于该链接的具体宣传方式。与自然搜索结果进行区分的关键词隐性使用行为不会导致相关公众对服务来源的混淆,未损害涉案商标的识别功能。此外,网络用户以关键词进行搜索的目的,既可能是查找关键词直接指向的商品或服务,也可能是查找与关键词相似的商品或服务,以进行充分的比较、选择。网络用户具有一定的识别、区别相似商品或服务的能力。关键词设置方反而给网络用户提供了更多选择。关于在识别功能基础上产生的广告宣传功能,付费搜索结果的排序与搜索引擎自身的算法规则、网站本身的权威度、网站内容的建设、维护、更新及推广选择、点击率、相关性、网页标题、关键字、描述、主页内容、点击价格等因素相关,而自然搜索结果的排序则是根据结果与网络用户输入的搜索词的相关性决定的。当网络用户使用某商标作为搜索词进行搜索时,无论商标权人是否设置了推广链接,商标权人的链接和相关信息都会因其相关度高而出现在自然搜索结果的列表中,保证其链接和网站能够被网络用户获得。因此,关键词的隐性使用行为未损害商标的广告宣传功能。综上,关键词的隐性使用行为不属于对他人商标的商标性使用,亦未对他人商标的功能产生损害,其行为不构成商标侵权。

在关键词设置方不构成商标侵权的情况下,竞价排名服务提供商不成立共同侵权自不待言，其无须承担相关责任。当然，由于个案差异在少数情况下也许法院会作出关键词设置方构成商标侵权的判定，在此情形下，分析竞价排名服务提供商是否构成共同侵权的核心要素是对其注意义务或审核义务的认定，这里涉及民法中侵权行为以及商标法中帮助侵权的相关理论，本章暂不论述。

从不正当竞争的方向进行分析时，并没有像商标侵权方向那样清晰的行为划分和理论依据。虽然在关键词隐性使用的案件中，竞价排名服务提供商的行为很容易被看作具有帮助性、附属性的辅助行为，但无论是法律规范还是理论研究中都没有对不正当竞争的帮助行为的清晰表述。一方面可能是因为这种类型的行为在实践中出现得不多，有关的案件较少，没有需求便没有相关的研究；另一方面，可能并没有设立不正当竞争帮助行为这一行为类型的必要。通过适用具体不正当竞争行为条款、不正当竞争一般条款、部门规章等便可以解决有关问题，依据这些现有的法律规范和理论基础即可以定性竞价排名服务提供商的行为。

这里首先需要明确的一个问题是适用反不正当竞争法的前提。上文提到当单独分析竞价排名服务提供商的行为时，由于其与商标权人不具有竞争关系，所以不构成不正当竞争。但是当将竞价排名服务提供商和关键词设置方的行为结合起来看时，其行为构成一个有机整体，如果关键词设置方和商标权人具有竞争关系，那么竞价排名服务商由于与关键词设置方具有利益关系而附随性地具有了竞争者地位。关键词设置方和商标权人具有竞争关系，而关键词设置方和竞价排名服务提供商具有合同利益关系，两者利益相关联，当关键词设置方利用竞价排名服务提供商提供的推广服务与商标权人进行竞争时，从广义上看，竞价排名服务提供商也在与商标权人进行竞争，具有利益关系上的对立性。因此，当将竞价排名服务提供商和关键词设置方的行为结合起来看待时，其满足具有竞争关系这一适用反不正当竞争法的前提，具有构成不正当竞争的可能性。

具体而言，依据前文对于百度公司是否应当承担责任这一问题的论述，虽然竞价排名服务提供商和关键词设置方的行为需要结合才发生效果，但是一方成立不正当竞争，不以另一方同样成立为前提，即一方成立不正当竞争与否，与另一方无关。由于竞价排名服务提供商的行为不属于《反不正当竞争法》第二章列举的具体不正当竞争行为，所以只能用《反不正当竞争法》第 2 条来规制。由于反不正当竞争法保护的法益具有广泛性，可以认为，只要实施了一定行为，并可能损害竞争,即成立不正当竞争。因此,在本案中对竞价排名服务提供商行为的判断,就要分析其是否违反了诚实信用原则和公认的商业道德,损害了竞争秩序和社会公共利益。《反不正当竞争法》第2条前两款规定:“经营者在生产经营活动中,应当遵循自愿、平等、公平、诚信的原则,遵守法律和商业道德。本法所称的不正当竞争行为,是指经营者在生产经营活动中,违反本法规定,扰乱市场竞争秩序,损害其他经营者或者消费者的合法权益的行为。”通过分析竞争行为是否违反诚实信用原则的商业道德,进而认定其是否构成不正当竞争的审判逻辑,符合我国的法律传统及司法实践。但是此种分析方式具有一定的主观随意性,特别是在法院通过各类行业公约提炼市场竞争规则时,稍有不慎就可能会出现司法确认的竞争规则违反实际的市场竞争规律或者市场竞争原则的情况。适用一般条款应该采用利益衡量的方式,不能单一考虑商业道德或诚实信用原则,也要从客观行为角度入手,分析此类行为对竞争所造成的客观损害,进而认定其是否构成不正当竞争。

竞价排名服务提供商只提供推广服务,没有直接实施设置关键词的行为。一般而言,竞价排名服务提供商会与关键词设置方签订推广服务合同,在合同中会约定并提醒推广用户不得侵犯他人的合法权利。作为网络搜索技术服务提供者,除对明显违反国家法律法规的内容应予主动排除外,一般情况下,对于用户所选择使用的关键词并不负有全面、主动、事先审查的义务。由于网络用户众多,面对海量的信息,不可能进行人工审查,对关键词的审查只能进行计算机筛选,而注册商标众多,涉案商标在不同商品及服务上注册,竞价排名服务提供商亦不可能预先将涉案商标在计算机内设置。在竞价排名服务提供商对关键词设置方利用他人商标设置关键词的行为不知情的情况下,其既无实施不正当竞争行为的主观过错,亦无制止具体不正当竞争行为的可能。尽管关键词的隐性使用行为可能导致网络用户点击进入以自然搜索规律不会出现的推广链接,但用户仍会从价格、质量等多方面选择商品或服务,单纯因关键词的隐性使用而直接导致网络用户改变初始交易对象的可能性微乎其微。正如在火爆的火锅店旁边开立同类型的火锅店,在知名品牌卫生纸的货架旁边摆放小品牌卫生纸,这种“搭便车”的行为,完全没有达到会损害商标权人利益的程度,也并未违反诚实信用原则和公认的商业道德。关键词的隐性使用行为,其虽然是对权利人商业机会的争夺,但对商标权人和网络用户并无实质影响,也不会影响竞争秩序,仅提供推广服务的百度公司不应当构成不正当竞争。

综上所述,在将他人商标设置为关键词的相关案件中的正常论证思路应该是,首先分析判断关键词设置方是否构成商标侵权,对竞价排名服务提供商的行为认定采用共同侵权的分析路径;其次再从不正当竞争的角度,将两方结合而成的行为拆分开来,从主观和客观的角度分别进行分析;最后综合考虑行为对竞争秩序以及社会公共利益的影响。审判法院不宜简单地将关键词设置方的侵权和不正当竞争行为与百度的侵权和不正当竞争行为混为一谈,变成“大锅炖”,这样在逻辑上和法律适用上都不够明晰。

竞争行为是否正当的价值判断从根本上看是一种利益选择,是对各种利益的综合排序与权衡。反不正当竞争法不同于知识产权法,也并非民事特别法,作为保护竞争的法律,维护自由、有序、高效的竞争是其立法意旨。对经营者利益的维护应着重保障其竞争参与权,以是否能够促进竞争来衡量竞争者之间的利益得失。正如最高人民法院的司法政策指出的:“正确把握诚实信用原则和公认的商业道德评判标准,以特定商业领域普遍认同和接受的经济人伦理为尺度,避免把诚实信用原则和公认的商业道德简单等同于个人道德或者社会公德。”①对竞争公平的理解应超越狭隘的道德观,从消费者、权利人、竞争者利益的综合平衡上来定义竞争行为的公平性。

(六)关键要点总结

1. 关键词的隐性使用行为是否构成不正当竞争在司法实践中存在争议。

2. 从法理分析的角度,对于关键词的隐性使用行为,其性质判断应当综合考虑消费者、权利人、竞争者利益等方面。

3. 如果关键词的隐性使用行为构成不正当竞争,对于竞价排名服务提供商的责任认定,要判断其是否违反了诚实信用原则。

(七)附录

参考文献

1. 刘继峰:《论商标侵权行为与商标不正当竞争行为的“交错”》,载《湖北大

① 《最高人民法院关于充分发挥知识产权审判职能作用推动社会主义文化大发展大繁荣和促进经济自主协调发展若干问题的意见》,载中华人民共和国最高人民法院网,http://www.court.gov.cn/,最后访问日期:2019年8月20日。

学学报》(哲学社会科学版)2009 年第 4 期。

2. 谢晓尧:《一般条款的裁判思维与方法——以广告过滤行为的正当性判断为例》,载《知识产权》2018 年第 4 期。

3. 周樨平:《商业标识保护中“搭便车”理论的运用——从关键词不正当竞争案件切入》,载《法学》2017 年第 5 期。

4. 邵建东:《我国反不正当竞争法中的一般条款及其在司法实践中的适用》,载《南京大学法律评论》2003 年第 1 期。

参考法条

1.《中华人民共和国反不正当竞争法》(1993 年)

第二条　经营者在市场交易中,应当遵循自愿、平等、公平、诚实信用的原则,遵守公认的商业道德。

本法所称的不正当竞争,是指经营者违反本法规定,损害其他经营者的合法权益,扰乱社会经济秩序的行为。

本法所称的经营者,是指从事商品经营或者营利性服务(以下所称商品包括服务)的法人、其他经济组织和个人。

2.《中华人民共和国反不正当竞争法》(2019 年)

第二条　经营者在生产经营活动中,应当遵循自愿、平等、公平、诚信的原则,遵守法律和商业道德。

本法所称的不正当竞争行为,是指经营者在生产经营活动中,违反本法规定,扰乱市场竞争秩序,损害其他经营者或者消费者的合法权益的行为。

本法所称的经营者,是指从事商品生产、经营或者提供服务(以下所称商品包括服务)的自然人、法人和非法人组织。

3.《中华人民共和国商标法》(2019 年)

第五十七条　有下列行为之一的,均属侵犯注册商标专用权:

(一)未经商标注册人的许可,在同一种商品上使用与其注册商标相同的商标的;

(二)未经商标注册人的许可,在同一种商品上使用与其注册商标近似的商标,或者在类似商品上使用与其注册商标相同或者近似的商标,容易导致混淆的;

(三)销售侵犯注册商标专用权的商品的;

（四）伪造、擅自制造他人注册商标标识或者销售伪造、擅自制造的注册商标标识的；

（五）未经商标注册人同意，更换其注册商标并将该更换商标的商品又投入市场的；

（六）故意为侵犯他人商标专用权行为提供便利条件，帮助他人实施侵犯商标专用权行为的；

（七）给他人的注册商标专用权造成其他损害的。

第五十八条　将他人注册商标、未注册的驰名商标作为企业名称中的字号使用，误导公众，构成不正当竞争行为的，依照《中华人民共和国反不正当竞争法》处理。

4.《中华人民共和国侵权责任法》(2009 年)

第六条　行为人因过错侵害他人民事权益，应当承担侵权责任。

根据法律规定推定行为人有过错，行为人不能证明自己没有过错的，应当承担侵权责任。

第八条　二人以上共同实施侵权行为，造成他人损害的，应当承担连带责任。

第九条　教唆、帮助他人实施侵权行为的，应当与行为人承担连带责任。

教唆、帮助无民事行为能力人、限制民事行为能力人实施侵权行为的，应当承担侵权责任；该无民事行为能力人、限制民事行为能力人的监护人未尽到监护责任的，应当承担相应的责任。

第七章　数据不正当竞争行为的法律规制

——淘宝诉美景大数据产品不正当竞争案①

一、案例正文

（一）摘要与关键词

摘　要：在数字经济崛起的背景之下，互联网数据产业迅猛发展，数据越发成为企业参与市场竞争的重要资产。与此同时，在数据利用中也产生了大量的不正当竞争行为。本章从淘宝诉美景大数据不正当竞争案入手，对法院的裁判过程和思路进行梳理，并对数据利用不正当竞争案所涉及的法律问题，如对数据性质的判断、数据权属的界定以及竞争关系的认定等进行归纳与分析。

关键词：个人信息；数据；数据产品；竞争性财产权益

（二）背景介绍

1. 淘宝公司与美景公司经营情况

本案原告淘宝（中国）软件有限公司系阿里巴巴旗下关联公司，以淘宝、天猫的后台数据为依托，开发“生意参谋”零售电商数据产品，为网店运营商提供数据化参考服务。

本案被告安徽美景信息科技有限公司为独立的软件开发公司，其主要经营范围包括计算机软硬件与系统集成；信息与技术服务；安防监控与自动化工程；通信系统研发、技术转让与服务等。

---

① 案例来源：杭州铁路运输法院（2017）浙 8601 民初 4034 号民事判决书、杭州市中级人民法院（2018）浙 01 民终 7312 号民事判决书。

2. 淘宝与美景涉案产品简介

"生意参谋"系淘宝公司开发的大数据产品，是在收集网络用户浏览、搜索、收藏、交易等行为痕迹所产生的巨量原始数据基础上，以特定的算法深度分析过滤、提炼整合，然后经匿名化脱敏处理后形成的预测型、指数型、统计型等衍生数据。数据呈现方式为趋势图、排行榜、占比图等。这些大数据的主要功能是为淘宝、天猫商家的网店运营提供系统的数据化参考服务，帮助商家提高经营水平。商家如果有需要可以登录"生意参谋"平台进行购买。

美景公司运营"咕咕互助平台"及"咕咕生意参谋众筹"网站，以提供远程登录"生意参谋"数据平台的技术服务来招揽客户，帮助客户获取信息数据，并从中获利。客户只要购买美景公司的数据产品，美景公司就可以通过技术手段远程登录淘宝用户在"生意参谋"平台上的子账户，从而获取与淘宝客户相同的大数据信息，而价格则仅仅只是淘宝公司收取的一半。

（三）基本案情

1. 案情简介

淘宝公司为阿里平台提供软件技术服务，属于阿里巴巴集团控股有限公司旗下的关联公司，系淘宝网服务共同提供者。淘宝公司系阿里巴巴卖家端"生意参谋"零售电商数据产品（以下简称"生意参谋"数据产品）的开发者和运营者。根据淘宝网对"生意参谋"数据产品的推介及淘宝网上"生意参谋"数据产品运行状况的相关页面显示，"生意参谋"数据产品分为市场行情标准版与市场行情专业版等基本版本，其中市场行情标准版与市场行情专业版又分为众多不同商品类目的分支版本。市场行情标准版，具有"行业大盘""商品店铺榜""搜索词分析"三大板块。"行业大盘"主要提供各类商品多种参数的大盘趋势图及子类目商品交易指数排行数据；"商品店铺榜"主要提供行业、产品、属性、品牌粒度下的热销商品榜、热销店铺榜、流量商品榜、流量店铺榜等流量指数、交易指数与搜索人气的排行数据；"搜索词分析"主要提供各类商品关键词的搜索人气与点击率排行数据及趋势图。市场行情专业版，具有"行业直播""行业大盘""商品店铺榜""搜索词分析""买家人群画像""卖家人群画像""搜索人群画像"七大板块。"行业直播"主要提供用户自己经营的店铺的交易金额与订单数的趋势图以及在同业店铺排行榜中的排行位序数据；"行业大盘"在市场行情标准版"行业大盘"的基础上增加了各类商品不同品牌的交易数、流量数、搜索人气排行数据;“商品店铺榜”及“搜索词分析”与市场行情标准版对应的板块功能基本相同;“买家人群画像”主要提供各类商品买家的性别、年龄、职业、区域分布、消费水平及会员等级的占比数等数据;“卖家人群画像”主要提供各类商品的卖家数、卖家星级、占比数等数据;“搜索人群画像”提供搜索某类商品人群的性别、年龄、职业、支付习惯的占比数等数据。由此可见,该产品是在收集用户在淘宝、天猫上的行为痕迹数据的基础上,以特定的算法深度分析、提炼整合并经过匿名化脱敏形成的预测型、指数型、统计型等衍生数据,其呈现方式是趋势图、排行榜、占比图等,其功能是为淘宝、天猫商家提供数据化参考服务。

被告美景公司运营“咕咕互助平台”及“咕咕生意参谋众筹”网站,已经订购淘宝“生意参谋”的用户可以通过咕咕互助平台分享、共用其子账户。通过分享、共用子账户,已订购“生意参谋”的用户可以获得佣金。美景公司还为远程登录提供技术支持,而美景公司自然也从“生意参谋”的有偿共享过程中获得分成。

淘宝公司认为,涉案数据产品中的原始数据与衍生数据均系其无形财产,被诉行为已实质性替代了涉案数据产品,构成不正当竞争行为,遂请求判令被告停止被诉行为并赔偿500万元。美景公司认为,涉案数据产品私自抓取、公开使用用户信息,侵犯了用户隐私权以及用户对于用户信息所享有的财产权,具有违法性。

2. 一审法院观点

(1)淘宝公司收集并使用网络用户信息的行为具有正当性

一审法院认为,从规则公开方面来看,淘宝公司已向淘宝用户公开了涉及个人信息、非个人信息收集规定的《法律声明及隐私权政策》;从取得用户同意方面来看,淘宝公司在其用户注册账号时通过服务协议、法律声明及隐私权政策的形式取得了授权许可;从行为的合法正当性来看,淘宝公司经授权后收集使用的原始数据均来自淘宝用户的主动提供或平台自动获取的活动痕迹,不存在非法渠道获取信息的行为;从行为必要性来看,淘宝公司收集、使用原始数据的目的在于通过大数据分析为用户的经营活动提供参谋服务,其使用数据信息的目的、方式和范围均符合相关法律规定。因此,一审法院认为,淘宝公司收集、使用网络用户信息以及“生意参谋”数据产品公开使用网络用户信息的行为符合法律规定，具有正当性。美景公司主张淘宝公司未经淘宝商户及淘宝软件用户同意，私自抓取用户相关信息，侵犯了用户个人隐私以及商户商业秘密，具有违法性，但其并未提交有效证据予以证明，故对美景公司的该抗辩意见，一审法院不予采纳。

(2)淘宝公司对于“生意参谋”数据产品享有竞争性财产权益

一审法院认为：其一，网络运营者与网络用户之间系服务合同关系。网络用户向网络运营者提供用户信息的真实目的是获取相关网络服务。网络用户信息作为单一信息加以使用，通常情况下并不当然具有直接的经济价值，在无法律规定或合同特别约定的情况下，网络用户对于其提供于网络运营者的单个用户信息尚无独立的财产权或财产性权益可言。其二，鉴于原始网络数据，只是对网络用户信息进行了数字化记录的转换，网络运营者虽然在此转换过程中付出了一定劳动，但原始网络数据的内容仍未脱离原网络用户信息范围，故网络运营者对于原始网络数据仍应受制于网络用户对于其所提供的用户信息的控制，而不能享有独立的权利，网络运营者只能依其与网络用户的约定享有对原始网络数据的使用权。其三，网络大数据产品不同于原始网络数据，其提供的数据内容虽然同样源于网络用户信息，但经过网络运营者大量的智力劳动成果投入，经过深度开发与系统整合，最终呈现给消费者的数据内容，已独立于网络用户信息、原始网络数据之外，是与网络用户信息、原始网络数据无直接对应关系的衍生数据。网络运营者对于其开发的大数据产品，应当享有自己独立的财产性权益。随着互联网科技的迅猛发展，网络大数据产品虽然表现为无形资源，但可以为运营者所实际控制和使用，网络大数据产品应用于市场能为网络运营者带来相应的经济利益。随着网络大数据产品市场价值的日益凸显，网络大数据产品自身已成为市场交易的对象，已实质性具备了商品的交换价值。对于网络运营者而言，网络大数据产品已成为其拥有的一项重要的财产权益。另外，网络数据产品的开发与市场应用已成为当前互联网行业的主要商业模式，是网络运营者市场竞争优势的重要来源与核心竞争力所在。本案中，“生意参谋”数据产品中的数据内容系淘宝公司付出了人力、物力、财力，经过长期经营积累而形成，具有显著的即时性、实用性，能够为商户店铺运营提供系统的大数据分析服务，帮助商户提高经营水平，进而改善广大消费者的福祉，同时也为淘宝公司带来了可观的商业利益与市场竞争优势。“生意参谋”数据产品系淘宝公司的劳动成果，其所带来的权益,应当归淘宝公司所享有。

(3)被诉行为构成不正当竞争

一审法院认为,美景公司的被诉行为违反了诚信原则和公认的商业道德,这种不劳而获的"搭便车"行为损害了同行业竞争者淘宝公司的合法利益,具有明显的不正当性,已构成不正当竞争。

综上所述,一审法院依照《反不正当竞争法》第 2 条、第 17 条,《网络安全法》第 22 条第 3 款、第 41 条、第 42 条、第 76 条,《最高人民法院关于审理不正当竞争民事案件应用法律若干问题的解释》第 17 条,《民事诉讼法》第 64 条第 1 款之规定,判决:一、美景公司于判决生效之日起立即停止涉案不正当竞争行为,即立即停止以不正当的方式获取、使用(包括提供他人使用)、泄露市场行情标准版和市场行情专业版"生意参谋"数据产品中的数据内容以及涉案网站上的相关宣传行为等;二、美景公司赔偿淘宝公司经济损失及为制止不正当竞争行为所支付的合理费用共计 200 万元,于判决生效之日起十日内履行完毕;三、驳回淘宝公司的其他诉讼请求。

3. 二审法院观点

二审法院认为,美景公司在经营活动中有违诚信原则和商业道德,引诱淘宝公司"生意参谋"用户违约分享账户,由此不正当获取淘宝公司投入大量人力、物力获取研发的大数据后分销牟利,其行为扰乱了市场竞争秩序,对淘宝公司合法权益造成了损害,构成不正当竞争。

关于赔偿数额,一审法院在淘宝公司被侵权损失和美景公司侵权获利无法查明的情况下,综合考虑"生意参谋"数据产品数据内容的开发与维护成本较高、市场价值和收益较高、美景公司经营的"咕咕互助"平台用户数量及相关收费标准、淘宝公司不同版本用户占比、美景公司在本案诉讼后仍未停止不正当竞争行为侵权主观恶意明显、淘宝公司为本案支付的合理维权费用等情节,依据《最高人民法院关于审理不正当竞争民事案件应用法律若干问题的解释》第 17 条予以酌情判赔并无不当。

综上所述,一审判决认定事实清楚,适用法律正确,应予维持。二审法院遂驳回上诉,维持原判。

二、案例使用说明

（一）目标与方向

引导思考在大数据产品不正当竞争案例中数据属性与权益归属等问题，明确大数据不正当竞争行为的认定标准。

（二）涉及知识点

1. 个人信息、数据、数据产品的界分。
2. 竞争性财产权益。
3. 不正当竞争行为的认定。

（三）法律问题

1. 淘宝公司收集并使用网络用户信息的行为是否正当？
2. 淘宝公司对于“生意参谋”数据产品是否享有法定权益？
3. 被诉行为是否构成不正当竞争？

（四）参考结论

1. “生意参谋”数据产品所涉网络用户信息主要表现为网络用户浏览、搜索、收藏、加购、交易等行为痕迹信息以及由行为痕迹信息推测所得出的行为人的性别、职业、所在区域、个人偏好等标签信息。这些行为痕迹信息与标签信息并不具备能够单独或者与其他信息结合识别自然人个人身份的可能性，故其不属于网络安全法中的网络用户个人信息，而属于网络用户非个人信息。对于非个人信息的保护，依《网络安全法》第22条的规定，应执行“明示具有收集信息功能+用户同意”的标准。但对于已在某网站上留有身份信息的会员用户而言，其在该网站上的行为痕迹信息与其身份信息发生对应联系的风险很大，一旦同时暴露，将危及个人隐私。因网络运营者与用户之间存在服务合同关系，网络运营者对于保护用户合理关切的个人隐私负有高度关注的合同义务。故网络运营者收集、使用未留有身份信息的非会员用户所提供的行为痕迹信息，仅受《网络安全法》第22条关于非个人信息保护规定的控制；而网络运营者收集、使用会员用户所提供的行为痕迹信息，除用户已公开披露的信息之外，应比照《网络安全法》第41条、第42条关于个人信息保护所规定的“限于必要范围+明示收集、

使用信息规则 + 用户同意”规则予以严格规制。

从规则公开方面来看，淘宝公司已向淘宝用户公开了涉及个人信息、非个人信息收集规定的《法律声明及隐私权政策》；从取得用户同意方面来看，淘宝公司在其用户注册账号时通过服务协议、法律声明及隐私权政策的形式取得了授权许可；从行为的合法正当性来看，淘宝公司经授权后收集使用的原始数据均来自淘宝用户的主动提供或平台自动获取的活动痕迹，不存在非法渠道获取信息的行为；从行为必要性来看，淘宝公司收集、使用原始数据的目的在于通过大数据分析为用户的经营活动提供参谋服务，其使用数据信息的目的、方式和范围均符合相关法律规定。因此，一审法院认为，淘宝公司收集、使用网络用户信息以及“生意参谋”数据产品公开使用网络用户信息的行为符合法律规定，具有正当性。

2. 首先，本案所涉用户信息系用户的网上行为痕迹信息，网络用户信息作为单一信息加以使用，通常情况下并不当然具有直接的经济价值。因此，在无法律规定或合同特别约定的情况下，用户对于其提供的单一用户信息尚无财产权可言。其次，鉴于原始数据只是对用户信息作了数字化记录转换，这些未经深度加工的原始数据的内容并未脱离原用户信息范围，网络运营者只能依其与用户的约定享有对原始数据的使用权。最后，网络大数据产品不同于原始网络数据，其提供的数据内容虽然同样源于网络用户信息，但经过网络运营者大量的智力劳动成果投入，经过深度开发与系统整合，最终呈现给消费者的数据内容，已独立于网络用户信息、原始网络数据之外，是与网络用户信息、原始网络数据无直接对应关系的衍生数据。网络运营者对于其开发的大数据产品，应当享有自己独立的财产性权益。另外，网络数据产品的开发与市场应用已成为当前互联网行业的主要商业模式，是网络运营者市场竞争优势的重要来源与核心竞争力所在。本案中，“生意参谋”数据产品中的数据内容系淘宝公司付出了人力、物力、财力，经过长期经营积累而形成，具有显著的即时性、实用性，能够为商户店铺运营提供系统的大数据分析服务，帮助商户提高经营水平，进而改善广大消费者的福祉，同时也为淘宝公司带来了可观的商业利益与市场竞争优势。“生意参谋”数据产品系淘宝公司的劳动成果，其所带来的权益，应当归淘宝公司所享有。

3. 数据产品能为开发者带来商业利益与市场竞争优势，数据产品开发者对于数据产品所享有的财产权益为竞争性财产权益。美景公司未经许可，将涉案数据产品作为获取商业利益的工具，有悖公认的商业道德，已构成不正当竞争行为。

（五）法理分析

1. 淘宝公司收集、使用网络用户信息的行为是否正当？

由法院查明事实可知，淘宝公司“生意参谋”数据产品是其在收集网络用户浏览、搜索、收藏、加购、交易等行为痕迹所产生的原始数据基础之上，经过分析处理、整合加工而形成的，处理后的数据区别于原始数据独立存在。同时，淘宝公司对淘宝商户以及淘宝软件用户相关信息的抓取属于对数据的收集，而“生意参谋”对相关数据的分析处理、整合加工属于对数据的使用，两者显然有别。因此，下文分析部分是在对用户个人信息、原始数据与衍生数据，原始数据的收集以及使用作合理划分的前提下进行。

（1）淘宝收集用户信息具有正当性

大数据时代，万千信息在网络环境中流转，数据越发成为企业竞争中的核心资产，亦是经济增长和社会价值创造的源泉。信息是数据的内容，数据是信息的表现形式。网络生活中，用户在获取互联网企业的相应服务时往往被要求同意对个人信息的获取和利用，以授权换取使用的模式成为互联网产品运行的常态。然而用户信息的不当收集、滥用和泄露，亦会造成信息自主权的丧失、用户隐私遭受侵犯等问题。因此，开发、利用个人信息不仅需要遵守诚信原则和商业道德，更需要依法而为。

具体到本案，“生意参谋”数据产品的数据内容虽然源于淘宝公司所收集的原始数据，但这些原始数据只是网络用户浏览、搜索、收藏、加购、交易等行为痕迹信息外化为数字、符号、文字、图像等方式的表现形式。原始数据所具有的实用价值在于其所包含的网络用户信息内容，而不在于其形式。因网络用户对于其用户信息依法享有获得安全保护的权利，故本案中，“生意参谋”数据产品形成过程中淘宝公司的行为是否正当，主要应考量其收集网络用户信息是否符合相关法律规定，是否存在侵害网络用户信息安全的行为。

①涉案网络用户信息性质的认定

网络运营者收集使用网络用户信息，应根据信息的不同类型，分别承担相应的安全保护义务。对网络运营者收集并使用的原始数据性质的认定是判断其应承担义务的前提。

依据信息有无主体指向性,可以将信息划分为个人信息与非个人信息。《网络安全法》第 76 条规定,个人信息是指以电子或者其他方式记录的能够单独或者与其他信息结合识别自然人个人身份的各种信息,包括但不限于自然人的姓名、出生日期、身份证件号码、个人生物识别信息、住址、电话号码等。与此相反,无识别性的数据资源,如社会资金流向、相关关键词的搜索热度等即为非个人信息。

个人信息与非个人信息最大的区别即在于有无"识别性",个人数据的"识别性"也构成了国际公认的个人信息的一般特征。2018 年 5 月 1 日正式实施的《信息安全技术　个人信息安全规范》将"识别"与"关联"作为个人信息的两大评判标准。判定某项信息是否属于个人信息,应考虑以下两条路径:一是识别,即从信息到个人,由信息本身的特殊性识别出特定自然人。二是关联,即从个人到信息,如已知特定自然人,则由该特定自然人在其活动中产生的信息即为个人信息。符合以上两种情形之一的信息,均应判定为个人信息。

本案中"生意参谋"数据产品的数据内容源于淘宝公司所收集的原始数据,主要表现为网络用户浏览、搜索、收藏、加购、交易等行为痕迹信息。一般来说,这类行为痕迹信息本身不具备能够单独或者与其他信息结合识别自然人身份的可能性,因此未达到个人信息判断的"识别"标准。一审法院因此认为"生意参谋"数据产品所涉用户信息不属于网络安全法中的网络用户个人信息,而属于网络用户非个人信息。但是这一判断显然忽视了个人信息判定的第 2 条标准——"关联"。《信息安全技术　个人信息安全规范》将通过日志储存的用户操作记录,包括网络浏览记录、软件使用记录、点击记录等明确列为个人信息。该类行为痕迹信息系淘宝用户在其活动中产生,尤其是在网络用户实名制的大背景下,符合个人信息判断的第 2 条"关联"标准。根据符合其一即满足的判定原则,淘宝网收集的网络用户信息当属个人信息。

②网络运营者责任

网络运营者收集、使用网络用户信息,应根据信息的不同类型,分别承担相应的信息安全保护义务,因此,对于相关信息的定性自然也会影响网络运营者的责任。

在原判决中,一审法院虽然将淘宝公司收集的用户信息定性为非个人信息,但是却认为网络运营者应对此类信息承担更为严格的责任。显然,法院也认识到仅仅根据非个人信息的标准对此类信息加以保护委实捉襟见肘。法院认为，网络运营者不仅对于网络用户信息负有安全保护的法定义务，同时，因网络运营者与网络用户之间存在服务合同关系，基于“公平、诚信”的契约精神原则要求，网络运营者对于保护网络用户合理关切的个人隐私和商户经营秘密负有高度关注的义务。网络用户行为痕迹信息不同于其他非个人信息，这些行为痕迹信息包含有涉及用户个人偏好或商户经营秘密等敏感信息。因部分网络用户在网络上留有个人身份信息，其敏感信息容易与特定主体发生对应联系，会暴露其个人隐私或经营秘密。因此，对于网络运营者收集、使用网络用户行为痕迹信息，除未留有个人信息的网络用户所提供的以及网络用户已自行公开披露的信息之外，应比照《网络安全法》第 41 条、第 42 条关于网络用户个人信息保护的相应规定予以规制。

当然，这样的保护路径虽然在结果上殊途同归，却有舍近求远之嫌。在将上述信息认定为个人信息的前提下，适用《网络安全法》第 41 条、第 42 条则水到渠成。

根据《网络安全法》第 22 条第 3 款的规定，网络产品、服务具有收集用户信息功能的，应执行“明示具有收集信息功能 + 用户同意”的标准。对于个人信息，则需要通过《网络安全法》第 41 条以及第 42 条“限定必要范围 + 明示收集、使用信息规则 + 用户同意”规则予以更严格的规制。

《网络安全法》第 41 条规定：“网络运营者收集、使用个人信息，应当遵循合法、正当、必要的原则，公开收集、使用规则，明示收集、使用信息的目的、方式和范围并经被收集者同意。网络运营者不得收集与其提供的服务无关的个人信息，不得违反法律、行政法规的规定和双方的约定收集、使用个人信息，并应当依照法律、行政法规的规定和用户的约定，处理其保存的个人信息。”本案中，淘宝公司作为淘宝网的服务提供者，在网络上已公示了《淘宝平台服务协议》与淘宝隐私权政策，淘宝隐私权政策明确宣示了收集、使用用户信息的目的、方式、范围，其收集、使用各类网络用户信息与所提供的服务能相互对应，符合“必要与最少限度”的要求。同时淘宝隐私权政策提示会根据用户浏览及搜索记录、设备信息、位置信息、订单信息，提取浏览、搜索偏好、行为习惯等特征，基于特征标签进行间接人群画像并展示，且明确告知用户如果拒绝提供相关信息，可能无法使用相应的服务，或者无法展示相关信息，但不影响使用淘宝网浏览、搜索、交易等基本服务，提示了用户的选择权。此外，淘宝公司在淘宝隐私权政策中有以下承诺："如果我们将非个人信息与其他信息结合用于识别特定自然人身份，或者将其与个人信息结合使用，则在结合使用期间，这类非个人信息将被视为个人信息，除取得您授权或法律法规另有规定外，我们会将该类个人信息做匿名化、去标识化处理"。由此可见，淘宝隐私权政策所宣示的用户信息收集、使用规则在形式上符合"合法、正当、必要"的原则要求。

(2)淘宝使用用户信息具有正当性

网络用户向网络运营者提供信息是基于对该网络运营者信息安全保护能力的信赖，如果网络运营者公开使用或许可他人使用网络用户信息，用户信息必然脱离于网络用户的控制，网络用户信息安全将面临新的不可预测的风险，超出了网络用户对信息安全保护的原有预期。《网络安全法》第 42 条第 1 款规定："网络运营者不得泄露、篡改、毁损其收集的个人信息；未经被收集者同意，不得向他人提供个人信息。但是，经过处理无法识别特定个人且不能复原的除外。"因网络运营者对于网络用户信息的安全负有法定保护义务和审慎注意义务，网络运营者公开使用或许可他人使用其收集的网络用户个人信息，应事先另行取得被收集者的明示同意。

涉案"生意参谋"数据产品是在其收集网络用户浏览、搜索、收藏、加购、交易等行为痕迹所产生的原始数据基础上，经过分析处理、整合加工而形成的，处理后的数据独立于原始数据而存在。用户信息经过匿名化脱敏处理后已无法识别特定个人且不能复原，公开"生意参谋"数据产品数据内容，对网络用户信息提供者不会产生不利影响。另外，淘宝公司的淘宝隐私权政策已宣布："经去标识化处理的个人信息，且确保数据接收方无法复原并重新识别个人信息主体的，不属于个人信息的对外共享、转让及公开披露行为，对此类数据的保存及处理将无需另行向用户通知并征得用户的同意"。因而，淘宝公司公开使用经匿名化脱敏处理后的数据内容属于上述法律规定的除外情形，即无须另行征得网络用户的明示同意。

"生意参谋"数据产品中的部分用户信息源于天猫网用户，按照《网络安全法》第 42 条规定，使用其他网络运营者收集的用户信息，不仅应获得其他网络运营者的授权同意，还应获得该信息提供者的授权同意，即作为第三方的淘宝公司使用天猫网用户信息，受"用户授权网络运营者 + 网络运营者授权第三方 + 用户授权第三方”的三重授权许可使用规则限制。经审查,首先,天猫网隐私权政策除宣示了与淘宝网隐私权政策基本相同的内容外,还明确为便于淘宝平台账户向用户提供会员服务,用户个人信息可能会与其关联公司(包括淘宝公司)共享;其次,天猫网商户及会员用户,统一使用淘宝网账户,在注册登记会员时均对《淘宝平台服务协议》及淘宝隐私权政策进行过同意确认。因此,可以认定淘宝公司使用天猫网用户提供的用户信息已获得了用户信息提供者的同意。

综上,从规则公开方面来看,淘宝公司已向淘宝用户公开了涉及个人信息、非个人信息收集规定的《法律声明及隐私权政策》;从取得用户同意方面来看,淘宝公司在其用户注册账号时通过服务协议、法律声明及隐私权政策的形式取得了授权许可;从行为的合法正当性来看,淘宝公司经授权后收集使用的原始数据均来自淘宝用户的主动提供或平台自动获取的活动痕迹,不存在非法渠道获取信息的行为;从行为必要性来看,淘宝公司收集、使用原始数据的目的在于通过大数据分析为用户的经营活动提供参谋服务,其使用数据信息的目的、方式和范围均符合相关法律规定。淘宝公司收集、使用网络用户信息以及“生意参谋”数据产品公开使用网络用户信息的行为符合法律规定,具有正当性。

2. 淘宝公司对于“生意参谋”数据产品是否享有法定权益

网络用户信息与原始网络数据是“生意参谋”数据产品赖以形成的基础,故淘宝公司对于“生意参谋”数据产品是否享有合法权益,享有何种法定权益,首先应当明确淘宝公司作为网络运营者与相关网络用户对于网络用户信息、原始网络数据、数据产品的权利边界。

目前,在各国的个人信息保护立法中,多数国家对信息(Information)与数据(Data)不加区别。如欧盟《通用数据保护条例》第 4 条规定,“个人数据”是指任何识别或可识别的自然人(数据主体)相关的信息;可识别的自然人是能够直接或间接识别的个体,特别是通过诸如姓名、ID 号、位置数据、网上标识,或者与该自然人的身体、生理、遗传、心理、经济、文化或社会身份有关的一个或多个因素。法国《数据处理、数据文件及个人自由法》第 2 条第 1 款规定,个人数据是指可以通过身份证号码、一项或多项个人特有因素被肢解或间接识别的自然人相关的任何信息。德国《联邦数据保护法》第 3 节规定,个人数据是指任何关于一个已识别的或者可识别的个人(数据主体)的私人或者具体状态的信息。

我国的民法总则与网络安全法则在立法技术上明确区分了个人信息与网络

数据的法律概念。根据《网络安全法》第 76 条规定,"网络数据"是指通过网络收集、存储、传输、处理和产生的各种电子数据,而"个人信息"则是指以电子或者其他方式记录的能够单独或者与其他信息结合识别自然人个人身份的各种信息,包括但不限于自然人的姓名、出生日期、身份证件号码、个人生物识别信息、住址、电话号码等。《民法总则》第 111 条与第 127 条分别对"个人信息"和"数据"加以保护,但是相应的立法表述并没有直接承认个人信息权与数据权的存在。代表民事权利最初权利束的城堡早已固若金汤,新型权利只能沿着人身权、财产权这两个方向向外拓展。

(1)个人信息的权利边界

①个人信息权属人格权范畴

个人信息权作为一种新型的民事权利,其权利属性存在"人格权说"与"财产权说"的分歧。不可否认,个人信息具有商业化利用的价值,尤其在大数据时代,个人信息的商业化利用有更大的想象空间。但是个人信息最主要的特征仍是其人格属性而非财产属性,其原因在于:

首先,个人信息与个人人格密不可分。个人信息具有指向性和识别性,作为自然人人格要素的符号化,体现了个人的人格特征,与自然人有着天然、强烈的相关性。有些个人信息直接指向具体个人,如个人身份证号、姓名等,而有些个人信息虽然不能直接表明个人身份,却能与其他信息结合后确定相应主体,如手机号码、家庭住址、通信地址等。任何个人信息都与具体个人相联系,在个人信息的背后往往是或清晰或朦胧的自然人的影子。

其次,个人信息虽然存在商品化利用的空间,但是这样的商品化利用应当受到一定限制。《民法总则》第 111 条间接肯定了个人信息取得权、个人信息使用权以及个人信息收益权。但是如果仅仅基于个人信息商业化利用的潜质而将个人信息作为纯粹的财产,不仅带来人身法与财产法混同的逻辑难题,而且可能令主体本身沦为像物一样被支配的地位。显然,承认个人信息的财产性利益并不等于认为个人信息权属于财产权。

再次,在许多情况下,某些机构或组织收集个人信息,完全不是出于财产利用的目的,而是基于公共利益或者其他的非财产考量。例如政府进行的人口普查,公安机关对犯罪嫌疑人的人脸、指纹、基因信息的收集,是基于社会秩序和公共利益的考虑。在这里,个人信息的商业价值隐去,难以将个人信息完全界定为一种财产。

最后，从体系解释上来看，《民法典》总则编将个人信息的保护规定于第111条，位于具体人格权之后。《民法典》在第四编人格权第六章规定了隐私权和个人信息保护。即便立法并未明确规定自然人享有个人信息权，但是立法者将个人信息置于人格权范畴进行保护的立法意图是清晰明了的。

②个人信息权区别于隐私权

个人信息作为"人"个体要素的符号化，其具有的私人属性使得个人信息与个人隐私有天然的紧密联系。从权利主体来看，两者的权利主体都仅限于自然人，而不包括法人和非法人组织。隐私权意在保护个人私生活的安宁与私密，个人信息则指以电子或者其他方式记录的能够单独或者与其他信息结合识别自然人个人身份的各种信息，两者都明确指向个人，法人与非法人组织被排除在外；从权利内容来看，两者都彰显了个人的人格尊严和人格自由。隐私权合理划分了私人生活与公共空间，保护了私人生活的自由、自主、自决，个人信息权保护个人信息免受非法获取、使用、流通，体现了权利主体对个人信息的自主决定；从权利客体来看，两者存在一定的重合，许多未曾公开的个人信息本身就可以列入隐私的范畴，如家庭住址、银行卡号等，这些个人信息在大多数情况下属于人们不愿意对外公开的信息，可以划归私人领域而为隐私权所囊括。

正是基于个人信息权与隐私权天然的关联性，各国在立法实践中并没有对个人信息与隐私作绝对的分割。但是个人信息与隐私之间的紧密联系并不代表两者浑然一体，将个人信息权完全置于隐私权之下的保护路径在大数据时代很可能力有不逮。因此，对个人信息权与隐私权作出界分，既是两者因概念属性不同而生之内在要求，又是顺应大数据时代发展的必然选择。

从权利属性来看，个人信息权与隐私权虽然同属于人格权范畴，但是两者的法律属性并不相同。隐私权主要是一种精神性的人格权，体现主体的人格利益，在隐私权保护的语境下，个人隐私通常不会进行商业上的开发利用，并不具备商业上利用的价值。而个人信息则集人格利益与财产利益于一体，个人信息在大数据时代的商业化利用有很大的空间，个人信息的财产性利益日益凸显。

从权利的实现角度来看，隐私权有消极性、防御性的特征，非遭受侵害无法主动行使。而个人信息权则兼具主动性，权利人对个人信息可以进行积极的利用，比如网络用户为获取互联网运营者提供的服务而授权运营方收集、使用个人信息,对具有财产价值的个人信息进行商业化的利用。

就权利的客体而言,两者有所交叉但又不完全重合。一方面,个人信息可能成为隐私权保护的对象,如一些权利人不愿意公开的个人信息完全可以归为隐私范畴;另一方面,个人信息又不能完全落入隐私的集合。个人信息具有识别性,但是隐私不以识别性为特征;个人信息既可能处于未公开的状态,亦可能经权利人许可而被收集、使用与公开,而隐私一经公开,其隐私属性就此消散。

综上所述,个人信息权不属于财产权却有商业利用价值,个人信息权应当属于人格权范畴,但是又与隐私权有别。

具体到本案,"生意参谋"数据产品所提供的数据内容系其在收集海量原始数据基础上,经过深度分析处理、整合加工而成,而淘宝公司收集的原始数据又直接来自网络用户的个人信息。网络运营者与网络用户之间系服务合同关系。网络用户向网络运营者提供用户信息的真实目的是为了获取相关网络服务。网络用户信息作为单一信息加以使用,通常情况下并不当然具有直接的经济价值,在无法律规定或合同特别约定的情况下,网络用户对于其提供于网络运营者的单个用户信息尚无独立的财产权可言。

(2)数据的法律属性与权属划分

数据之于当今社会,其意义不亚于石油之于工业时代,大数据蕴含巨大的经济、社会、科研价值和无限潜能,是经济增长和社会价值创造的源泉。随着数据的商业价值被不断发掘,数据竞争必然成为企业竞争的新领域。相较而言,数据立法却显迟滞,数据的法律属性以及权益归属存在很大争议。《民法典》第127条对数据的保护规定较为原则,只是将数据纳入法律保护的范围,至于数据的权利属性、权利的归属等内容,则予以留白,待其他法律加以详细规定。《网络安全法》第76条对网络数据的概念进行了界定,"网络数据"是指通过网络收集、存储、传输、处理和产生的各种电子数据。该定义同样未明确数据的法律属性。数据是一种权利还是权益?对数据的保护与对个人信息的保护应该如何协调?这些都是解决本案争议值得关注的问题。

因为数据在商业化利用中表现出了巨大的潜力,数据权利化的呼声不绝于耳。目前学术界对数据的权利化从不同角度提出了理论和制度安排,分别将数据纳入物权、知识产权、财产权的范畴加以规制,但是这些理论或多或少存在合理性、周延性上的瑕疵。

首先，数据有别于物权法上之“物”。作为物权客体的物，通说认为系指人的身体外，能够为人力所支配，并能满足人类社会生活需要的有体物和自然力。上述定义揭示了“物”具有有体性、可支配性、可利用性以及伦理性的特征。《物权法》第2条规定，本法所称物，包括不动产和动产。因此，我国物权法上之物属于有体物的范畴，无体物则被排除在外。数据作为一种在计算机及网络这种特定场域中存在的电磁记录，虽然依附于一定的物质媒介赖以存在，但是载体并不等同于数据。数据本身“无形”的特征使得数据不能落入物权法上“物”的集合。

其次，知识产权对数据的保护并不周延。数据作为一个笼统的概念，其内容却是性质各异、种类繁多。理论上，所有的信息都可以被数据化，一切现实中的信息都可以通过二进制编码转化为用0和1表示的电磁记录。不能否认一些数据经过分析处理、编排重构而具有了智力成果的特征，但是同样需要看到，一部分数据不过是现实信息在计算机或网络世界中的简单映射，这种数据并不具备创新性，也就难以称得上是“智力成果”。将所有数据不加区别而笼统地定义为知识产权与实际情况不符。

最后，将数据定性为无形财产同样有不可解决的难题。比如对于互联网运营者收集用户个人信息而形成的个人数据，由于数据本身不过是其承载信息的表现形式，此时，如果承认此种与个人信息有紧密关联的个人数据具有财产属性，允许个人数据像一般财产一样在市场上流通、交换、使用，那么个人信息的保护将沦为空谈。

因此，无视数据的差异性而对笼统的数据概念进行定性并无助于问题的解决，反而有将复杂问题简单化之嫌。退一步来说，即使暂且将数据作为一种值得法律保护的权益而非权利，对数据的划分也应成为判断数据权益归属的前提。

有学者主张将数据划分为基础数据与增值数据，两者对应不同的权属。基础数据作为最本源的数据，主要是指个人数据，即所有足以对主体构成识别的数据。用户作为个人数据的提供者拥有个人数据的所有权。增值数据则是指数据处理者对网络用户从事各种活动进行搜集整理等增值处理行为产生的各种数据，数据处理者享有经个人数据主体同意基于基础数据进行加工编辑分析而产生的增值数据所有权。这种划分方法注意到了数据之间的差异性，从新的视角构建起了一套数据权属规则，有一定的参考价值。亦有学者将数据权的概念进行解释，认为数据权包含个人数据权与数据财产权。个人数据权即自然人依法对其个人数据进行控制和支配并排除他人干涉的权利,属于人格权的范畴。数据财产权是权利人直接支配特定的数据财产并排除他人干涉的权利,属于财产权类型。这种定义为个人信息的保护以及数据的财产化利用提供了一种新的有益思路。

虽然关于数据的法律属性以及权益归属仍有不少争议,但是有一点可以确定,即任何无视数据复杂性和差异性而对数据作出单一界分的努力都是不切合实际的。目前民法总则在数据保护上作出了开窗式的立法授权规定,说明数据保护仍有巨大的研究空间,不可能通过简单的规定而一劳永逸地加以解决。

本案中,"生意参谋"数据产品所使用的原始网络数据,只是对网络用户信息进行了数字化记录的转换,网络运营者虽然在此转换过程中付出了一定劳动,但原始网络数据的内容仍未脱离原网络用户信息范围,故网络运营者对于原始网络数据仍应受制于网络用户对于其所提供的用户信息的控制,而不能享有独立的权利,网络运营者只能依其与网络用户的约定享有对原始网络数据的使用权。对于淘宝公司诉称其对涉案"生意参谋"数据产品享有财产所有权的诉讼主张,由于财产所有权作为一项绝对权利,如果赋予网络运营者享有网络大数据产品财产所有权,则意味不特定多数人将因此承担相应的义务。是否赋予网络运营者享有网络大数据产品财产所有权,事关民事法律制度的确定,限于我国法律目前对于数据产品的权利保护尚未作出具体规定,基于"物权法定"原则,淘宝公司该项诉讼主张并不成立。

(3)竞争性财产权益

虽然法院并未对"生意参谋"数据产品的财产所有权作出确认,但是却肯定了淘宝公司对"生意参谋"数据产品享有竞争性财产权益的诉讼主张。网络大数据产品不同于原始网络数据,其提供的数据内容虽然同样源于网络用户信息,但经过网络运营者大量的智力劳动成果投入,经过深度开发与系统整合,最终呈现给消费者的数据内容,已独立于网络用户信息、原始网络数据之外,是与网络用户信息、原始网络数据无直接对应关系的衍生数据。因此,对此种网络大数据产品的保护与个人信息或个人数据的保护并行不悖。

网络运营者对于其开发的大数据产品,应当享有自己独立的财产性权益。随着互联网科技的迅猛发展,网络大数据产品虽然表现为无形资源,但可以为运营者所实际控制和使用,网络大数据产品应用于市场能为网络运营者带来相应的经济利益。随着网络大数据产品市场价值的日益凸显，网络大数据产品自身已成为市场交易的对象，已实质性具备了商品的交换价值。贵阳大数据交易所的成立即推动了数据交易、结算、支付、管理等服务的发展。截至2018年3月，贵阳大数据交易所已接入225家优质数据源，经过脱敏脱密，可交易的数据总量超过150PB。① 尽管从“数据有价”推导出数据财产权还为时尚早，但对于网络运营者而言，网络大数据产品已成为其拥有的一项重要的财产权益。另外，网络数据产品的开发与市场应用已成为当前互联网行业的主要商业模式，是网络运营者市场竞争优势的重要来源与核心竞争力所在。本案中，“生意参谋”数据产品中的数据内容系淘宝公司付出了人力、物力、财力，经过长期经营积累而形成，具有显著的即时性、实用性，能够为商户店铺运营提供系统的大数据分析服务，帮助商户提高经营水平，进而改善广大消费者的福祉，同时也为淘宝公司带来了可观的商业利益与市场竞争优势。“生意参谋”数据产品系淘宝公司的劳动成果，其所带来的权益，应当归淘宝公司所享有。

3. 被诉行为是否构成不正当竞争

（1）被诉行为构成不正当竞争

《反不正当竞争法》第2条对不正当竞争行为作了概念的界定，所谓不正当竞争行为，是指经营者在生产经营活动中，违反本法的规定，扰乱市场竞争秩序，损害其他经营者或者消费者的合法权益的行为。判断美景公司被诉行为是否构成不正当竞争，需要考虑两者是否存在竞争关系，美景公司的行为是否侵害了淘宝公司的正当权益，是否扰乱了大数据行业的竞争秩序。

首先，淘宝公司与美景公司存在反不正当竞争法意义上的竞争关系。一审法院认为，反不正当竞争法的立法目的是通过规制市场主体参与市场竞争的行为，阻止市场主体以不正当手段攫取市场竞争优势，维护平等、公平、诚信的市场竞争秩序，其规制的对象不仅局限于同业间的竞争行为，也包括跨行业间的竞争行为。市场竞争优势主要取决于市场主体所提供的商品或服务对于消费者的吸引程度，市场主体只要使用了不正当手段，吸引了更多消费者的消费关注或破坏了他人对消费者的吸引力，即落入反不正当竞争法规制的范围。具体而言，在网

---

① 资料来源于贵阳大数据交易所官网，http://www.gbdex.com/website/view/aboutGbdex.jsp，最后访问日期：2019年8月10日。

络经济环境下,只要双方吸引争取的网络用户群体存在此消彼长的或然性对应关系,即可认定为双方存在竞争关系。本案中,美景公司经营的“咕咕互助平台”,其主要经营手段与经营模式是利用已订购“生意参谋”数据产品服务的淘宝用户所提供子账户,为他人获取“生意参谋”数据产品中的数据内容提供远程登录技术帮助,从中获取商业利益。美景公司所经营的“咕咕互助平台”与淘宝公司经营的“生意参谋”数据产品,两者经营的网络服务内容及网络用户群体完全相同,具有高度重合性。淘宝公司与美景公司之间的这种直接竞争关系,显然应受反不正当竞争法的调整。

其次,美景公司的行为具有不正当性。法院虽然并未肯定淘宝拥有“生意参谋”数据产品的财产所有权,但是对其享有竞争性财产权益予以支持。美景公司未付出自己的劳动创造,仅是将“生意参谋”数据产品直接作为自己获取商业利益的工具,其使用“生意参谋”数据产品也仅是提供同质化的网络服务。此种占据他人市场成果直接为己所用,从而获取商业利益与竞争优势的行为,明显有悖公认的商业道德,属于不劳而获“搭便车”的不正当竞争行为。

最后,美景公司的行为损害了淘宝公司的合法权益,扰乱了大数据行业的竞争秩序。淘宝公司将“生意参谋”数据产品推向市场后,经过经营积累已拥有数量众多的用户,通过“生意参谋”数据产品的运营,淘宝公司不仅获取了较大的商业利益,还积累了在互联网行业中的竞争优势,“生意参谋”数据产品的运营已成为淘宝公司获取市场收益的主要商业模式及核心竞争力。美景公司以“咕咕互助平台”实质性替代了“生意参谋”数据产品,截取了原本属于淘宝公司的客户,导致了淘宝公司的交易机会严重流失,损害了淘宝公司的商业利益。同时,美景公司的行为破坏了淘宝公司的商业模式,削弱了淘宝公司的市场竞争优势,损害了淘宝公司的核心竞争力,扰乱了大数据行业的竞争秩序。

综上所述,美景公司的被诉行为违反了诚信原则和公认的商业道德,这种不劳而获的“搭便车”行为损害了淘宝公司的合法利益,具有明显的不正当性,已构成不正当竞争。

(2)一般条款适用的谦抑

《反不正当竞争法》的法条适用顺序为列举条款优于一般条款。一是列举条款的规范结构比一般条款的规范结构内容丰富,针对性强。列举条款拥有完整的假设、处理、制裁结构,能够减少案件识别过程的不确定性。二是一般条款的补充性决定了其适用上的劣后性。①

《反不正当竞争法》第 12 条专门规定了互联网领域的不正当竞争行为，在本案中法院却并未援引《反不正当竞争法》第 12 条作出判决，而是根据一般条款加以规制。第 12 条规制对象为经营者利用技术手段，通过影响用户选择或者其他方式，实施的妨碍、破坏其他经营者合法提供的网络产品或者服务正常运行的行为。第 12 条列举了三种具体的网络不正当竞争行为，但是这三种行为显然与本案不属同一类型，若要适用第 12 条的规定，则需要考虑美景公司的行为是否为第 12 条兜底规定所禁止。从体系解释上看，“其他妨碍、破坏其他经营者合法提供的网络产品或者服务正常运行的行为”的判断标准应与列举的三种网络不正当竞争行为相当。具体到本案，美景公司的被诉行为似乎并未达到“插入链接、强行跳转”“恶意干扰客户端”“恶意不兼容”这样的程度，淘宝公司的“生意参谋”数据产品仍能提供正常的服务，这可能解释了法院未采用第 12 条加以规制的原因。

但是由于网络的发展日新月异，互联网不正当竞争行为的类型必然层出不穷，《反不正当竞争法》第 12 条出台之时，已然成为“黄昏中的猫头鹰”。若第 12 条“妨碍、破坏”“正常运行”这一标准的执行过于严苛，则可能会产生遏制互联网产品的开发、新型互联网不正当竞争行为不能得到有效规制的结果，这与互联网不正当竞争专条的立法原意是相悖的。所以，在对《反不正当竞争法》第 12 条兜底规定进行解释时，不妨给予更高的宽容度，为新型互联网不正当竞争行为的规制留有余地，这也是《反不正当竞争法》第 12 条在大数据时代保持生命力的关键。

（六）关键要点总结

1. 数据确权的前提是进行准确的类型划分。

2. 网络用户信息经过网络运营者大量的智力劳动成果投入和深度开发，已独立于原始数据，成为一种新的财产性权益。

3. 据他人数据开发成果直接为己所用，从而获取商业利益与竞争优势的行为，明显有悖公认的商业道德，属于不劳而获“搭便车”的不正当竞争行为。

---

① 参见刘继峰：《竞争法学》（第 3 版），北京大学出版社 2018 年版，第 274～275 页。

(七)附录

参考文献

1. 刘继峰:《竞争法学》(第3版),北京大学出版社2018年版。

2. 曾雄:《数据不正当竞争纠纷的司法实践——现存问题与解决路径》,载《信息安全与通信保密》2018年第11期。

3. 冯源:《〈民法总则〉中新兴权利客体"个人信息"与"数据"的区分》,载《华中科技大学学报》(社会科学版)2018年第3期。

4. 吴晓灵:《个人数据保护的制度安排》,载《中国金融》2017年第11期。

5. 丁道勤:《基础数据与增值数据的二元化分》,载《财经法学》2017年第2期。

6. 齐爱民、盘佳:《数据权、数据主权的确立与大数据保护的基本原则》,载《苏州大学学报》(哲学社会科学版)2015年第1期。

7. 王利明:《论个人信息权的法律保护——以个人信息权与隐私权的界分为中心》,载《现代法学》2013年第4期。

8. 王利明:《论个人信息权在人格权法中的地位》,载《苏州大学学报》(哲学社会科学版)2012年第6期。

参考法条

1.《中华人民共和国反不正当竞争法》(2019年)

第二条　经营者在生产经营活动中,应当遵循自愿、平等、公平、诚信的原则,遵守法律和商业道德。

本法所称的不正当竞争行为,是指经营者在生产经营活动中,违反本法规定,扰乱市场竞争秩序,损害其他经营者或者消费者的合法权益的行为。

本法所称的经营者,是指从事商品生产、经营或者提供服务(以下所称商品包括服务)的自然人、法人和非法人组织。

第十二条　经营者利用网络从事生产经营活动,应当遵守本法的各项规定。

经营者不得利用技术手段,通过影响用户选择或者其他方式,实施下列妨碍、破坏其他经营者合法提供的网络产品或者服务正常运行的行为:

(一)未经其他经营者同意,在其合法提供的网络产品或者服务中,插入链接、强制进行目标跳转;

（二）误导、欺骗、强迫用户修改、关闭、卸载其他经营者合法提供的网络产品或者服务；

（三）恶意对其他经营者合法提供的网络产品或者服务实施不兼容；

（四）其他妨碍、破坏其他经营者合法提供的网络产品或者服务正常运行的行为。

2.《中华人民共和国网络安全法》(2016年)

第二十二条　网络产品、服务应当符合相关国家标准的强制性要求。网络产品、服务的提供者不得设置恶意程序；发现其网络产品、服务存在安全缺陷、漏洞等风险时，应当立即采取补救措施，按照规定及时告知用户并向有关主管部门报告。

网络产品、服务的提供者应当为其产品、服务持续提供安全维护；在规定或者当事人约定的期限内，不得终止提供安全维护。

网络产品、服务具有收集用户信息功能的，其提供者应当向用户明示并取得同意；涉及用户个人信息的，还应当遵守本法和有关法律、行政法规关于个人信息保护的规定。

第四十一条　网络运营者收集、使用个人信息，应当遵循合法、正当、必要的原则，公开收集、使用规则，明示收集、使用信息的目的、方式和范围，并经被收集者同意。

网络运营者不得收集与其提供的服务无关的个人信息，不得违反法律、行政法规的规定和双方的约定收集、使用个人信息，并应当依照法律、行政法规的规定和与用户的约定，处理其保存的个人信息。

第四十二条　网络运营者不得泄露、篡改、毁损其收集的个人信息；未经被收集者同意，不得向他人提供个人信息。但是，经过处理无法识别特定个人且不能复原的除外。

网络运营者应当采取技术措施和其他必要措施，确保其收集的个人信息安全，防止信息泄露、毁损、丢失。在发生或者可能发生个人信息泄露、毁损、丢失的情况时，应当立即采取补救措施，按照规定及时告知用户并向有关主管部门报告。

第七十六条　本法下列用语的含义：

（一）网络，是指由计算机或者其他信息终端及相关设备组成的按照一定的规则和程序对信息进行收集、存储、传输、交换、处理的系统。

（二）网络安全，是指通过采取必要措施，防范对网络的攻击、侵入、干扰、破坏和非法使用以及意外事故，使网络处于稳定可靠运行的状态，以及保障网络数据的完整性、保密性、可用性的能力。

（三）网络运营者，是指网络的所有者、管理者和网络服务提供者。

（四）网络数据，是指通过网络收集、存储、传输、处理和产生的各种电子数据。

（五）个人信息，是指以电子或者其他方式记录的能够单独或者与其他信息结合识别自然人个人身份的各种信息，包括但不限于自然人的姓名、出生日期、身份证件号码、个人生物识别信息、住址、电话号码等。

第八章　虚假宣传不正当竞争行为的法律规制

——深圳市腾讯计算机系统有限公司等诉杭州科贝网络科技有限公司等不正当竞争纠纷案①

一、案例正文

（一）摘要与关键词

摘　要：传统市场卖家买家单一对立的关系已被互联网打破，微信平台下的公众号及小程序运营者，既具备向用户提供商品或服务的经营者身份，又与微信背后的腾讯公司间存在合同关系和部分业务的广义竞争关系。身份定位的复杂性造就了实践中不正当竞争行为认定的难点。本案借助微信平台这一生态背景，着力探讨不正当竞争之诉的主体问题、互联网背景下“竞争关系”的认定问题，以及《反不正当竞争法》第2条的司法适用问题，对《反不正当竞争法》司法适用的新趋向加以梳理。同时，对本案涉及的虚假宣传问题加以细化分析。

关键词：微信平台管理者；公众号运营商；竞争关系；虚假宣传

（二）背景介绍

2019年杭州铁路运输法院对“深圳市腾讯计算机系统有限公司等诉杭州科

---

① 案例来源：杭州铁路运输法院（2018）浙8601民初1020号民事判决书。

贝网络科技有限公司等不正当竞争”一案作出一审判决。本案系首例平台管理者诉平台经营性用户不正当竞争纠纷案，亦是首例界定微信生态系统经营模式及其知识产权保护角度的案件、首例仿冒微信服务投诉页面使微信用户产生混淆的案件。

两原告为深圳市腾讯计算机系统有限公司（以下简称腾讯公司）、腾讯科技公司，是微信服务的经营者，提供即时通讯、微信支付、开放平台、小程序、公众号等服务，制定《微信公众平台服务协议》《微信公众平台运营规范》《微信公众平台开发者规范》《微信小程序平台服务条款》《微信小程序平台运营规范》等平台管理规定。

被告杭州科贝网络科技有限公司（以下简称科贝公司）和海逸科技是两家具有关联关系的微信服务运营商。自 2017 年 11 月起，被告批量注册内容均为相似“网络贷款产品信息”的微信公众号、微信小程序（贷款大全吧），并在运营中以相互分工合作的方式违规从事网络贷款中介信息业务等活动。

以科贝公司为例，科贝公司共申请注册公众号 21 个，认证 8 个，提交伪造的小额贷款资质文件，骗取公众平台的审核认证，并从事违法套现业务。科贝公司在申请认证时提交了《浙江省人民政府金融工作办公室关于同意杭州地下金库网络科技有限公司从事经营小额贷款的通知》，两被告认可上述文件系伪造资质。

其批量注册的公众号功能介绍中称其“为多个行业客户提供高效智能的风险管理整体解决方案”。公众号发布群发消息，内容为多个贷款产品二维码及介绍，信息包括每个贷款产品的申请额度、条件、期限和“一分钟申请五分钟下款，成人秒下！”“纯机审，3 分钟即可下款！”之类的产品优势描述。认证服务号会向关注用户推送“您的贷款已到账。请注意查收！点击此处领钱”消息，当用户点击消息后进入产品的认证页面。当用户点击“申请贷款”填写用户信息后需要进行认证，通过运营商认证后，用户需添加审核员微信，审核员则会告知需提交 30% 的花呗套现手续费，诱导用户汇款。

此外，两被告还在微信公众号中仿冒微信“投诉”界面设置“投诉”模板，并且在投诉“提交成功”界面冒充“微信团队”。

（三）基本案情

腾讯公司认为两被告的公众号推送及介绍涉嫌虚假宣传，仿冒投诉界面造成市场混淆，违规金融居间背弃诚信原则，损害了微信中其他合法经营者的竞争利益和微信用户作为消费者的合法权益，降低了其他经营者和微信用户对微信产品的信赖，将其诉至杭州互联网法院，要求两被告对此不正当竞争行为承担共同的法律责任，请求判令两被告立即停止不正当竞争行为，共同赔偿经济损失及合理支出300万元，并发表声明、消除影响。

两被告则认为原、被告之间不构成竞争关系且己方未实施不正当竞争行为。不构成竞争关系的原因在于：(1)两被告在注册时签订微信公众平台服务协议、腾讯服务协议、腾讯微信软件许可及服务协议，原、被告之间是合同关系。(2)原、被告之间的经营模式不相同，两被告实施行为系网络贷款的广告推销，对借款方平台推荐引流，两被告将引流转化成功后，向借款方收取佣金获利。两原告作为微信平台的运营商，盈利源于朋友圈广告、第三方服务企业认证及游戏等业务，两者经营模式没有关联，不存在竞争。不构成不正当竞争行为在于：(1)两被告是导流平台，非网络借贷，信息中介机构无须进行资质备案，未备案行为未受到法律法规强制性要求，不会扰乱市场竞争秩序。(2)两被告批量注册运营公众号的行为，并不违背反不正当竞争法。(3)公众号"您的货款已经到账，请注意查收""点击此处领钱"等信息的广告宣传，对于普遍具有互联网使用经历，具有辨识能力的公众号关注者来讲，有吹嘘之嫌但并不会引人误解。且两被告的投诉率低，体量小，不会造成对微信平台商誉的损害。

本案的争议焦点在于腾讯公司提出不正当竞争之诉是否具有正当性？腾讯公司作为微信平台管理者，与作为微信平台经营性用户的科贝公司、海逸公司之间，是否具有竞争关系，能否适用反不正当竞争法来调整二者之间的法律纠纷？互联网背景下虚假宣传、商业混淆的判定要件问题以及《反不正当竞争法》第2条一般条款的适用问题。

杭州互联网法院经审理后认为，本案构成责任竞合，两原告选择以不正当竞争而非合同之诉进行主张，符合法律规定，两被告实施的各项行为分别违反《反不正当竞争法》第2条、第6条第4项、第8条，构成不正当竞争行为，两被告构成共同侵权，依法应当承担相应的民事责任。

关于选择不正当竞争之诉的正当性。法院认为，两原告选择以不正当竞争而非合同之诉进行主张，是责任竞合下的合法性选择，且结合被诉行为特点及内容看，此种选择还具有合理性和必要性。法院分别从合同主体、权益基础、责任承担及司法引导平台治理等角度对合理性和必要性进行了说理,认为运用《反不正当竞争法》调整,有利于引导平台各类型主体遵守诚信原则和商业道德,在保障网络空间的公平市场竞争秩序的基础上保护经营者和消费者权益。

关于被诉行为的不正当性。法院认为:(1)被告仿冒微信投诉界面,在字体、排版、颜色等方面采用了与微信官方投诉界面极为近似的编辑方式,以微信用户一般注意力已难区分,投诉提交界面还重复使用“微信团队”四字,加深微信用户的混淆程度,构成《反不正当竞争法》第6条第4项商业混淆。(2)被告运营的公众号通过首页功能介绍、具体产品宣传、推送信息等途径对其服务性能、功能作出引人误解的商业宣传,误导消费者,以不正当方式吸引用户点击或关注,影响用户的甄别和自由选择,获取一定的竞争优势,构成《反不正当竞争法》第8条虚假宣传。(3)两被告伪造资质文件、注册一定数量的公众账号进行非法经营并以此获得竞争优势的行为,不仅具有违法性,而且违背诚实信用原则和商业道德,破坏了微信生态中的公平竞争秩序,损害了两原告及其他经营者、消费者的合法权益,违反《反不正当竞争法》第2条。

同时,法院对两原告是否具有可诉利益,即两原告是否具有反不正当竞争意义上的竞争性权益,且是否由于两被告的行为遭受损失,给予了肯定回答。法院分析了微信的经营模式和商业利润来源,认为其具有利益可保护性。腾讯公司为研发、维护、推广微信服务支付了大量的人力、财力和物力,尽管经营模式本身并未被明确规定为知识产权的保护对象,但由此获得的正当商业利益或竞争优势依法受到保护。且两被告通过非法放贷、私设投诉等手段,在获取自身竞争优势的同时,破坏微信运营的正常生态和内部竞争关系,不仅损害公众号用户和其他经营者的利益,也损害了微信平台的商誉维持、用户维护等利益,两被告的行为属于《反不正当竞争法》规定的不正当竞争行为。两原告作为微信平台的共同经营者,据此获得原告资格。

故此法院判决认定两被告构成共同侵权,综合考虑微信服务知名度、本案侵权行为模式、两被告认证公众号及贷款产品引流量、两原告维权支出等因素,判决两被告共同承担停止侵权、消除影响、赔偿损失65万元的民事责任。

二、案例使用说明

（一）目标与方向

1. 目标为结合《反不正当竞争法》的具体法律条文，理解第 2 条的适用情形和不同类型不正当竞争行为的判定要件。

2. 探究互联网背景下《反不正当竞争法》适用的新变化，对“竞争关系”进行含义解读和适用定位。

3. 结合案例对《反不正当竞争法》第 8 条虚假宣传进行细化解读。

（二）涉及知识点

1.《反不正当竞争法》调整范围问题，“竞争关系”是否是判定不正当竞争的要件问题。

2.《反不正当竞争法》中第 2 条和第 8 条具体类型的不正当竞争行为的判定问题。

（三）法律问题

1. 腾讯公司提出不正当竞争之诉而非合同之诉是否具有正当性？

2. 腾讯公司是否具有反不正当竞争法所保护的竞争性权益？原、被告是否需要具有竞争关系？

3. 被告违规金融居间行为是否违背《反不正当竞争法》第 2 条？

4. 被告在公众号上的一系列言行是否构成虚假宣传？

（四）参考结论

法院在审理本案过程中，对微信生态系统经营模式进行了界定，对仿冒微信投诉页面的行为进行了剖析，亦对本案是否适用《反不正当竞争法》进行规制的问题进行了明确的阐述，法院认为：①

1. 在平台管理者与平台经营性用户存在合同关系的情形下，平台管理者选择以不正当竞争方式向其平台上的经营性用户主张责任，应予支持。责任竞合

---

① 参见杭州互联网法院微信公众号：《平台经营性用户因涉不正当竞争被诉　法院通过裁判确定平台治理司法保护新模式》，载 https://mp.weixin.qq.com/s/3gVZNZHZ7Mi8YuOP2yhcgw，2019 年 8 月 8 日。

下原告选择符合法律规定，就本案两原告指控两被告实施的不正当竞争行为特点及内容，从合同主体、权益基础、责任承担各方面更适宜以反不正当竞争法进行规制，更重要的是，当下网络平台经济模式渐为普及，平台经济模式区别于传统经济模式的线性过程，注重生态节点的交互活动和生态环境的整体价值，选择反不正当竞争法进行平台治理，有利于保护平台其他经营者和消费者权益，规范网络生态系统的健康运行。

2. 微信生态系统的经营模式产生的商业利益和竞争优势受反不正当竞争法的保护。微信生态系统系网络环境下市场主体创新经营模式，打造由网络平台提供经营场所和众多支撑服务的动态结构系统，包括平台提供方、平台其他经营者和用户，相互影响组成共同进化的经济共同体。经营模式本身并未明确规定为知识产权保护对象，但正当经营模式带来的商业利益受到法律保护，本案两被告即以不正当方式损害两原告基于微信生态系统获得的商业利益和竞争优势，系反不正当竞争法调整范围。

3. 两被告在本案中伪造贷款资质、公众号进行虚假宣传、仿冒微信官方投诉界面的三种行为分别违反《反不正当竞争法》第 2 条、第 6 条第 4 项、第 8 条，构成不正当竞争行为。就两被告仿冒微信投诉页面这一行为，被诉公众号投诉版块在投诉原因、投诉页面、提交反馈环节，均使用与微信投诉页面相同或者近似的页面布局、字体、颜色、图标及反馈内容，并重复使用“微信团队”措辞，足以使微信一般用户混淆该投诉界面与微信官方投诉界面，系首例仿冒微信投诉界面案例。本案存在公司主体关联、不同公司名下公众账号相互连接到彼此名下网站等情形，两被告侵权行为相互协作、主观意识共同、损害结果同一，构成共同侵权。

法院总结，本案双方系平台管理者与平台内经营者，两者虽不具备直接竞争关系，但竞争关系并非不正当竞争行为构成要件，而是作为原告资格考量因素。反不正当竞争法维护具有直接竞争关系的经营者之间的正当竞争，也维护整个市场的竞争秩序。平台内经营性用户以不正当方式获取竞争优势的同时，损害平台管理方竞争优势的行为，属于《反不正当竞争法》规定的不正当竞争行为。市场经济环境鼓励公平自由的市场竞争，信息网络环境鼓励合法正当地创新商业模式，但不合理地借用他人的竞争优势为自己谋取利益，对他人正当经营模式产生干扰，导致消费者产生误解或混淆的行为均应予以规制。本案一方面探索了一种网络平台治理的新型保护机制，另一方面可遏制网络生态系统中违反诚实信用原则和商业道德的行为，保护正当经营者的商业成就及品牌声誉和影响力，保障经营者和消费者合法权益，以此倡导平台用户合法规范经营，共同维护网络生态系统的竞争秩序和交易环境。

（五）法理分析

1. 腾讯公司提出不正当竞争之诉而非合同之诉是否具有正当性

（1）不正当竞争行为的性质界定

不正当竞争行为触犯了民法中的侵权责任。“不正当竞争主要表现为行为人不正当地攫取他人竞争优势的行为，偏向于明显的民事侵权行为，特别是侵犯他人的知识产权。”①尽管《反不正当竞争法》与《侵权责任法》的关系并不能简单地归结为特别法与一般法，但各类不正当竞争行为，确实为侵权行为在市场竞争领域的特别表现方式。本案中双方合同关系的存在，使得双方产生侵权责任与违约责任的竞合，一方面原告有权依法自主选择哪种责任进行主张，另一方面法院需要结合实际情况判断何种责任能够更有效地规制不法行为，实现对当事人及市场竞争秩序的有效保护。

（2）本案中腾讯提起不正当竞争之诉的正当性

本案特殊之处在于涉案双方作为平台提供方与平台内经营者，两被告既是针对涉案微信公众号用户的经营者，亦是针对两原告的被服务者。两被告在注册公众号时接受并同意微信公众平台服务协议及运营规范，双方形成合同关系。

腾讯公司作为平台提供方，与平台内经营者间存在《微信公众平台服务协议》《微信小程序平台服务条款》等平台管理规定，即二者间存在确凿的合同关系。如《微信公众平台服务协议》约定：1.2 本服务是腾讯向用户提供的信息发布、客户服务、企业管理以及与此相关的互联网技术服务。微信公众号（亦可能简称为“公众号”）分为订阅号、服务号和企业号。微信用户关注订阅号或服务号后将成为该账号关注用户，关注企业号并成功进行身份验证后将成为企业号关注用户。微信公众号可以通过微信公众平台为相关用户提供服务，包括群发信息、单发信息、用户消息处理等。……2.4 微信公众号注册采用实名制，用户应当如实填写和提交账号注册与认证资料，完成信息登记，并对资料的真实性、

① 王晓晔：《再论反不正当竞争法与其相邻法的关系》，载《竞争政策研究》2017 年第 4 期。

合法性、准确性和有效性承担责任。……2.8 针对认证成功的用户，腾讯将根据本协议确定用户的认证账号名称，生成认证标识及认证信息，开通相应的高级功能及高级权限。《微信公众平台运营规范》规定："1.12 在微信公众平台批量注册大量相似公众号的行为将会被禁止。"微信用户注册订阅号须同意并遵守《微信公众平台服务协议》。该系列协议约定了腾讯与用户间的服务 + 管理的相互制约关系，腾讯可依该系列协议请求两公众号主体承担违约责任。而腾讯公司指控两被告行为违反《反不正当竞争法》第 2 条、第 6 条、第 8 条的规定，构成不正当竞争行为。

法院对腾讯公司提出反不正当竞争之诉的正当性、合理性进行了详细说理。

首先，依据《合同法》第 122 条规定，因当事人一方的违约行为，侵害对方人身、财产权益的，受损害方有权选择依照本法要求其承担违约责任或者依照其他法律要求其承担侵权责任。即当被诉行为同时违反双方协议约定时则构成侵权与合同责任的竞合，受损害方依法有权选择哪种责任进行主张，因此，本案两原告选择反不正当竞争法进行主张本身符合法律规定。

其次，侵权责任与违约责任在构成要件、举证责任、责任形式及赔偿范围等方面均有不同，审查重点与侧重保护的权益方面亦有所差异。结合本案两原告指控两被告实施的不正当竞争行为特点及内容来看，选择反不正当竞争法具有其合理性和必要性。

其一，就合同主体角度而言，因合同纠纷相对性之限，单以违约之诉只调整两原告与某一涉案公众号或小程序的注册主体之间的合同纠纷。但是，涉案被诉行为涉及数十个公众号，每一个公众号注册后实际运营时均内嵌由多个主体运营的网页。而从两被告股东和法定代表人具体参与经营活动情况来看，无论被诉伪造资质文件以认证公众号，还是接受"贷款口子"业务及进行投放收取费用，均不是以单个公众号名义对外开展。因此，违约之诉无法对其他参与该公众号或小程序经营并实施被诉行为的主体进行有效规制。本案被诉行为涉嫌伪造资质文件和批量认证微信公众号并进行虚假宣传、模仿微信投诉界面、冒充"微信团队"等，已经对微信生态中的合法、真实、诚信等原则进行破坏。该行为带来的损益已与微信平台、微信用户以及其他经营者直接关联。

其二，就权益基础角度而言，两原告在本案中主张的权益基础并非源于两原告与被诉行为主体之间约定的合同权利，而在于两原告基于微信生态系统所获得的商业利益和竞争优势。被指控行为亦非仅限违约行为，而涉及伪造资质、虚假宣传、仿冒投诉页面等。因此，将两被告行为放在整个微信生态系统中，与其对微信平台、微信用户以及其他经营者的损益一同进行综合评价，更为合理。

其三，就责任承担角度而言，本案中，两原告指控两被告行为损害了微信用户和微信平台上其他经营者的合法权益，致使微信用户、其他经营者对平台上小额贷款及相关服务产生负面评价，并已有媒体对该行为进行针对性报道，其中不乏对微信平台的指责性评论，势必影响两原告的商誉。而消除影响不是合同纠纷的责任承担方式，违约损害赔偿亦以合同履行利益为考量因素。若两被告侵权责任成立，不正当竞争纠纷之诉中包含“消除影响”等责任承担方式重在对两原告的受损商誉进行补救，恢复微信用户和微信平台上其他经营者安全感，从而推动小额贷款相关活动在微信平台上的有序开展。

其四，就司法引导平台治理角度而言，当下互联网环境下的平台经济模式渐为普及，与传统经济模式试图最大限度地提高每一款产品或每一种服务对于每一位用户的终身价值的线性过程不同，平台经济模式着重最大化生态环境的总价值，体现循环的、可反复的、反馈驱动的过程。经营者和消费者的网络是平台经济中最核心的资产。本案中，涉案被诉行为整体上破坏了微信生态网络节点间的交互活动，影响了微信生态的总体价值创造，而非仅仅针对微信平台的违约行为，因此，运用不正当竞争的侵权责任调整平台提供方与平台内经营性用户关系，更有利于引导平台各类型主体遵守诚信原则和商业道德，保障网络空间中的公平市场秩序，规范网络生态系统的健康运行，从而充分保护整体竞争秩序下的经营者和消费者权益。因此，此种选择《反不正当竞争法》进行平台治理的新举措具有合理性和必要性，应予支持和肯定。

结合本案，原、被告间合同关系的存在并不妨碍侵权责任的成立，判断是否适用反不正当竞争法，关键在于进一步判断原告是否具有反不正当竞争法所保护的竞争性权益。

2. 腾讯公司是否具有反不正当竞争法所保护的竞争性权益

随着互联网时代的发展，反不正当竞争法的适用主体已从具有竞争关系的竞争者，逐渐扩大至影响他人竞争性权益的侵权者。若想厘清腾讯是否具有反不正当竞争法所保护的竞争性权益，一方面要理解“竞争关系”淡化的经济学和法学根基，另一方面要论证微信生态系统或微信商业模式的保护价值，以及维护微信生态系统对于保护市场竞争秩序的意义。

(1)互联网领域的基本经济学理论

互联网平台的迅速发展为不正当竞争行为的发生开辟了新战场。基于互联网行业的特殊性,互联网领域的市场结构、参与者身份关系等均具有与传统行业不同的特殊之处。本案涉及平台管理者与平台内经营者的不正当竞争纠纷,需先行了解互联网产业中的双边市场理论、网络外部性理论,明确平台提出不正当竞争之诉的权利基础。

①双边市场理论

双边市场在经济学上的定义,通常是指在某交易市场中,平台向参与方 A 索取的价格为 P_a,向参与方 S 索取的价额为 P_s,则平台向需求双方索取的价格总水平 $P = P_a + P_s$,若当平台的价格总水平 P 保持不变时,平台所实现的交易总量 V 随着双边用户价格结构的变化而变化时,则可把由平台实现的交易市场称为“双边市场”。双边市场广泛存在于传统经济和互联网新经济之中。除去线上线下的差异,两者的共同点在于都是三角结构,也就是说,双边市场的主体除了需求双方外,还有一个不可忽视的中介——平台,双方的需求都要通过平台寻求满足。互联网产业是典型的双边市场,这一特征建立在互联网平台经济的基础上。

“我国互联网平台经济的从业者,诸如电商平台、搜索平台、社交平台、在线教育平台等都具有明显的双边市场特征。”①以微信社交平台为例分析,社交平台的搭建者腾讯公司即为平台管理者,使用微信社交工具的用户和在公众号朋友圈发布广告的商家即为交易平台的双方。平台管理者通过提供在线联络、公众号推文、朋友圈分享等功能吸引大量用户使用微信,用户数量的增多吸引商家在平台发布广告赢取注意力和交易机会,平台管理者根据用户点击量向商家收取费用。用户和商家的需求都要通过微信平台交易来满足,构成了典型的双边市场。

双边市场有以下四个基本特征:第一,具有交叉网络外部性。平台上买卖双方都是以对方的数量来作为选择平台的依据,并从需求协同中增加效用。这就意味着,一方客户价值的实现来源于另一方客户数量的增加,用户数量越多,该

---

① 陈兵:《互联网平台经济运行的规制基调》,载《中国特色社会主义研究》2018 年第 3 期。

平台的价值就越大,能够吸引平台双方更多用户的加入。由此获得大量用户的行动轨迹,即数据容量急剧增长,进而对已有的用户或潜在用户更具市场吸附力和竞争力,在这种网络外部性特征下,容易出现“赢者通吃”的垄断趋势。第二,双边市场用户间的相互依赖性及需求互补性。只有双边用户同时参与到平台中,平台的产品或服务在促成双边用户达成交易方面是互相补充的,该平台才能获利,因此平台几乎要同时满足双边用户的需求。这也是平台经济中著名的“鸡蛋相生难题”:客户甲方只因为客户乙方的存在而参加平台,反之也是如此;平台建立者必须几乎同时向平台参加双方提供承诺。第三,价格结构非对称性。在双边市场,平台的收益水平不仅取决于其总价格的绝对水平,还取决于对双边用户的收费结构,即总价格在平台需求双方之间的分配是敏感的。第四,用户多归属。用户同时归属于多个平台,这在双边市场中是很常见的现象,理性的用户都愿意尽可能多地享受不同平台带来的外部性收益。

②网络外部性

网络外部性是外部性的一种派生概念,是指随着使用同一产品或服务的用户数量的变化,每个用户从消费此产品或服务中所获得的效用的变化。互联网用户在某一互联网平台中获得的效用会随着同一平台用户数量的增加而增加,用户对平台的评价也会影响其他用户的决策,从而影响该产品整体的用户规模。网络具有外部经济性的根本原因在于网络自身的系统性、网络内部信息流的交互性和网络基础设施长期的垄断性。

(2)结合案例分析原被告的市场关系与法律关系

通过理解双边市场理论和网络外部性理论,我们可以得知:互联网市场的参与主体为三角结构的三方,平台在其中具有居间的作用,为双边交易提供线上场所。同时,平台营收受到双边市场用户需求和反馈的影响,平台服务提供者一方的产品质量及诚实信用情况会直接影响消费者一方的产品体验,进而影响消费者一方对平台的用户体验。因此,结合本案,科贝公司、海逸公司作为服务提供者一方,其违法违规行为导致平台利益受损是不争事实。

杭州互联网法院针对微信生态系统经营模式的特性进行了细致的分析,得出两个具有指导性意义的结论:其一,司法具有不妨碍以及保障市场成果的作用,当某一商业模式给经营者带来一定的商业利益和竞争优势,他人不得以不正当竞争方式损害其正当利益。明确指出新型互联网经营模式所带来的竞争优势和利益，属于竞争法的保护范畴。其二，被告的行为破坏微信运营的正常生态和内部竞争关系，不仅损害公众号用户和其他经营者的利益，也损害了微信平台的商誉维持、用户维护等利益。明确平台服务经营者一方的不正当行为，会损害平台个体用户、平台其他经营者和平台本身三者的利益。

①互联网时代下商业经营模式的特性及利益可保护性

网络时代软硬件技术的发展，为网络经营模式、方式的创新提供了基础，多元化的生态体系网络（商业生态系统）经营模式渐为普及。商业生态系统在经济学领域一般指由相互影响的组织和个人构建的经济共同体，包括供应商、主要生产商、竞争者以及其他利益相关者，该共同体为消费者提供有价值的产品或服务，且消费者本身也是这个商业生态系统中的一员。商业生态系统中的主体以合作和竞争的方式共同进化与持续创新，开发的新产品不断满足消费者需求。互联网环境下的市场主体通过创新经营模式，逐渐打造互联网领域的商业生态系统，营造出由网络平台提供经营场所和众多支撑服务的动态结构系统，包括平台提供方、平台其他经营者和用户，相互影响组成共同进化的经济共同体，达到提升运营效率、降低运营成本、协助产业数字升级的效果。因此，互联网领域商业生态系统所带来的经营模式符合相关法律规定，该经营模式形成的商业利益和竞争优势依法受法律保护。

本案中两原告经营的微信服务，涉及微信平台、运营者、服务商、个人用户等主体，运营者借助微信平台为用户提供丰富多样的内容和服务产品，服务商为运营者提供技术和运营维护服务。微信通过技术和模式创新打造生态底层技术和运行规则，开发朋友圈、即时通讯、微信支付、公众平台、小程序、企业微信、城市服务、微信搜索、视频动态等系列产品，开放连接第三方服务，深入和生活紧密相关的餐饮、零售、交通、金融以及医疗、教育等产业。平台中，各角色间产生多样化的相互作用，包括竞争关系和合作关系，这种关联关系使得成员们形成利益共同体，构成微信生态系统。

信息时代，包括本案微信服务在内的各互联网平台构建的网络生态系统，是新时期经济社会的创新经营模式。自由市场允许以及鼓励经营者在相同或不同的经营模式下充分竞争，经营模式本身并未明确规定为知识产权保护对象，单纯就经营模式而言，通常不受法律垄断性保护。但司法具有不妨碍以及保障市场成果的价值，正当经营模式带来的商业利益或竞争优势依法受到保护。当某一商业模式给经营者带来一定的商业利益和竞争优势，他人不得以不正当竞争方式损害其正当利益，反不正当竞争法通过禁止破坏该商业模式的不正当竞争行为的方式对其予以保护。

②腾讯公司及消费者利益受损受反不正当竞争法规制

微信生态系统中，庞大的微信用户基础和经营者基础是微信平台重要的商业资源，用户基础包括社交关系链、用户数据安全及用户流量，经营者基础包括对第三方开放而收取服务费、管理费等费用权利；以及以微信生态健康为前提，可持续的流量变现的现实利益和发展空间等，成为两原告在微信生态系统这一经营模式可获得的商业利益和竞争优势。微信用户和经营者的数量与质量以及两者之间的交互活跃度、公平的市场竞争环境等均是微信平台生态优势的重要指标。系统内用户负面影响的增加或参与程度下降，可导致系统内部出现重大变化，降低性能，形成负面评价，最终导致用户流失，失去相对其他服务的竞争优势。

微信服务作为该生态系统的基础，更为注重体系内的互利共生，协同进化；或者说，作为平台提供方，保障平台的有效发展，即是保障自身利益。两原告为研发、维护、推广微信服务支付了大量的人力、财力和物力，其由此获得的正当商业利益和竞争优势应受到法律保护。以不正当方式对微信一般用户权益、经营者权益和公平的市场竞争秩序的损害势必会损害微信服务的竞争优势，理应受反不正当竞争法规制。

法院在此处分析了微信的经营模式和商业利润来源，认为腾讯公司为研发、维护、推广微信服务支付了大量的人力、财力和物力，尽管经营模式本身并未被明确规定为知识产权的保护对象，但由此获得的正当商业利益或竞争优势依法受到保护。且两被告通过非法放贷、私设投诉等手段，在获取自身竞争优势的同时，破坏微信运营的正常生态和内部竞争关系，不仅损害了公众号用户和其他经营者的利益，也损害了微信平台的商誉维持、用户维护等利益，属于《反不正当竞争法》规定的不正当竞争行为。两原告作为微信平台的共同经营者，据此获得原告资格。

可见互联网生态下经营模式多元化，各类主体间的关系不再单一，既有竞争也有合作，平台管理者与用户不具有直接竞争关系，但二者具有共荣共损的利益牵绊关系，一方的投机行为，会损害另一方的竞争优势及利益，因此仍受反不正当竞争法的规制。

(3)拓展延伸:互联网背景下竞争关系主体范围的扩大

通过本案我们可得知,腾讯公司与科贝公司并非传统意义上的同类竞争者,反而具有上下游、服务与被服务、管理与被管理这样的新型关联,杭州互联网法院在此种关系下对腾讯公司的不正当竞争之诉给予了认可,那么竞争关系是否是不正当竞争行为的构成要件?互联网背景下,反不正当竞争法中有无必要对竞争关系进行认定?

首先,竞争关系并非仅指狭义上的同类竞争者之间的关系,还包含诸多广泛意义上的竞争关系,多年前,郑友德教授就提出,"广义的竞争关系,既包括同类或近似类商家间的直接竞争关系,也包括违反诚实信用原则主动抢夺交易机会、占用他人商业成果、侵害消费者或公共利益的间接竞争关系"。[①] 尽管司法实践当中,仍不免把"竞争关系"作为划分反不正当竞争法管辖领域的前提要件,但随着互联网时代流量经济的发展,竞争关系在反不正当行为的认定中呈现泛化和削减的趋势。有学者把广义竞争关系的界定归结为:①以不正当地获取竞争优势认定竞争关系。②以不正当地破坏他人竞争优势认定竞争关系。③以违背诚实信用原则的行为损害他人利益认定竞争关系。④以损害反不正当竞争法所保护的利益认定竞争关系。[②]

如2010年《最高人民法院公报》第8期上公布的"百度公司诉奥商网络公司等不正当竞争案",[③]就呈现竞争关系含义泛化的趋势。被告奥商网络公司等利用技术手段,让网络用户在登录百度网站进行关键词搜索时,在正常搜索结果显示前强行弹出奥商公司发布的广告页面,进行推广宣传。按照狭义竞争关系解释,二者并不属于同业竞争者,其服务类别并不相同。但最高人民法院在裁判摘要中揭示:确定市场主体之间竞争关系的存在,不以二者属同一行业或服务类别为限,如果二者在市场竞争中存在一定联系或者一方的行为不正当地妨碍了另一方的正当经营活动并损害其合法权益,则应肯定二者之间存在竞争关系。

---

① 郑友德、杨国云:《现代反不正当竞争法中"竞争关系"之界定》,载《法商研究》2002年第6期。

② 参见周樨平:《反不正当竞争法中竞争关系的认定及其意义——基于司法实践的考察》,载《经济法论丛》2011年第2期。

③ 山东省高级人民法院(2010)鲁民三终字第5-2号民事判决书。

2018 年“优酷诉广告拦截神器开发商硕文公司案”[①]中，法院亦对竞争关系进行了泛化解释，法院称不具有直接替代可能性的经营者之间也会发生直接的竞争关系。反不正当竞争法调整的竞争关系的判断应当重点考量竞争行为的性质及后果，即应当根据具体行为属性、商业利益上是否存在此消彼长等方面，而非经营者的主营业务或所处行业来界定经营性和竞争性。如果经营者的行为对其他经营者的利益造成损害，且同时基于这一行为获得现实或潜在的客户群体、商业交易机会等经济利益，形成此消彼长的市场份额，则可以认定二者具有竞争关系。

本案双方系平台提供者与平台内经营者，两者之间虽从事不同行业，不具备直接竞争关系，但反不正当竞争法的立法目的在于通过规制市场主体参与市场竞争的行为，阻止市场主体以不正当方式获取市场竞争优势，维护“平等、公平、诚信”的市场竞争秩序。不正当竞争行为既可以是损害特定竞争者，也可以是损害消费者或社会公众，而不以损害特定竞争者且相互之间具有竞争关系为必要。不正当竞争行为损害对象的多样性决定了竞争行为的广泛性，当经营者以不正当手段谋取竞争优势或是破坏他人竞争优势，由此产生的亦是损害与被损害的关系。因此，两被告经营所处的平台系两原告经营维护的对象，正是两被告通过种种不正当方式，不恰当借助对方的经营资源，在获取自身竞争优势的同时，损害平台、消费者和其他经营者的利益，破坏的是微信平台正常竞争机制和运行秩序，这既是两原告的竞争优势所在，亦是反不正当竞争法所要保护的市场秩序的重要组成。因此，两被告在以不正当方式获取竞争优势的同时，损害平台提供方竞争优势的行为，属于《反不正当竞争法》规定的不正当竞争行为。两原告作为微信平台的共同经营者，据此获得原告资格。换言之，竞争关系既不应作为不正当竞争行为的构成要件，亦不是反不正当竞争法的适用条件，但其仍具有原告资格判断意义，在本案中同样作为确定两原告资格的考量因素加以分析。

总之，狭义竞争关系并不是适用反不正当竞争法的前提要件，适用反不正当竞争法仅仅要求二者具有广义竞争关联，这种关联体现在市场份额的此消彼长、一方对另一方经营活动的妨碍或者对消费者利益的损害。孔祥俊教授对现代竞争关系的总结十分简练：“一旦将竞争关系定位于广义的竞争关系，在适用法律

---

① 杭州铁路运输法院(2017)浙 8601 民初 928 号民事判决书。

时就不需要考虑竞争关系的因素了……侵害行为的发生本身就说明有竞争关系。”①

从域外经验来看,“竞争关系”的削减也是大势所趋。美国通过判例的形式明确了“竞争关系”并非构成行为不正当的要素,德国《反不正当竞争法》中虽有“竞争者”这一概念,但也并不将竞争关系作为认定不正当竞争行为的要件。WIPO 在 1996 年起草的《反不正当竞争示范法》在对不正当竞争行为的界定中抛弃了《巴黎公约》对“竞争行为”的表述,认为“在工商业活动中违反诚实信用的任何行为都构成不正当竞争行为”。②

我国新修订的《反不正当竞争法》,也与世界各国对竞争关系的认定保持一致,新《反不正当竞争法》第 2 条明确将不正当竞争行为修改为“经营者在生产经营活动中,违反本法规定,扰乱市场竞争秩序,损害其他经营者或者消费者的合法权益”。这表明新《反不正当竞争法》中的不正当竞争行为既可以损害特定竞争者,也可以损害消费者。因此,判断一项行为是否构成不正当竞争,并不以损害特定竞争者且其相互之间具有竞争关系为必要,而应根据其是否违反竞争原则或者其他具体法律标准而进行认定。

3. 被告是否违反《反不正当竞争法》第 2 条

本案中法院不仅判定科贝公司违反《反不正当竞争法》第 6 条、第 8 条的具体行为规定,还判定科贝公司的违规金融居间行为,违背了诚实信用原则,构成对第 2 条的违反。《反不正当竞争法》的一般条款的具体适用方式和要件为何?本案适用一般条款对科贝公司的违规居间行为进行规制是否合理?均值得我们思考。

(1)《反不正当竞争法》的一般条款:原则性保护

《反不正当竞争法》第 2 条规定,“经营者在市场交易中,应当遵循自愿、平等、公平、诚实信用的原则,遵守公认的商业道德。本法所称的不正当竞争,是指经营者违反本法规定,损害其他经营者合法权益,扰乱社会经济秩序的行为”,该条款被称为《反不正当竞争法》的“一般条款”,意蕴丰富且具有开放性,亟待辨明。

---

① 孔祥俊:《反垄断法原理》,中国法制出版社 2001 年版,第 268 页。

② 张芷璇:《浅析“竞争关系”在不正当竞争认定中的消减——从五则司法判例来看》,载知识产权那点事公众号,https://mp. weixin. qq. com/s/07EgcTeZXirZ0ve4BIFUog,2019 年 8 月 21 日。

“反不正当竞争法之一般条款是各国普遍采用的立法例：德国 1909 年《反不正当竞争法》第 1 条、《法国民法典》第 1382 条和第 1383 条、《意大利民法典》第 2598 条、瑞士 1986 年《联邦反不正当竞争法》第 1 条和第 2 条、澳大利亚 1974 年《商业行为法》第 52 条、美国《联邦贸易委员会法》第 5 条、欧盟 2005 年《公平交易行为指令》第 5(2) 条均是适例。一般条款之所以成为各国的普遍选择，实因不正当竞争行为纷繁芜杂，难以穷尽，故而通过兜底规范，在法律规定的具体事实构成不适用的地方，发挥查漏补缺的作用。”①

鉴于内在的模糊性和开放性，一般条款在成为“整个竞争法领域之帝王规范”的同时，也是一份给予司法机关的授权书。通过此项授权，法院依据“诚实信用”和“商业道德”将一切有害于市场竞争的行为囊括其中，从而克服了成文法的不周延性和滞后性。

(2) 我国司法实践总结互联网行业《反不正当竞争法》第 2 条的适用条件

2010 年“山东省食品进出口公司等诉青岛圣克达诚贸易有限公司等不正当竞争纠纷再审案”②（“海带配额案”）中，最高人民法院以再审方式第一次确立了独立适用第 2 条的“三要件”，即：①法律对该种竞争行为未作出特别规定；②其他经营者的合法权益确因该竞争行为而受到实际损害；③该种竞争行为因确属违反诚实信用原则和公认的商业道德而具有不正当性或者说可责性。在“北京奇虎科技有限公司等与腾讯科技（深圳）有限公司等不正当竞争纠纷上诉案”和“奇虎公司与百度网讯公司、百度在线公司不正当竞争纠纷案”中，法院分别增加了“正当商业模式”条件和“非公益必要不干涉原则”的限制。质言之，前者意味着互联网企业对营业模式的创新构成了“合法权益”，后者意味着除非为了公共利益，互联网产品或服务之间不得相互干扰。

2017 年“新浪微博诉脉脉案”③中，二审法院特别指出：互联网行业中的技术形态、市场竞争模式与传统行业存在显著差别，因而对《反不正当竞争法》第 2 条更应秉持谦抑的司法态度。对不正当竞争行为的认定在基本“三要件”外，还需满足“额外三要件”，即：①该种竞争行为所采用的技术手段确实损害了消费

---

① 许可：《数据保护的三重进路——评新浪微博诉脉脉不正当竞争案》，载《上海大学学报》（社会科学版）2017 年第 6 期。

② 最高人民法院（2009）民申字第 1065 号民事判决书。

③ 北京知识产权法院（2016）京 73 民终 588 号民事判决书。

者的利益；②该种竞争行为破坏了互联网环境中的公开、公平、公正的市场竞争秩序，从而引发恶性竞争或者具备这样的可能性；③对于互联网中利用新技术手段或新商业模式的竞争行为，应首先推定具有正当性，不正当性需要证据加以证明。

总结该六项要件，可简要归纳为商业模式正当性、法律规定空白、其他经营者权益受损、消费者权益受损、破坏市场秩序、违背诚信原则与商业道德。

(3)本案适用《反不正当竞争法》一般条款的正当性

其一，违规金融居间行为是否处于反不正当竞争法具体条款之外？由于列举式条款的局限性，大量市场行为均无法被归入《反不正当竞争法》第 6 ~ 12 条，此行为亦然，并不属于混淆、虚假宣传、有奖销售等类型。如抛开《反不正当竞争法》不谈，该行为应适用互联网金融相关特殊法律法规。

其二，科贝公司的行为是否侵犯腾讯公司的正当商业模式？在“新浪诉脉脉案”中，法院提出“技术革新应当成为公平自由竞争的工具，而非干涉他人正当商业模式的借口”。本案中，腾讯对微信生态系统的建立、运营、维护，付出了巨大的成本，科贝公司在公众号平台提供服务，不能侵犯微信的正常生态。

其三，其他经营者是否因科贝公司的系列行为而受损？根据《微信公众平台认证服务协议》第 2.8 条规定，获得认证的公众号，因显示认证标志和获得更高级平台接口权限，相较于普通公众号，得到更强的竞争优势。两被告以不当方式获取微信平台竞争优势，使诚实遵守该项规则的其他经营者难以公平获得流量，损害了其他经营性用户权益。

其四，科贝公司是否损害了消费者权益？两被告实际并不具有贷款资质，消费者并未全面准确了解其选择的产品或服务的提供者信息，难以保障消费者知情权，且两被告获取认证权限，却不符合认证条件，无法给消费者提供获得符合认证号质量的商品或服务，两被告在通过高级权限发送不实消息的做法可为印证，该行为损害了平台一般用户的权益。

其五，科贝公司是否违反了商业道德？科贝公司本不具有贷款资格，但以提供虚假文件方式伪造资格，两被告共同经营的公众号由此获取平台认证。上述行为明显违背市场主体应有之诚实信用，亦不符合金融监管的相关规定。

其六，科贝公司是否破坏了竞争秩序？因其虚假资格，提高微信平台治理成本，同时降低微信用户对于微信平台商誉的评价，损害微信市场环境和交易秩序。

4. 被告是否违反《反不正当竞争法》第 8 条，构成虚假宣传

新《反不正当竞争法》的修订，让虚假宣传的规定更为清晰，内涵更丰富，实践中关于虚假宣传的构成要件也通过案例积累了相对稳定的判定标准。本案判定虚假宣传一方面要解决双方身份难点，另一方面要细化理解虚假宣传的法律条款，审查是否符合虚假宣传的判定要件，对于“虚假或引人误解的商业宣传”和“欺骗、误导消费者”要件进行具体分析。

(1) 新《反不正当竞争法》关于虚假宣传条款的修订要点

新《反不正当竞争法》第 8 条[①]规定了虚假宣传的行为界定，需要重点关注的为三点：一是由“引人误解”到“虚假或者引人误解”。将“虚假”和“引人误解”并列为选择情形，明确此类行为既包括虚假宣传，也包括造成相关公众误解的宣传，与《广告法》第 28 条关于虚假广告的规定保持了一致，明确虚假宣传行为认定的两条路径。二是明确规定了“欺骗、误导消费者”的后果要件。据此，虽然内容虚假，但不会产生欺骗、误导后果的商业宣传将被排除在外。有学者提出，虚假宣传并不限于误导消费者，还包括误导生产经营者，以“误导、欺骗相关公众”的方式表达更为准确，仅规定“消费者”不够周延。[②] 三是删除了“利用广告或者其他方法”这一方式限定，免除了实践中虚假广告与虚假宣传难以界定的难题，使得虚假宣传的方式界定更为清晰。四是第 2 款新增了“组织虚假交易等方式”，将虚假宣传帮助行为纳入规制范围之内，是对当下“刷单”“控评”行为的法律实用主义有效回应。

(2) 虚假宣传行为的类型

虚假宣传行为可分为三类：欺骗型的虚假宣传、误导型的虚假宣传和帮助他人进行虚假宣传。欺骗型虚假宣传侧重于宣传内容的虚假性，如虚构商品或服务的性能、功能、质量、销售状况、用户评价等。或者宣传中使用虚构、伪造或者无法验证的科研成果、统计资料、调查结果、文摘、引用语等信息作证明材料，常

---

① 《反不正当竞争法》(2019 年修订) 第 8 条规定：“经营者不得对其商品的性能、功能、质量、销售状况、用户评价、曾获荣誉等作虚假或者引人误解的商业宣传，欺骗、误导消费者。经营者不得通过组织虚假交易等方式，帮助其他经营者进行虚假或者引人误解的商业宣传。”

② 参见何茂斌：《新〈反不正当竞争法〉背景下虚假宣传条款的理解与适用（中）》，载《中国市场监管报》2017 年 12 月 12 日，第 7 版。

见如虚构商品的品牌故事、虚构商品获得的认证证书。当下互联网时代，网络虚假宣传新增了多种表现形式，如虚假商品参数，通过平台规则漏洞恶意增加商品的好评数、交易量，提高店铺在平台搜索中的权重和信誉等级；虚假折扣行为，商家先提价后打折等。

误导型虚假宣传则侧重于宣传效果，是指某种商业方面的宣传，无论其内容是真是假，只要其可能产生误导的后果，在事实上导致消费者产生虚假的认识、理解或印象，即构成虚假宣传，通常表现为投机省略、断章取义。根据《最高人民法院关于审理不正当竞争民事案件应用法律若干问题的解释》第 8 条规定，误导型虚假宣传主要有三种表现形式：一是对商品作片面的宣传或者对比的。二是将科学上未定论的观点、现象等当作定论的事实用于商品宣传的。三是以歧义性语言或者其他引人误解的方式进行商品宣传的。

帮助他人进行虚假宣传。新《反不正当竞争法》增加了帮助他人进行虚假宣传条款，该条款重点针对网络刷单、控评行为，扩大虚假宣传条款可打击的对象。《网络交易管理办法》第 19 条也规定，"不得以不正当竞争方式损害其他经营者的合法权益、扰乱社会经济秩序……(四)以虚构交易、删除不利评价等形式，为自己或他人提升商业信誉。"

(3)虚假宣传判定"欺骗、误导消费者"的标准

明确虚假宣传的行为范式后，实践中一大难点在于判断后果要件是否达成，即判断该行为是否构成"欺骗、误导消费者"。在此有两个问题需要进一步理解，其一，被欺骗、误导的对象是谁？有无群体范围？其二，宣传中有虚假信息是否必然造成欺骗、误导？欺骗误导的程度为何？

其一，关于被欺骗、误导对象问题。《反不正当竞争法》中明确对象为"消费者"，而《最高人民法院关于审理不正当竞争民事案件应用法律若干问题的解释》第 8 条[①]使用的则是"相关公众"这一概念。何茂斌认为应借鉴商标法的主

---

① 《最高人民法院关于审理不正当竞争民事案件应用法律若干问题的解释》第 8 条规定："以明显的夸张方式宣传商品，不足以造成相关公众误解的，不属于引人误解的虚假宣传行为。人民法院应当根据日常生活经验、相关公众一般注意力、发生误解的事实和被宣传对象的实际情况等因素，对引人误解的虚假宣传行为进行认定。"

体界定方式，[①]采相关公众这一概念，包含消费者、其他经营者多种主体。其实，主体是否包含经营者并不重要，从法条规定看，我们可以认定后果要件的对象就是"消费者"，重要的是"消费者"的理性范围问题，即一个消费者被骗并不能证明该宣传构成"欺骗、误导消费者"，精明的消费者不被骗也无法反证该宣传不具有欺骗误导性，而应以大多数消费者的理性作为判定基准。美国第九巡回上诉法院在 STORK CLUB 店名混淆案中认为，法律不仅保护那些聪明的、有经验的、精明的人，也保护那些无知的、缺乏经验的和容易轻信的人免受欺骗。这一表述阐明了我国执法和司法人员在实践中应当采取的理性标准，即按平均理性水平来模拟消费者的标准。既不能要求他像某领域专业人员那样具有高度识别能力和谨慎习惯，也应当避免以一个粗心大意消费者的注意力为标准。

其二，关于信息虚假性与欺骗误导可能性的关系。我国《反不正当竞争法》的立法目的在于维护市场竞争秩序，并不直接打击虚假宣传行为，而是打击虚假误解造成的市场竞争秩序混乱。因此，信息虚假不等同于欺骗、误导消费者，实践中需要满足以下条件：虚假信息造成一般理性消费者的普遍误解，且误导信息实质上影响了消费者对商品或服务质量的判断。

(4)结合本案分析虚假宣传

其一，本案中，科贝公司经营的公众号是否发布虚假或引人误解的信息。

首先，两被告经营的各公众号服务内容与网页介绍存在明显差异，其首页功能介绍表述"为多个行业客户提供高效智能的风险管理整体解决方案"，然其实际业务是提供大量贷款产品。其次，两被告产品中大量贷款口子重复使用"一分钟审核，三分钟下款"等宣传，但从两被告提供的证据来看，并无有效证据显示其提供上述贷款服务且具备其表述的特性或优势，相反，两被告工作人员以用户"不符合公司放款条件"为由拒绝贷款，并提出违规套现业务，展现其实际运营中并未围绕提供贷款的高效，而重在提示套现服务。最后，涉案公众号高频推送消息，标题明示贷款到账，吸引用户点击访问，却在推送中以虚构事实误导用户，获得较高流量，同时影响用户下一步决策。由此可知，两被告虚构产品功能引起注意、推送虚假信息骗取流量、提示套现业务引消费者上钩，已符合虚假宣

---

① 《最高人民法院关于审理商标民事纠纷案件适用法律若干问题的解释》第 8 条规定："商标法所称相关公众，是指与商标所标识的某类商品或者服务有关的消费者和与前述商品或者服务的营销有密切关系的其他经营者。"

传的行为要件。

其二,虚假信息是否足以构成欺骗、误导消费者。

两被告抗辩系仅为吹嘘方式不足以引人误解,前列司法解释第 8 条第 2 款意在排除以明显的夸张方式所作宣传。因夸张虽亦非事实,但明显之程度以相关公众的一般注意力即可判断与实际不符,不会引起误解。

在此需判断信息的虚假夸张程度,并以一般理性消费者的注意力来判定,是否足以一眼判定其为虚假。分析两被告传递的虚假信息,其公众号首页介绍完全无夸张之表达,而"门槛低、一分钟审核、三分钟下款"的标语虽有夸张之嫌,一般理性消费者却不会彻底否认真实性,反而会因此产生好奇。原告提供的数据也足以证明大量消费者被欺骗或产生误解。因此,对两被告的抗辩理由不予采纳。

综上,涉案公众号在主页功能介绍、具体产品宣传、推送信息等方面以对其服务性能、功能作出引人误解的商业宣传,误导消费者,以不正当方式吸引用户点击或关注,影响用户的甄别和自由选择,获取一定的竞争优势,同时分流其他经营者的潜在用户,损害微信平台中的竞争秩序,也有悖诚信原则和该行业公认的商业道德,构成《反不正当竞争法》第 8 条规定的虚假宣传行为。

(六)关键要点总结

第一,《反不正当竞争法》中的"竞争关系"是否是判定不正当竞争的要件问题。"竞争关系"可作广义解读,且互联网背景下,市场主体关系愈加复杂,"竞争关系"并不是构成判定适用反不正当竞争法的前提要件。

第二,《反不正当竞争法》第 2 条的适用要件问题。须依据前期司法判例形成的基本要件进行梳理,针对案件综合考量对经营者、消费者权益和市场秩序的损害。

第三,《反不正当竞争法》第 8 条虚假宣传行为的判定问题。须注意新《反不正当竞争法》对本条的修订,并对虚假宣传的行为类型和判定要件进行细致化理解,以一般理性消费者的标准衡量"欺骗、误导消费者"这一后果要件。

(七)附录

参考文献

1. 孔祥俊:《反垄断法原理》,中国法制出版社 2001 年版。

2. 陈兵:《互联网平台经济运行的规制基调》,载《中国特色社会主义研究》2018 年第 3 期。

3. 许可:《数据保护的三重进路——评新浪微博诉脉脉不正当竞争案》,载《上海大学学报》(社会科学版)2017 年第 6 期。

4. 王晓晔:《再论反不正当竞争法与其相邻法的关系》,载《竞争政策研究》2017 年第 4 期。

5. 周樨平:《反不正当竞争法中竞争关系的认定及其意义——基于司法实践的考察》,载《经济法论丛》2011 年第 2 期。

6. 郑友德、杨国云:《现代反不正当竞争法中"竞争关系"之界定》,载《法商研究》2002 年第 6 期。

7. 何茂斌:《新〈反不正当竞争法〉背景下虚假宣传条款的理解与适用》,载《中国市场监管报》2017 年 12 月 12 日,第 7 版。

参考法条

1.《中华人民共和国合同法》(1999 年)

第一百二十二条　因当事人一方的违约行为,侵害对方人身、财产权益的,受损害方有权选择依照本法要求其承担违约责任或者依照其他法律要求其承担侵权责任。

2.《中华人民共和国反不正当竞争法》(2019 年)

第二条　经营者在生产经营活动中,应当遵循自愿、平等、公平、诚信的原则,遵守法律和商业道德。

本法所称的不正当竞争行为,是指经营者在生产经营活动中,违反本法规定,扰乱市场竞争秩序,损害其他经营者或者消费者的合法权益的行为。

本法所称的经营者,是指从事商品生产、经营或者提供服务(以下所称商品包括服务)的自然人、法人和非法人组织。

第六条　经营者不得实施下列混淆行为,引人误认为是他人商品或者与他人存在特定联系:

……(四)其他足以引人误认为是他人商品或者与他人存在特定联系的混淆行为。

第八条　经营者不得对其商品的性能、功能、质量、销售状况、用户评价、曾获荣誉等作虚假或者引人误解的商业宣传,欺骗、误导消费者。

经营者不得通过组织虚假交易等方式，帮助其他经营者进行虚假或者引人误解的商业宣传。

3.《中华人民共和国广告法》(2018 年)

第四条　广告不得含有虚假或者引人误解的内容，不得欺骗、误导消费者。

广告主应当对广告内容的真实性负责。

第二十八条　广告以虚假或者引人误解的内容欺骗、误导消费者的，构成虚假广告。

广告有下列情形之一的，为虚假广告：

(一)商品或者服务不存在的；

(二)商品的性能、功能、产地、用途、质量、规格、成分、价格、生产者、有效期限、销售状况、曾获荣誉等信息，或者服务的内容、提供者、形式、质量、价格、销售状况、曾获荣誉等信息，以及与商品或者服务有关的允诺等信息与实际情况不符，对购买行为有实质性影响的；

(三)使用虚构、伪造或者无法验证的科研成果、统计资料、调查结果、文摘、引用语等信息作证明材料的；

(四)虚构使用商品或者接受服务的效果的；

(五)以虚假或者引人误解的内容欺骗、误导消费者的其他情形。

4.《网络交易管理办法》(2014 年)

第十九条　网络商品经营者、有关服务经营者销售商品或者服务，应当遵守《反不正当竞争法》等法律的规定，不得以不正当竞争方式损害其他经营者的合法权益、扰乱社会经济秩序。同时，不得利用网络技术手段或者载体等方式，从事下列不正当竞争行为：

(一)擅自使用知名网站特有的域名、名称、标识或者使用与知名网站近似的域名、名称、标识，与他人知名网站相混淆，造成消费者误认；

(二)擅自使用、伪造政府部门或者社会团体电子标识，进行引人误解的虚假宣传；

(三)以虚拟物品为奖品进行抽奖式的有奖销售，虚拟物品在网络市场约定金额超过法律法规允许的限额；

(四)以虚构交易、删除不利评价等形式，为自己或他人提升商业信誉；

(五)以交易达成后违背事实的恶意评价损害竞争对手的商业信誉；

（六）法律、法规规定的其他不正当竞争行为。

5.《最高人民法院关于审理不正当竞争民事案件应用法律若干问题的解释》(2007年)

第八条　经营者具有下列行为之一，足以造成相关公众误解的，可以认定为反不正当竞争法第九条第一款规定的引人误解的虚假宣传行为：

（一）对商品作片面的宣传或者对比的；

（二）将科学上未定论的观点、现象等当作定论的事实用于商品宣传的；

（三）以歧义性语言或者其他引人误解的方式进行商品宣传的。

以明显的夸张方式宣传商品，不足以造成相关公众误解的，不属于引人误解的虚假宣传行为。

人民法院应当根据日常生活经验、相关公众一般注意力、发生误解的事实和被宣传对象的实际情况等因素，对引人误解的虚假宣传行为进行认定。

第九章　侵犯商业秘密不正当竞争行为的法律规制

——“微博”诉“脉脉”反不正当竞争案[①]

一、案例正文

(一)摘要与关键词

摘　要：互联网经济下，用户数据资源已成为各大互联网平台极力争夺的对象，其潜在的巨大商业价值也已在实践中得到证实。在“微博”诉“脉脉”一案中，未经平台及该平台用户允许，对其耗费人力、物力收集、分类、整理的用户信息进行抓取的行为，最终被认定违反了《反不正当竞争法》第2条的诚信原则和商业道德。然而，根据“特殊法优于一般法”的原则，本案应优先考虑适用商业秘密条款或互联网专条对用户信息进行保护。故基于本案，本文首先介绍了“竞争关系”在域内外的真实状态及其在互联网领域的削减态势，其次重点分析本案中用户信息是否具备商业秘密属性及其受商业秘密条款保护的可行性，最后对适用互联网专条作为用户信息保护的另一路径进行了简要分析。

关键词：竞争关系；用户信息；商业秘密；数据竞争

(二)背景介绍

2016年，北京知识产权法院对“北京淘友天下技术有限公司等与北京微梦

---

① 案例来源：北京市海淀区人民法院(2015)海民(知)初字第12602号民事判决书、北京知识产权法院(2016)京73民终588号民事判决书。

创科网络技术有限公司不正当竞争纠纷”一案作出终审判决，驳回了上诉人北京淘友天下技术有限公司、北京淘友天下科技发展有限公司的上诉请求，维持原判。在该案中原、被告双方的主要争议焦点在于被告“获取、使用微博用户信息，以及脉脉注册用户手机通讯录联系人与新浪微博用户的对应关系”的行为是否属于不正当竞争行为。一审和二审均依据《反不正当竞争法》（1993 年）第 2 条的一般条款对本案作出判决。除了一般条款，现行《反不正当竞争法》（2017 年）为互联网时代下用户数据提供了更多的保护路径。

（三）基本案情

北京微梦创科网络技术有限公司（以下简称微梦公司）是新浪微博（以下简称微博）的经营人。微博网站对自己的业务介绍为：“微博已经成为一个重要的社交媒体平台，用户可通过该平台进行创作、分享和查询信息……2013 年 12 月，微博的月活跃用户数达到 1.291 亿人……”用户使用手机号或电子邮箱注册微博账号，手机号需要验证，大量微博用户均通过手机号码注册登录；用户头像、名称（昵称）、性别、个人简介向所有人公开，用户可以设置其他个人信息公开的范围，职业信息、教育信息默认向所有人公开，互为好友的微博用户能看到对方的职业、教育信息。

北京淘友天下技术有限公司（以下简称淘友技术公司）、北京淘友天下科技发展有限公司（以下简称淘友科技公司）共同经营脉脉软件及脉脉网站（网址为 http:/maimai.cn）。脉脉网站对脉脉软件的介绍为：淘友技术公司“致力于为中国网民打造更有意义的交友平台……这是一款基于移动端的人脉社交应用，通过分析用户的新浪微博和通讯录数据，帮助用户发现新的朋友，并且可以使他们建立联系……应用提供了职场动态分享、人脉管理、人脉招聘、匿名职场八卦等功能，致力于帮助职场用户轻松管理和拓展自己的人脉，帮助创业者和企业高管轻松找靠谱人才，帮助求职者精确找靠谱工作。”《脉脉用户协议》约定用户通过微博等第三方平台账号注册登录的，将视为用户完全了解并同意收集、统计、分析其微博等第三方平台上公布的全部信息。

微梦公司与淘友技术公司、淘友科技公司曾签订《开发者协议》，通过微博开放平台 OpenAPI 进行合作，合作期间自 2013 年 9 月 11 日起至 2014 年 8 月 15 日止。《开发者协议》第 1.6 条表明，“用户数据”是指用户通过微博平台提交的或因用户访问微博平台而生成的数据。用户数据是微博的商业秘密。第 2.5 条约定开发者应用或服务需要收集用户数据的应当符合以下条件:2.5.1 开发者应用或服务需要收集用户数据的,必须事先获得用户的同意,仅应当收集为应用程序运行及功能实现目的而必要的用户数据和用户在授权网站或开发者应用生成的数据或信息。开发者应当告知用户相关数据收集的目的、范围及使用方式,以保障用户的知情权。……2.5.15 一旦开发者停止使用开放平台或微梦公司基于任何原因终止对开发者在微博开放平台的服务,开发者必须立即删除全部从微博开放平台中获得的数据。

从双方合作期间脉脉获取微博用户信息的接口权限可知,淘友技术公司、淘友科技公司仅为普通用户,可以获得微博用户的 ID 头像、好友关系(无好友信息)、标签、性别,其在 OpenAPI"合作级"中没有获得属于"高级"内容的职业信息、教育信息和手机号的权限。淘友技术公司、淘友科技公司亦认可其并没有就获得读取职业信息和教育信息的权限单独提交申请。另外,微梦公司也未授权淘友技术公司、淘友科技公司使用新浪微博用户的手机号。

脉脉与微博合作时,仅能通过新浪微博账号注册登录或通过手机号码注册登录,且脉脉用户注册登录的前提需要上传手机通讯录联系人,脉脉账号的一度人脉来自脉脉用户的手机通讯录联系人和新浪微博好友,二度人脉为一度人脉用户的手机通讯录联系人和微博好友。合作终止后,仅能通过用户手机号注册脉脉账号,手机号需要验证,注册时要求用户上传手机通讯录,脉脉账号的一度人脉仅是脉脉用户的手机通讯录联系人,一度人脉不一定是脉脉用户。

后微梦公司发现,在合作期间,淘友技术公司、淘友科技公司在脉脉软件中展现微博用户的头像、基本信息、教育信息、职业信息、个人标签等,且大部分信息与在微博上查看的用户信息一致或基本一致。在双方合作终止后,微梦公司关闭向脉脉软件的 OpenAPI 接口。但合作终止数月后,淘友技术公司、淘友科技公司依然在脉脉软件中显示大量非脉脉用户的微博用户头像、昵称、职业、教育、个人标签等信息。

针对脉脉软件中显示大量微博的用户信息,微梦公司主张淘友技术公司、淘友科技公司的不正当竞争行为有二:

第一项行为是指非法抓取、使用微博用户信息,用户信息包括头像、名称、职业信息、教育信息、用户自定义标签等内容。具体而言,在双方合作期间,淘友技术公司、淘友科技公司非法抓取并使用了新浪微博用户的教育信息、职业信息;

双方合作结束后，淘友技术公司、淘友科技公司不仅未及时删除双方合作期间获取的新浪微博用户信息，还非法抓取并使用新浪微博用户的头像、名称、教育信息、职业信息、标签信息等。

第二项行为是指非法获取并使用脉脉注册用户手机通讯录联系人与新浪微博用户的对应关系。具体而言，淘友技术公司、淘友科技公司采取技术措施在双方合作期间及合作结束后，非法获取脉脉用户手机通讯录联系人与新浪微博用户的对应关系，并将该对应关系用于脉脉用户一度人脉中。微梦公司认为，淘友技术公司、淘友科技公司若未使用手机号进行匹配，不可能有如此高的匹配度。

二、案例使用说明

（一）目标与方向

结合互联网市场特性和《反不正当竞争法》的相关规定分析互联网领域数据信息新的保护路径。

（二）涉及知识点

1. 互联网时代下不正当竞争案件中对“竞争关系”认定思路的转变。

2.《反不正当竞争法》中有关商业秘密的认定问题。

3.《反不正当竞争法》中有关互联网不正当竞争的认定问题。

（三）法律问题

1. 微梦公司与淘友技术公司、淘友科技公司是否存在竞争关系？互联网时代下的“竞争关系”的认定思路是否发生了转变？

2. 新浪微博的用户数据是否构成微梦公司的商业秘密？如果是，淘友技术公司、淘友科技公司的行为是否侵犯了微梦公司的商业秘密？

3. 淘友技术公司、淘友科技公司的行为是否构成互联网不正当竞争行为，进而适用《反不正当竞争法》第 12 条进行规制？

（四）参考结论

1. 微梦公司与淘友技术公司、淘友科技公司存在竞争关系

一审法院认为，由于微梦公司与淘友技术公司、淘友科技公司的用户群体、业务模式、经营范围都存在交叉重叠，双方在经营活动中也都涉及尽可能吸引用

户注册、登录、留存用户信息，并高效安全地使用用户信息等行为，而本案主要的争议是针对淘友技术公司、淘友科技公司在脉脉软件中是否合法使用并展示新浪微博用户的相关信息等，淘友技术公司、淘友科技公司也以新浪微博为例进行抗辩并举证，类比说明其使用并展示用户信息的行为符合行业惯例。因此，双方在对相关用户社交类信息的使用等方面存在竞争利益，具有竞争关系。

2. 淘友技术公司、淘友科技公司的行为构成不正当竞争行为

一审和二审法院均认为淘友技术公司、淘友科技公司的行为违反了《反不正当竞争法》[①]第 2 条，构成不正当竞争行为。

一审法院认为，鉴于双方曾经存在合作关系，在淘友技术公司、淘友科技公司明确了解需要通过申请获得微博用户相关信息的接口权限，且合作终止后应当及时删除从新浪微博获取的用户信息的情况下，仍在合作期间超出许可范围抓取并使用新浪微博用户职业信息、教育信息，并在合作终止后较长一段时间内仍然使用来自新浪微博的用户信息作为脉脉软件中非脉脉用户的相关信息；同时，两公司非法获取并在一度人脉中展示用户手机通讯录联系人与新浪微博用户的对应关系，使大量非脉脉用户的新浪微博信息及好友关系展现在脉脉软件中，便于脉脉软件拓展自身用户群，淘友技术公司、淘友科技公司的行为主观故意明显。淘友技术公司、淘友科技公司的行为违反了诚实信用的原则，违背了公认的商业道德，危害到新浪微博平台用户信息安全，损害了微梦公司的合法竞争利益，对微梦公司构成不正当竞争。

二审法院认为，针对淘友技术公司、淘友科技公司的第一个行为，其获取新浪微博信息的行为存在主观过错，违背了在 OpenAPI 开发合作模式中，第三方通过 OpenAPI 获取用户信息时应坚持"用户授权" + "平台授权" + "用户授权"的三重授权原则，[②]上诉人淘友技术公司、淘友科技公司并没有基于《开发者协议》在取得用户同意的情况下读取非脉脉用户的新浪微博信息，其获取前述信

① 下文将《反不正当竞争法》简称为《反法》，同时注意区分本案中法院适用的《反法》专指《反不正当竞争法》(1993 年)，对于商业秘密和互联网不正当竞争部分的反法适用均指《反不正当竞争法》(2019 年)。

② 三重授权原则，包括"用户授权" + "平台授权" + "用户授权"。本案中，具体是指 OpenAPI 开发合作模式中数据提供方向第三方开放数据的前提是数据提供方取得用户同意；同时，第三方开发者通过开放平台 OpenAPI 接口获得用户数据，需要获得平台授权；最后，第三方平台在使用用户信息时还应当明确告知用户其使用的目的、方式和范围，再次取得用户的同意。

息的行为没有充分尊重《开发者协议》的内容，未能尊重用户的知情权及自由选择权，违反了诚实信用原则和互联网中的商业道德，故上诉人淘友技术公司、淘友科技公司获取并利用新浪微博用户信息的行为不具有正当性。针对淘友技术公司、淘友科技公司的第二个行为，其在未经新浪微博用户的同意及新浪微博授权的情况下，获取、使用脉脉用户手机通讯录中非脉脉用户联系人与新浪微博用户对应关系的行为，违反了诚实信用原则及公认的商业道德，破坏了 OpenAPI 的运行规则，损害了互联网行业合理有序公平的市场竞争秩序，一定程度上损害了被上诉人微梦公司的竞争优势及商业资源，根据《反法》第 2 条的规定，上诉人淘友技术公司、淘友科技公司展示对应关系的行为构成不正当竞争行为。

本案的主要争议焦点在于被告“获取、使用微博用户信息，以及脉脉注册用户手机通讯录联系人与新浪微博用户的对应关系”的行为是否属于不正当竞争行为。二审法院在“山东省食品进出口公司等与青岛圣克达诚贸易有限公司等不正当竞争纠纷再审案”[①]提出的适用《反法》第 2 条认定构成不正当竞争应当同时具备三个条件的基础上，明确了在互联网行业中适用《反法》第 2 条更应秉持谦抑的司法态度，在满足上述三个条件外还需满足另外三个条件，从而形成《反法》第 2 条适用的六个条件，[②]不失为本案的一大亮点。

针对互联网数据不正当竞争行为，实践中一般适用《反法》一般条款作为规制路径。但根据“特殊法优于一般法”原则，此类案件在《反法》具体条款可以获取利益保护时，应优先考虑适用具体条款，本案中主要表现为商业秘密保护条款和互联网专条，下文将详述之。

（五）法理分析

1.“竞争关系”之认定

（1）传统经济模式下的“竞争关系”

竞争法调整竞争关系，竞争关系是特殊的主体关系。一般认为，认定不正当

---

① 参见最高人民法院（2009）民申字第 1065 号民事裁定书。

② 六个条件分别为：（1）法律对该种竞争行为未作出特别规定；（2）其他经营者的合法权益确因该竞争行为而受到了实际损害；（3）该种竞争行为因确属违反诚实信用原则和公认的商业道德而具有不正当性；（4）该竞争行为所采用的技术手段确实损害了消费者的利益；（5）该竞争行为破坏了互联网环境中的公开、公平、公正的市场竞争秩序，从而引发恶性竞争或者具备这样的可能性；（6）对于互联网中利用新技术手段或新商业模式的竞争行为，应首先推定具有正当性，不正当性需要证据加以证明。

竞争行为,双方之间应存在竞争关系。在传统经济模式下,理解竞争关系的基本路径包括主体关系和客体要件。从主体构成上看,竞争关系至少需要两个以上的生产或销售同一产品或类似产品的经营者或两个以上购买同一产品或类似产品的购买者。从客观条件上看,竞争必须发生在企业生产经营活动中,其需同时具备两个基础性条件:一为不同企业生产或经营的商品(服务)具有替代性,二为竞争必须发生在一个特定的商品市场或地域市场上。[①] 从供给市场角度看,竞争关系,也被认为是生产经营相同、类似或者可替代商品的经营者之间在特定的市场经营活动中为争夺市场份额而形成的社会关系。[②] 不难看出,传统的市场理论强调竞争关系应发生在特定的市场中,提供具有相同、类似或是存在替代性的商品(服务)的经营者互为竞争对手,而不具有替代关系的商品(服务),其经营者之间不构成竞争关系。这种竞争关系具有很强的相对性。

(2)互联网经济下"竞争关系"认定思路的转变

随着跨业竞争成为可能,特别是在互联网环境下,对传统的"竞争关系"提出了新的挑战。互联网经济时代下的市场孕育了新的行业和盈利模式,并且具有开放性、互通性、拓展性的特点,使得互联网环境下的竞争关系,无论在竞争方式,还是在竞争内容上,都逐渐突破了"特定商品(服务)"和"特定市场"的限制,使得"竞争关系"从以传统"同业竞争"为主逐渐转变为以"跨界竞争"为主,相对性逐渐被削弱,不断向广义的竞争关系靠拢,变得更加宽泛化和复杂化。具体来说,竞争方式多以互联网作为平台和渠道,利用互联网技术快速获取市场信息、收集市场数据、分析市场需求后进行决策,从而有效实现盈利。其中最常见的方式即为谋取更多用户数量与用户信息,竞争者之间可能非属同行业,但同样可对其他经营者合法经营权形成侵害,不同种类的网络商品服务经营者也可以相互争夺特定、有限的网络市场资源;[③]竞争内容则是从"相同、相似、具有替代性的

① 参见刘继峰:《竞争法学》(第3版),北京大学出版社2018年版,第4页。

② 参见李国光主编:《知识产权诉讼》,人民法院出版社1999年版,第678页。

③ 参见逄晓霞:《互联网环境下不正当竞争行为的类型化分析》,载《山西省政法管理干部学院学报》2019年第3期。

商品或服务"之争转变为"利益"之争。[①]

①"竞争关系"的域外状态

实际上，部分发达国家和地区已率先意识到了传统"竞争关系"这一判定标准可能存在的适用困境，并对有关法律条款进行了调整。正如有学者针对法国不正当竞争法要求"竞争关系"作为认定条件这一问题时评论道："如果双方不处于竞争关系中，就不可能存在不正当竞争。这一标准是非常僵化的。"[②]根据《巴黎公约》第10条之二第(2)款，不正当竞争的定义是"在工业或商业事务中违反诚实做法的任何竞争行为"。[③] 有学者指出，"根据这一定义，该公约各成员国可自由给予保护、防止不公平竞争的做法，即使有关各方没有竞争关系"；[④]"巴黎公约第10条之二第(2)款对不正当竞争的判断并不要求存在竞争联系。"[⑤]在《巴黎公约》之后，WIPO《反不正当竞争示范条款》将"不公平竞争"的定义从"竞争行为"(act of competition)调整为"实践行为"(act of practice)，弱化了经营者之间的竞争关系的相对性，将重点转移至"行为"的正当与否上。对于德国《反不正当竞争法》，也有着类似解读认为，第2(1)节介绍了该法中使用的一些术语的定义。根据本段，"竞争行为"的定义是"经营者为了自己的利益或第三方的利益，旨在增加货物或服务的销售或供应的任何行为，包括不动产、权利和义务。"紧接着的第2(2)节说明了该法旨在保护市场中的经营者，无论它们与其他经营者是否有直接关系。因此，为了获得该法保护，不要求有关各方存在竞争关系，例如，两家分属于不同行业的经营者也可以因一方不当的实践行为而受本法保护。荷兰的反不正当竞争法也表明了上述观念，"不正当竞争行为

---

① 根据传统的"竞争关系"，一些不存在"竞争关系"的两个企业之间，也可能出现不正当竞争行为，主要表现为通过损害他人竞争优势(商誉或产品声誉)获取交易机会的不正当行为。例如，实施虚假宣传行为的经营者利用消费者的误认误购，直接或间接地对其他经营者造成不良影响，以获得不正当的竞争优势；再如，业务范围不同的两个经营者，一个经营者将另一个经营者有一定影响力的商标用在与之不同类的产品上，从而使消费者误以为前者是后者旗下产品，以此获得交易机会，该行为有淡化他人商标，使其商标失去显著性之嫌。

② Lisa Logan, *The emperor's new clothes? The way forward: TV format protection under unfair competition law in US, UK and France: Part 2*, Entertainment Law Review, Vol. 20: 87, p. 88 (2009).

③ "any act of competition contrary to honest practices in industrial or commercial matters." Paris Convention for the Protection of Industrial Property, U. N. T. S. Vol. 828: 305, p. 337 (United Nations).

④ Rogier W. de Very, *Towards a European unfair competition law: A clash between legal families*, Koninklijke Brill NV, Leiden, 2006, p. 13.

⑤ Lisa Logan, *supra* note 140, 90.

的判定,不需要证明双方存在竞争关系”。[①]

国外竞争法司法实践也在有意淡化“竞争关系”的相对性。1998年欧洲人权法院在 Hertel v. Switzerland 案[②]中指出:“一段时间以来,法学界和司法界都注意到,对竞争关系的要求导致了不适当的限制。”在 Markt Intern and Beermann v. Germany 案[③]中,联邦法院认为,尽管当事人之间不存在直接竞争关系,但不正当竞争法仍然适用。申请人故意以可能提高自身竞争力的方式行事,不当损害原告的利益,足以认定其行为的不正当性。奥地利最高法院在另一案件中也表明了类似意见,认为只要当事人所提供的货物或服务存在本质上的利益竞争,任何一方的不当行为都可以受到不正当竞争法的规制,而当事人之间不需要存在(直接)竞争关系。[④]

②“竞争关系”在我国的变化

我国学术界和实务界也认识到“竞争关系”限制了进一步的行为判断这一问题。与国外不同的是,我国学术界采取了更为保守的态度,并没有摒弃这一概念,而是尝试对“竞争关系”进行扩大解释,使之能够适应“跨界竞争”的新情况。

学界通过对“竞争关系”的概念进行分类来扩大其范围。例如,根据所涉及的商品是否具有相同性、可代替性或者相似性将经营者之间的竞争关系分为直接竞争关系和间接竞争关系,这也是最主要的分类标准。[⑤] 直接竞争关系的概念与传统的“竞争关系”相同。间接竞争关系来自对经济领域非直接竞争关系的直观描述,[⑥]是对非特定企业造成的间接损害后,两者之间形成的关系。也有将竞争关系分为狭义竞争关系和广义竞争关系,前者与传统概念相同。广义的竞争关系认为,只要商品或服务具有替代性,或是招揽相同的顾客群体,抑或是

---

① Rogier W. de Very, *supra* note 140, 101.

② Hertel v. Switzerland, E. H. R. R., Vol. 28: 534, p. 568 (1999) (European Court of Human Rights 25 August 1998).

③ Markt Intern and Beermann v. Germany, E. H. R. R. CD, Vol. 9:274, p. 275 (1987) (European Court of Human Rights 18 December 1987).

④ Re the Transmission of Satellite Programmes by Cable, 4 Ob 38/94, E. C. C., p. 215 (1996) (Austria Supreme Court 12 April 1994). See also: Re Copying of Computer Programs, 4 Ob 94/88, E. C. C., pp. 465, 470 (1990) (Austria Supreme Court 25 October 1988).

⑤ 参见陈兵:《互联网经济下重读“竞争关系”在反不正当竞争法上的意义——以京、沪、粤法院2000~2018年的相关案件为引证》,载《法学》2019年第7期。

⑥ 参见王永强:《网络商业环境中竞争关系的司法界定——基于网络不正当竞争案件的考察》,载《法学》2013年第11期。

抑制了他人的竞争，都应当认定具有竞争关系。[①] 还有学者将“竞争关系”进一步划分为经营者与消费者之间的对向竞争关系、具体经营者之间的直接竞争关系和经营者之间的间接竞争关系，试图将消费者和其他不特定经营者囊括到“竞争关系”中。[②]

无论是“狭义说”还是“广义说”，经营者从事经营活动，实施竞争行为，所追求的终极目标均落在了获取交易机会、获得竞争优势上。之所以被认为属于竞争关系，是因为前述经营者之间存在利益交叉，“狭义说”为这种利益交叉提供了最直接的表现形式，即生产经营相同、类似抑或可替代商品或服务，从消费者的选择结果可以很直观地反映出来市场的喜好和需求。“广义说”则提出了形成的利益交叉的更多可能性，其不限于具有替代性商品或服务，还包括相同的顾客群体、抑制了他人竞争等。其中，招揽相同的顾客，实际上不仅是取得与这类客户的交易机会，还可能是为了获取该类顾客所拥有或可能拥有的更为广阔的信息资源，从而获取更大的顾客群体，争取更多的交易机会；抑制了他人竞争表现为利益上的此消彼长，例如，在互联网环境下，以插播广告为收入来源之一的视频播放平台中插入可以免广告播放的跳转链接的行为，会增加该跳转链接所依托的视频播放软件的使用次数，却导致被插入跳转链接的播放平台的广告收入被相应减少，这些都是利益交叉的体现，需要在具体案例中具体分析。

虽然在立法层面，我国法律并未对竞争关系作出明确的界定，但最高人民法院的态度显然更加倾向于从“广义说”的角度理解“竞争关系”：“所谓竞争关系一般是指经营者经营同类商品或服务，经营业务虽不相同，但其行为违背了《反法》第 2 条规定的竞争原则，也可以认定具有竞争关系。……”[③]因此，“竞争关

---

① 参见郑友德、杨国云：《现代反不正当竞争法中“竞争关系”之界定》，载《法商研究》2002 年第 6 期。

② 参见吴伟光：《对〈反不正当竞争法〉中竞争关系的批判与重构——以立法目的、商业道德与竞争关系之间的体系性理解为视角》，载《当代法学》2019 年第 1 期。

③ “竞争关系是取得经营资格的平等市场主体之间在竞争过程中形成的社会关系。认定不正当竞争，除了要具备一般民事侵权行为的构成要件以外，还要注意审查是否存在竞争关系。存在竞争关系是认定构成不正当竞争的条件之一……所谓竞争关系一般是指经营者经营同类商品或服务，经营业务虽不相同，但其行为违背了反不正当竞争法第 2 条规定的竞争原则，也可以认定具有竞争关系。再次，有权提起不正当竞争诉讼的人须与被告之间存在特定、具体的竞争关系。有的不正当竞争行为可能导致不特定的经营者受到损害，但只要侵权人、侵权行为和损害后果是特定、具体的，在不特定的受损害的经营者与特定侵权人之间形成的竞争关系就是特定、具体的，任何受损害的不特定的经营者原则上都可以主张权利。”参见曹建明：《加大知识产权司法保护力度依法规范市场竞争秩序》，2004 年 11 月 11 日全国法院知识产权审判工作座谈会。

系”既可以存在于同行业经营者之间，也可以存在于非同行业经营者之间，只要某一经营者的竞争行为被判定违反竞争原则，就“激活”了反不正当竞争法的功能。实际上，以“狭义说”为基础发展形成的“广义说”更合乎反法的立法目的，也有助于合理扩大反法的适用范围。需要强调的是，从最高人民法院的态度中可以看出，竞争关系实际上并非不正当竞争行为的法定构成要件，其本质上更倾向于作为对原告资格的一种考量。

司法实践中，互联网时代下竞争关系的相对性削减，从以“同业竞争”和“同类产品竞争”为主逐渐转变为以“跨界竞争”和“利益竞争”为主，也并非毫无依据。例如，在“合一信息技术（北京）有限公司与北京金山安全软件有限公司等不正当竞争纠纷上诉案”[①]中，法院认为“对竞争关系的理解则不应限定为特定细分领域的同业竞争关系，而应着重从是否存在经营利益角度出发进行考察。经营利益主要体现为对客户群体、交易机会等市场资源的争夺中所存在的利益”。在“杭州硕文软件有限公司、优酷信息技术（北京）有限公司商业贿赂不正当竞争纠纷[②]上诉案”中，法院认为“反不正当竞争法调整的竞争关系的判断应当重点考量竞争行为的性质及后果，即应当根据具体行为属性、商业利益上是否存在此消彼长等方面，而非经营者的主营业务或所处行业出发来界定经营性和竞争性。”

（3）“微博”与“脉脉”存在竞争关系

本案中，微梦公司认为，淘友技术公司、淘友科技公司获取并使用微博用户信息的行为以及获取并使用脉脉用户手机通讯录联系人与微博用户对应关系的行为属于不正当竞争行为。对淘友技术公司、淘友科技公司来说，其侧重于提供职场信息，受众群体主要为职场人士；微博则是致力于为用户提供可以进行创作、分享和查询信息的平台。虽然双方同属于社交平台，但双方的服务类型、受众群体都不完全相同。

但是，作为社交平台，社交服务仅仅是其提供的免费的基础性服务，其真正的盈利模式包括但不限于广告投放、应用分成和增值业务。而这些模式的最终变现，需要平台搭建免费的基础服务平台，作为“流量入口”吸引用户，等注册用户达到一定数量时，再利用技术手段对用户数据进行分析，以用户为中心展开研

① 参见北京市第一中级人民法院（2014）一中民终字第3283号民事判决书。

② 参见浙江省杭州市中级人民法院（2018）浙01民终231号民事判决书。

发和决策,在与用户的价值互动中实现盈利。[①] 申言之,无论是何种盈利方式,均离不开用户数据。大量的用户基础数据是社交平台所争夺的对象,是社交平台获得竞争优势的最重要来源。同属社交平台的脉脉和微博,教育、职业信息系对淘友技术公司、淘友科技公司开展经营活动的重要基础和资源,而微博无论是信息提供的种类、受众群体的范围都远大于前者,但这不代表新浪微博用户的教育信息、职业信息就完全没有商业价值,反而说明这些信息是微梦公司扩大业务范围、开拓经营模式的重要基础资源。因此,双方在开展业务时,都在极力吸引用户注册、登录、留存用户信息。从这个角度看,在广告投放、应用分成和增值业务等市场领域中,双方的用户群体、业务模式、经营范围都以这些有重叠的用户数据为基础,在对相关用户社交类信息的获取和使用等方面存在竞争利益。因此,用户数据的变现系双方利益交叉的形式和表征,故二者存在竞争关系。

2. 商业秘密的一般理论

商业秘密是工业革命和市场经济发展的产物。[②] 根据《反法》第 9 条第 4 款规定,商业秘密是指不为公众所知悉、具有商业价值并经权利人采取相应保密措施的技术信息、经营信息等商业信息。结合《最高人民法院关于审理不正当竞争民事案件应用法律若干问题的解释》(以下简称《解释》),商业秘密的构成要件主要包括:

(1)秘密性,是指有关信息不为其所属领域的相关人员普遍知悉和容易获得。首先,这是与“公知信息”或“共知信息”相对应的概念。公知信息属于民众的公共财富,不能为某人或某几个人所独占。共知信息虽不为公众普遍知悉,但属于专业人士的共享资源。商业秘密具有非公(共)性。[③] 其次,此处的秘密性应为相对秘密性,并非绝对不为公众知悉,也即不是权利人以外的所有人都不知悉,而是在相关领域内不为相关人员普遍知悉即可,这也是当前学界的主流观点。[④] 因为商业秘密的价值性只有在其应用的过程中得以体现,该过程中不可避免地被部分雇员或者其他有实施能力的人所接触。而负有忠实义务的雇员和

① 参见陈兵:《互联网经济下重读“竞争关系”在反不正当竞争法上的意义——以京、沪、粤法院 2000 ~2018 年的相关案件为引证》,载《法学》2019 年第 7 期。

② 唐青林、黄民欣编著:《商业秘密保护实务精解与百案评析》,中国法制出版社 2017 年版,第 3 页。

③ 参见刘继峰:《竞争法学》(第 3 版),北京大学出版社 2018 年版,第 337 页。

④ 参见邓恒:《反不正当竞争立法中商业秘密保护的理解》,载《人民法院报》2017 年 5 月 17 日,第 7 版。

负有保密义务的其他人即使知悉商业秘密,也不影响其存在,本行业的人仍不能普遍知悉。[①] 所谓“容易获得”,一般可以理解为要求用正当手段的人不会马上知道该信息。如果在“用正当手段的人不会马上知道”这样的一段时间内,有证据证明被告用不正当手段获取了商业秘密,而被告又无法证明其手段的正当性,就很容易被认定为侵犯商业秘密。[②]

为更好地适用法律,《解释》第 9 条以列举的方式,罗列出六种属于公知信息或可直接获得的信息情形:该信息为其所属技术或者经济领域的人的一般常识或者行业惯例;该信息仅涉及产品的尺寸、结构、材料、部件的简单组合等内容,进入市场后相关公众通过观察产品即可直接获得;该信息已经在公开出版物或者其他媒体上公开披露;该信息已通过公开的报告会、展览等方式公开;该信息从其他公开渠道可以获得;该信息无须付出一定的代价而容易获得。申言之,判断某个信息是否具有秘密性主要考虑的因素有二:一为他人是否可以通过公开(正当)的渠道获得。若某些商业信息向社会或者本行业完全公开,为人们或行业人士所平等获得之,则其与共知信息或公知信息无异。如果商业信息被他人非法公开,可依法追究其法律责任。若这种非法公开只是为极少数人知晓,其应仍保持其秘密性。二为他人获得该信息的难易程度。一般而言,获得该信息的难度越大,其秘密性越强。之所以不易获得,是因为该信息凝结了人力、时间、技术等成本,这些要素作为重要的竞争工具,能够帮助企业提升其市场竞争力。美国法也认为,如果一个秘密的制造方法可以通过成本检查很容易被发现,则不能认定为商业秘密。但如果该秘密只有通过长时间的分析才能发现,则多数美国法院认为存在商业秘密,因为该秘密使哪些知道它的人取得了时间优势。[③]

(2)价值性,是指有关信息具有现实的或者潜在的商业价值,能为权利人带来竞争优势。商业秘密的经济价值是其得以受到法律保护的根本经济动因。其不仅包括既有价值和潜在价值,也包括短期价值和长期价值,甚至还有其积极价值和消极价值。消极价值可以理解为那些在研究过程中发现的无效信息,其能够起到警示、借鉴之用,从而避免无谓的资源浪费。值得注意的是,价值只是一种定性而非定量的要求,因为无论该商业秘密给权利人带来的竞争优势是巨大

---

① 参见张耕等:《商业秘密法》,厦门大学出版社 2006 年版,第 10 页。
② 参见张玉瑞:《商业秘密法学》,中国法制出版社 1999 年版,第 32 页。
③ 参见张耕等:《商业秘密法》,厦门大学出版社 2006 年版,第 11 页。

的，还是十分有限的，都不影响其价值性要件的成立。判断价值性的依据，在法律规定上比较泛化。在实践中，商业信息持有人对于该信息的投入，因该信息而获益等结果往往能够成为价值性存在的有利证据。法院一般根据权利人对商业秘密的研发成本、实施该项商业秘密的收益、可得利益、可保持竞争优势的时间等因素认定其具有价值性。在“金华恒发工贸有限公司、徐某不正当竞争纠纷案”[①]中，二审法院认为“徐某从恒发公司拷贝的客户信息中，还附有双方的往来邮件、合同文本、生产单、产品照片、报价单等文件，可以反映出客户对产品的特殊需求、采取的价格策略、偏好的交易方式等深度信息，上述信息并非他人或企业可以通过公开途径轻易获取，而是恒发公司付出一定的人力、物力和财力取得，并且具有相应的商业价值，能给恒发公司带来竞争优势。”而在“广州盛瑞企业管理有限公司、李某某侵害商业秘密纠纷案”[②]中，两审法院认为“汇总表仅是列明区域、账户、地址、业务员姓名及联系方式，没有具体的交易习惯或合作意向等细化内容。这些信息组合未能构成区别于相关公知信息的特殊客户信息，也未能证明其给盛瑞公司直接带来经营商机而具有商业价值……”相较之下，可以看出，简单罗列了基本信息的客户名单，在实践中难以被认为具备价值性，而有着客户偏好、市场需求分析等深度挖掘得出的信息，其价值性更容易得到确认。但正如 TRIPs 协定对价值性作出的解释：“因秘密性而存在商业价值”，简单的客户名单并非因其毫无价值而不具备价值性，更重要的原因在于其因在同行业中均较容易获得而难以被认为存在秘密性而易被判定为丧失商业秘密保护语境下的价值性。

(3)可保密性，主要是指权利人为防止信息泄漏所采取的与其商业价值等具体情况相适应的合理保护措施。对商业秘密的保护要求权利人采取合理的保密措施，其法律机理在于，通过采取合理的保密措施宣示权利人对相关信息的态度。如果没有表明对技术信息或管理信息的保密态度，即意味着权利人放弃了相关信息的财产性权利。[③] 对于商业秘密是否具有可保密性，可从两个方面进

---

① 参见浙江省金华市婺城区人民法院(2017)浙 0702 民初 15198 号民事判决书、浙江省金华市中级人民法院(2018)浙 07 民终 5280 号民事判决书。

② 参见广东省广州市海珠区人民法院(2017)粤 0105 民初 1 号民事判决书、广东省广州知识产权法院(2018)粤 73 民终 1377 号民事判决书。

③ 参见刘继峰:《竞争法学》(第 3 版)，北京大学出版社 2018 年版，第 338 页。

行考察:权利人是否采取了有效的保密措施以及该保密措施是否合理。[①]

由于法律考察的是信息持有人是否尽到合理的努力保护其商业信息,因此可以从反映其主观意愿的客观行为进行判断。《解释》第11条第2款指出判断是否采取了保密措施的整体原则:"人民法院应当根据所涉信息载体的特性、权利人保密的意愿、保密措施的可识别程度、他人通过正当方式获得的难易程度等因素,认定权利人是否采取了保密措施。"第3款通过"列举+概括"的方式,提出了若干保密措施的形式:①限定涉密信息的知悉范围,只对必须知悉的相关人员告知其内容;②对于涉密信息载体采取加锁等防范措施;③在涉密信息的载体上标有保密标志;④对于涉密信息采用密码或者代码等;⑤签订保密协议;⑥对于涉密的机器、厂房、车间等场所限制来访者或者提出保密要求;⑦确保信息秘密的其他合理措施。

对于保密措施的合理性要素,不仅应"在正常情况下足以防止涉密信息泄漏",还应当与信息的"商业价值等具体情况相适应"。一方面,虽然该标准仍然比较抽象,但不难看出,法律并没有要求保密措施"武装到牙齿",达到牢不可破的程度。在互联网经济环境下更是如此,否则对商业秘密的保护便失去意义,甚至不再有商业秘密的存在空间。另一方面,该标准实际上传递了这样的观念:判断保密措施是否合理,不仅要考虑措施本身的效果,还须考虑措施的实施方式与商业价值的相当性。前者要求保密措施首先必须是有效的,否则可能削减信息持有人的保护意愿,从而被认为其主观上允许该信息进入公(共)知领域;后者体现了保护竞争与创新、促进资源配置效率的价值目标。万无一失的保密措施不仅不现实,也无限增加了信息持有人不必要的保护成本,当信息持有人发现该信息将为其带来的效用值要低于其保护该信息所付出的成本时,其就会放弃对于该信息的开发、研究和使用,这将不利于市场创新和新一轮资源配置。从这个角度看,法律要求的"相当性"就更具有实践意义。从我国现有案例看,在下述情形中一般会被认为信息持有人采取了合理的保密措施:其一,与负有保密义务的人签订保密协议,或是劳动合同、竞业禁止协议中对商业秘密、知识产权和竞业禁止的具体范围作出明确约定,抑或是在企业内部制定专门文件,如信息安全管理规范,明确作为商业秘密保护的信息范围;其二,在有关文件上加附水印或

---

① 参见宋建宝:《美国商业秘密诉讼中合理保密措施的司法判断》,载《知识产权》2018年第5期。

标注“不得外泄”“内部资料，请勿带出”“内部文件、不得外泄”“机密文件，外泄须负法律责任”等信息，使接触到秘密信息的人明确某特定信息的秘密性，在其获取相应信息后进行行为上的约束；[①]其三，对于数据储存系统进行分级、加密的权限设置，限定知晓该信息的人员范围；[②]等等。当然，“相当性”的模糊性又导致为司法实践对保密措施是否合理的判断留下了较大的自由裁量空间，从而产生做法可能不尽一致的现象。但总体来说，一般不会偏离前述《解释》的一般性原则。

3. 新浪微博的用户数据属于商业秘密

互联网经济下的用户信息集合所形成的大数据，其潜在的巨大商业价值自不待言，已然成为影响竞争的一大重要因素，对社会公共利益和竞争秩序都足以造成影响。而这类数据能否作为商业秘密得到反不正当竞争法的保护，也影响着具体的法律适用。其主要涉及两个方面的问题：一是互联网环境下经营者争夺的数据内容，二是反不正当竞争法一般条款与特殊条款的适用。本案中，法院援引了《反法》第 2 条所谓的一般条款进行判断，对于数据的权属和性质采取了回避的态度，可以说较为保守。

针对第一个问题，互联网数据竞争的对象不是单纯的一条或是几条个人信息，而是能够反映市场需求和偏好的个人信息的集合体，它能帮助经营者实现产品、广告“精准投放”，最终获取交易机会和竞争优势，这才是数据竞争的最终落脚点。因此，首先应该厘清简单的个人数据与个人数据集合后产生的“大数据”的基本关系。前者属于个人信息，基于此形成了个人信息权，可以受民法保护；而后者虽源于个人但基于加工和整合后可以脱离个人形成一种新型权利。[③] 暂且不论尚存在争议的数据权属问题，即使用户对其个人信息享有绝对的所有权，那么基于其行为产生的衍生数据以及经大数据分析后得到的全新数据仍属于用户个人这一观念也难以得到普遍认同。正如前述的客户名单，其价值性是以客户基本信息为基础，通过其交易行为分析整理出的客户偏好、购买意向、市场需求等深度信息而形成的，也就是说，真正具有商业价值的是数据集合后形成的体

---

① 参见江苏省南京铁路运输法院(2017)苏 8602 民初 708 号民事判决书。

② 参见湖北省武汉市中级人民法院(2016)鄂 01 民初 3249 号民事判决书、广西壮族自治区桂林市中级人民法院(2016)桂 03 民终 109 号民事判决书。

③ 参见刘继峰、曾晓梅：《论用户数据的竞争法保护路径》，载《价格理论与实践》2018 年第 3 期。

系化的能够反映市场导向的大数据。这显然区别于简单的个人信息,而应该被视为经营者通过投入人力、物力、财力而形成的经营信息,于信息使用人而言属于重要的商业资源和有力的竞争工具。本案中涉及的用户数据无疑属于经营信息这一范畴。从新浪合法获取并使用用户信息开始,其已成为一种与原始主体脱离的商业资源,成为一种与个人信息相区别的经营者信息。

值得注意的是,本案中确立的“三重授权原则”思路,实际上体现了个人信息权受保护这一观念。对个人信息进行一对一的确认和保护这一民法调整方式,无疑是数据保护的重要前提和基础。这在一定程度上契合了反不正当竞争法保护消费者的价值目标。但从经营者的角度出发,若大量的数据全部只有这样一条获取通道,则会限制数据的开发和运用,这对以数据作为重要支撑的互联网企业而言,无疑极大地降低其经营效率,限制了其发展,故该思路没有严格区分简单个人信息与个人信息集合后产生的新的“大数据”,其指导实践的意义仍有待商榷。①

针对第二个问题,如果新浪微博的用户数据属于商业秘密,根据“特别法优于一般法”原则,应当首先适用《反法》第 9 条,而非第 2 条。

(1)新浪微博的用户数据具有“秘密性”

互联网经济时代之下,用户数据成为众多行业极力争夺的商业资源,数据信息个性化越强,价值越大。而每一条个性化数据,均由用户填写,这些数据“从用户中来,到用户中去”。例如,某个用户在同时注册两个软件时都如实填写了个人信息,那么两个社交软件即获取了含有相同或相似内容的用户信息。虽然每一条信息都源于公众(公有领域),就单一的数据信息而言,易被发现和知晓,但是当大量的单一数据信息被汇总后,围绕某个软件的核心功能,形成一个进行过分级、分类的数据库后,便不易被公众知晓和获取,即具备了秘密性要件。②

本案中,一方面,微博平台中海量的用户信息,由于用户注册时的设置选择不同(公开部分信息或者不公开部分信息),导致公开展示的信息的类型也不尽相同,只有微梦公司能在后台中收集到用户的所有信息,并进行相应的分类和编

---

① 参见刘继峰、曾晓梅:《论用户数据的竞争法保护路径》,载《价格理论与实践》2018 年第 3 期。

② 参见杨雄文、黄苑辉:《论大数据的商业秘密保护——以新浪微博诉脉脉不正当竞争案为视角》,载《重庆工商大学学报》(社会科学版)2019 年第 4 期。

排，因此这些分级分类后的用户数据库并不能从公开渠道获得。其次，这些用户信息也并未对所有第三方应用公开，第三方应用欲获取相关信息，必须通过微博开放平台的接口申请获得授权，经过微梦公司的严格审核批准后，方能获取。第三方应用在未申请情况下或微梦公司未授权即获得相关数据，系以非公开渠道或不正当的方式获取。通过微梦公司与淘友技术公司、淘友科技公司签订的《开发者协议》可知，在合作期间，淘友技术公司、淘友科技公司无权获取属于高级信息的教育信息、职业信息及手机号，在双方终止合作后，微梦公司关闭向脉脉软件的OpenAPI接口，故淘友技术公司、淘友科技公司无权也无其他渠道再获取和使用微梦公司进行过分级分类的微博用户数据。另一方面，微博所拥有的上亿条用户信息，系其经过多年、良好的经营活动，同时耗费了大量的人力、物力、财力所积累起来的。短期内，任何第三方应用根本无法收集到如此海量的信息，因此本案中的用户信息从整体上看无疑符合秘密性的要求。

（2）新浪微博的用户数据具备"价值性"

前已述及，微博用户数据系微梦公司重要的经营信息，具有巨大的商业价值。具体而言，从盈利模式上看，新浪微博的盈利渠道主要包括广告投放、社交游戏、电商平台、增值服务等服务。互联网经济下的市场更为成熟和灵活，经营者与消费者的关系不再限于传统市场下的"你卖什么，我买什么"，而越来越成为消费者为主导方，使双方关系转变为"我要什么，你卖什么"。因此，上述任何一项服务，其存在的前提是存在市场需求，其最终的落脚点在于盈利，所有服务的需求方和消费方，显然都是平台中的用户。因此，通过对平台用户数据的分析，评估和预测用户的喜好和习惯，有助于为微梦公司作出提供哪些产品和服务的决策提供有力的支持，从而实现广告、产品和服务的精准投放，提高其竞争力，为其带来更多的竞争优势。脉脉软件的盈利模式与新浪微博大同小异，虽然其提供的服务侧重于职场，但新浪微博的用户信息依然可以作为其运行的基础和服务数据的来源。加之本案中，双方的争议系由用户数据引起。不难看出，微梦公司所拥有的新浪微博用户数据无论是对微梦公司自己，还是对淘友技术公司、淘友科技公司，都具有极大的商业价值，均是作为社交平台极为重要的商业资源。

（3）新浪微博的用户数据具备"可保密性"

就本案而言，从微梦公司的角度看，一方面，其与淘友技术公司、淘友科技公司签订的《开发者协议》第 1.6 条约定："用户数据指用户通过微博平台提交的或因用户访问微博平台而生成的数据。'用户数据'是微博的商业秘密。"明确告知淘友技术公司、淘友科技公司用户数据因具有秘密性而不得随意获取，体现出微梦公司在主观上有将其作为商业秘密保护的意愿。另一方面，其不仅从技术上对新浪微博用户信息进行加密保存，采用了严格的访问权限控制，还在微博开放平台上设置了开发者使用其用户数据的权限体系，该权限体系包括三个维度：一是授权有效期，二是接口调用的频次，三是具体的接口权限，即"哪些接口可以调用"，每个接口都有普通和高级之分，每个高级接口都需要第三方单独申请，且第三方要调取用户的隐私信息，还需要经用户授权。

微梦公司向不同的第三方应用软件提供平台资源采取了保密措施，无论从措施本身还是从措施实施后的效果上看，其围绕用户数据通过协议声明、技术加密、设置访问权限等多种方式对其加以保护，基本可以达到有效防止其用户信息泄漏的效果，第三方应用软件难以以合法的形式取得这些数据，故上述保密措施应属于合理保密措施的范畴。

综上所述，微博用户数据属于反不正当竞争法所保护的商业秘密。

4. 淘友技术公司、淘友科技公司侵犯了微梦公司的商业秘密

从理论上说，侵犯商业秘密行为的认定主要考察以下两个方面：一是行为人是否实施了违法行为，即由《反法》第 9 条规定的"盗窃、贿赂、欺诈、胁迫、电子侵入或者其他不正当手段"等行为手段和"披露、获取、使用或允许他人使用"等行为内容共同组成。需要注意的是，这里的"不正当手段"包括但不限于法条所列举的五种行为，在竞争法语境下应广泛地理解为非法的或有悖于公认商业道德的手段。二是行为人主观上是否具有过错，即行为人明知或应当知道特定信息属于他人的商业秘密，仍然实施了违法行为。

上述法律规定落实到具体实践中，表现为法院在判断行为人是否侵犯他人的商业秘密时，通常会将"不正当手段"拆分成以下几个方面进行认定：一是涉案信息与权利人诉请保护的秘密信息是否完全相同或实质性相似。二是行为人是否有接触他人商业秘密的可能。三是行为人是否存在其他获取该信息的合法来源和正当性。从举证责任分配的角度来说，一般前两项需权利人进行举证，第三项由行为人证明。

具体到本案，客观上，对淘友技术公司、淘友科技公司的不正当行为的分析

可以从以下两个部分进行。

(1)脉脉软件中展示的非脉脉用户的微博信息来源为新浪微博平台

第一,脉脉软件上线至今,仅与微博存在过合作关系。合作期间,其只能通过 OpenAPI 获取新浪微博用户的基本信息,也仅能通过新浪微博账号注册登录或通过用户个人手机号注册登录,且脉脉用户需要上传手机通讯录联系人,而大量新浪微博用户也使用手机号注册登录。故淘友技术公司、淘友科技公司能掌握新浪微博用户的基本信息以及脉脉用户手机通讯录联系人的手机号等信息,即使该人未注册脉脉账号。

第二,淘友技术公司、淘友科技公司辩称其非脉脉用户的头像来自头像淘淘软件,但未提交证据证明,故一审法院未采信该抗辩意见。淘友技术公司、淘友科技公司还辩称部分非脉脉用户的相关信息系通过协同过滤算法获得,但其并未能就其所采用的协同过滤算法的具体计算方法、进行协同计算前如何辨别基础数据的准确性以及如何对基础数据进行筛选等问题进行说明,特别是没有就在新浪微博信息中未填手机号码的用户如何通过协同过滤算法,精准地计算出其与手机通讯录中联系人之间的对应关系进行说明。故二审法院未采纳该抗辩意见。

通过本案事实可知,脉脉软件中展示的非脉脉用户的微博信息与该微博用户在微博平台展示的信息高度一致。鉴于双方此前存在合作,故淘友技术公司、淘友科技公司有接触微博用户信息的可能性,且不存在其他获取该信息的合法来源和正当性。

(2)淘友技术公司、淘友科技公司获取并使用新浪微博用户数据的行为不具合法性,违反了公认的商业道德

在双方合作期间,淘友技术公司、淘友科技公司在未获授权的前提下获取并使用了新浪微博用户的高级信息,且在未取得用户许可的前提下获取并使用涉案非脉脉用户的相关新浪微博信息,违反了《开发者协议》的约定。双方合作终止后,淘友技术公司、淘友科技公司违反了《开发者协议》中“一旦开发者停止使用开放平台或微梦公司基于任何原因终止对开发者在微博开放平台的服务,开发者必须立即删除全部从微博开放平台中获得的数据”的约定内容,仍在使用涉案新浪微博用户信息。此外,微梦公司从未授权淘友技术公司、淘友科技公司获取并使用新浪微博用户的手机号。本案二审法院认为,通过手机号码将手机

通讯录联系人与新浪微博用户相对应成为最直接、最高效、最准确的方法。考虑到手机通讯录联系人与新浪微博用户的对应关系的高度准确性及极具个性化的微博信息亦能与相应的手机通讯录联系人相对应，在没有证据证明上诉人淘友技术公司、淘友科技公司采取了其他方式获取前述对应关系的情况下，二审法院依据举证规则及在案证据，推定上诉人淘友技术公司、淘友科技公司在获取手机通讯录联系人与微博信息对应关系时存在通过手机号码、其他类似手机号码的用户精准信息进行匹配的行为。

由此可见，淘友技术公司、淘友科技公司的行为不正当地截取了被上诉人微梦公司的竞争优势，为自己节省了大量的经济投入，实际上变相降低了同为竞争者的新浪微博的竞争优势，一定程度上侵害了被上诉人微梦公司的商业资源，违反了诚实信用原则和公认的商业道德，故客观上属于不正当行为的范畴。

主观上，作为《开发者协议》的合同相对方，淘友技术公司、淘友科技公司知道或应当知道“用户数据”属于微梦公司的商业秘密，且这些用户数据的获取方式仅限于微博开放平台的授权，无法通过其他正当方式获得。可见，微梦公司已经明确告知淘友技术公司、淘友科技公司其将用户数据作为商业秘密进行保护，且对用户信息采取了“加密＋设置分级分类访问权限”的保护措施，淘友技术公司、淘友科技公司知道或应当知道其违反《开发者协议》所获取使用的用户数据属于微梦公司的商业秘密，却无视《开发者协议》的具体内容约定，为了扩大用户数量而通过技术手段最大化获取并使用用户信息，主观上具有明显过错。因此，可以认定淘友技术公司、淘友科技公司的行为侵犯了微梦公司的商业秘密。

实际上，将不当获取和使用他人数据的行为认定为侵犯商业秘密的不正当竞争行为，此前存在一例：“衢州万联网络技术有限公司（以下简称万联公司）与周某某等侵害商业秘密纠纷上诉案”。[①] 在该案中，万联公司于 2002 年开始运行“BOX 网络游戏社区”网站。2004 年，周某某等五人（均曾在万联公司任职，与公司签订了保密条款）离开万联公司，注册了新的网站 www.box2004.com。周某某利用此前掌握的网站管理员密码从原告网站上下载了用户数据库，并利用原先设计开发的用于万联公司网站的软件程序开通了网站 www.box2004.com，同时对万联公司的网站软件程序的配置文件进行了修改，使得万联公司的

① 参见上海市高级人民法院（2011）沪高民三知终字第 100 号民事判决书。

网站无法运行，并通过在其他网站上发布公告、在 QQ 群里发布通知等方式将万联公司的网站注册用户引导至网站 www. box2004. com。

对此，上海市高级人民法院认为，首先，虽然单个用户的注册用户名、注册时间等可能易于获取，但是涉案网站数据库中 50 多万个注册用户名、注册密码和注册时间等一一对应的信息组成的综合海量用户信息并不易被相关领域的人员普遍获悉和容易获得。其次，网站的广告收入等经济利益与网站的访问量密切相关，上述海量的用户信息证明涉案网站作为游戏网站具有较大的用户群和访问量，因此上述用户信息能为万联公司带来经济利益，具有实用性。最后，万联公司为涉案网站数据库设置了密码，该密码只有主要技术人员周某某和万联公司的法定代表人邱某知晓，且在万联公司与周某某签订的《聘用合同书》中约定了保密条款，因此可以认定万联公司对上述用户信息采取了保密措施。综上所述，涉案网站数据库中的用户信息，包括客户名单数据表中的注册用户名字段、注册密码字段和注册时间字段等信息，构成商业秘密。上诉人周某某在未经万联公司许可的情况下，利用自己掌握的数据库密码擅自从万联公司的涉案网站复制、使用了包含上述商业秘密的数据库，该行为侵犯了被上诉人万联公司的商业秘密。

5. 淘友技术公司、淘友科技公司的行为构成互联网不正当竞争行为

基于互联网行业竞争激烈、商业模式趋同的特点，互联网企业往往会采用各种不正当手段争取流量或争夺客户。其中，不正当手段包括但不限于网络技术手段，网络技术手段通常包括流量劫持行为、恶意干扰客户端行为、恶意不兼容行为、数据的获取和利用行为、软件捆绑行为等。为了回应实践中出现的问题，《反法》增设第 12 条作为“互联网专条”欲对上述行为进行特殊规制。

在大数据时代，说到“信息抓取”技术，不得不提到具有信息抓取功能的网络爬虫技术（Web Crawler）与 API（Application Programming Interface，应用程序接口）技术。不同的是，前者以 Robots 协议为依据，后者则以《开发者协议》为依据。二者原本都是中立的信息抓取技术，但部分互联网经营者以违反商业道德和诚实信用原则的方式使用中立性技术时，因其损害了其他互联网经营者的合法权益及公平竞争的权利，打破了互联网行业有序的竞争秩序，便使得中立的技术逐渐异化为争夺竞争优势的工具。以爬虫技术为例，爬虫技术可以代替人工对全球网络进行海量搜索。爬虫程序本身具备有利的一面，如果没有网络爬虫

技术，那么就不可能有各种用途极大的搜索引擎，所有的网络用户就在海量的信息中"迷失"。但是，无处不在的爬虫程序导致"搭便车"等不劳而获的现象屡见不鲜。也即将经营者花费人力、物力、财力，收集、整理、分析、编辑后形成的具有巨大商业价值的信息收集下载并无偿使用，损害该经营者的利益，涉嫌不正当竞争，严重影响市场的竞争秩序，对市场带来巨大的负外部性。此外，在爬虫技术的使用过程中，还可能对被爬取信息的平台造成一定程度的流量压力、信息压力和运营压力。因此，许多经营者如果不希望自己的特定信息或资源被爬取，通常会采用"robots 协议"或者技术措施（如系统加密措施），防止爬虫技术。

根据《反法》第 12 条第 2 款规定，经营者不得利用技术手段，通过影响用户选择或者其他方式，实施妨碍、破坏其他经营者合法提供的网络产品或者服务正常运行的行为。该款前 3 项均是基于实践指导下形成的明确列举，但均为涉及不正当抓取数据的规定。由于互联网环境下产生的新型不正当竞争手段具有不确定性和多样性，为了弥补前述列举的不周延，该款第 4 项作为兜底条款应运而生，使反不正当竞争法更具适应性和开放性，更有利于遏制基于网络技术的不正当竞争。据此，本条所指的不正当竞争行为具有如下共同构成要件：在行为要件上，必须是"利用技术手段"，"通过影响用户选择或者其他方式"来实施。由于"通过影响用户选择或者其他方式"这一条件中含有"其他方式"这一开放性条件，因此在实践中，行为实现要件中基本上满足了"利用技术手段"即可；在行为结果要件上，应该"妨碍、破坏其他经营者合法提供的网络产品或者服务正常运行"。至于这一要件的判断标准，学界普遍认为，要素较为简单，字面含义太宽，容易出现不当的扩大适用，在司法实践中需要结合一般条款对第 12 条进行必要的目的性限缩解释；[①]必要时仍需直接以一般条款"作为疑难案件的断案依据"。[②] 因此，即使"互联网专条"与一般条款相比属于特殊条款，应该优先适用，但由于该条的模糊性，故实践中对本条的认定仍然还是难以脱离本法第 2 条的判断标准进行辅助性解释。出于反不正当竞争法的"行为规制法"属性，该结果要件的"妨碍"行为、"破坏"行为，包括但不限于违反商业道德、缺乏正当性的技术行为，足以导致其他经营者运营发生障碍或困难而导致不必要的运营成本增

① 参见孔祥俊：《论新修订〈反不正当竞争法〉的时代精神》，载《东方法学》2018 年第 1 期；陈兵、徐文：《优化〈反不正当竞争法〉一般条款与互联网专条的司法适用》，载《天津法学》2019 年第 3 期。

② 参见张文显主编：《法理学》，高等教育出版社 2011 年版，第 74 页。

加的系统侵入行为。

本案中，微梦公司主张淘友技术公司、淘友科技公司的不正当竞争行为有二：一是获取并使用新浪微博用户信息的行为，二是获取并使用脉脉用户手机通讯录联系人与新浪微博用户对应关系的行为。这两种行为均属于通过网络对用户数据实施的获取和利用行为。

从具体行为上看，淘友技术公司、淘友科技公司在双方合作期间超过微梦公司所授予的权限，获取并使用了新浪微博用户的教育信息、职业信息和手机号等高级信息，并且非法获取脉脉用户手机通讯录联系人与新浪微博用户的对应关系，将该对应关系用于脉脉用户一度人脉中。

脉脉软件是专业的交友平台，职场圈子及职场人脉既是其特色亦是主要竞争力，获取用户的职业信息和教育信息对其非常重要。淘友技术公司、淘友科技公司理应对其能否获得用户的职业信息和教育信息负有更高的注意义务，在获取用户职业信息和教育信息时明知或应知需要“高级接口”（需要授权）的情况下仍放任技术的抓取能力而获取相应信息，不仅破坏了基于《开发者协议》建立起来的 OpenAPI 合作模式，还容易引发“技术霸权”的恶性竞争，即只要技术上能够获取的信息就可以任意取得，必然会影响和破坏互联网的竞争秩序。综合全案来看，法院虽然没有得出淘友技术公司、淘友科技公司究竟是通过爬虫技术还是通过 OpenAPI 接口获取的大量微博用户数据的明确结论，但是根据当时网络技术的发展水平，结合双方专家的解释说明和证据优势的角度推定淘友技术公司、淘友科技公司获取微博用户数据手段具有不正当性。那么，从该不正当抓取数据手段的影响看，淘友技术公司、淘友科技公司的行为一方面有损作为数据开放平台的微梦公司的利益，频繁的数据抓取行为可能占据微博平台的流量资源，挤占相应的产品或服务运营资源，对相应平台系统造成运营负担、加大平台的运营成本，从而妨碍、破坏特定平台的正常运营工作。[①] 同时对于那些诚实遵守《开发者协议》的其他经营者来说是不公平的，也容易打击包括微梦公司在内的其他经营者遵守市场规则和技术创新的积极性。另一方面，淘友技术公司、淘友科技公司的行为也侵犯了新浪微博用户的合法权益。互联网时代，保护用户

---

① 参见《神箭手平台擅自爬取微信公众号数据被起诉》，载搜狐网，http://www.ijiandao.com/salon/itown/356520.html，最后访问日期：2020 年 9 月 10 日。

信息是衡量经营者行为正当性的重要依据,也是反不正当竞争法意义上尊重消费者权益的重要内容。用户信息不仅体现了互联网经营者重大的竞争利益,更是消费者个人合法权益的重要组成部分。用户有权在充分表达自由意志的情况下向他人提供自己的信息或不提供信息,也有权充分了解他人使用自己信息的方式、范围,并对不合理的用户信息使用行为予以拒绝。这也是用户在注册软件时,会出现相关提示的原因。作为第三方应用软件脉脉的经营者,也应当在尊重用户知情权的基础上合法使用用户信息。然而,用户在注册脉脉软件时,不仅被要求上传手机通讯录,而且在《脉脉服务协议》还约定用户通过新浪微博等第三方平台账号注册登录的,将视为用户完全了解并同意收集、统计、分析其新浪微博等第三方平台上公布的全部信息。淘友技术公司、淘友科技公司利用上述手段获取了脉脉用户的手机号和新浪微博用户的信息后,与该通讯录联系人相关的新浪微博用户,不论其是否为脉脉用户,都能显示在一度人脉或二度人脉,甚至是三度人脉中。对此,法院也指出,此种对应关系的展现,明显未考虑用户权益:一是淘友技术公司、淘友科技公司未在《脉脉服务协议》中充分告知脉脉用户上传通讯录的要求及后果,且脉脉用户无权选择关闭相关对应关系或展示方式;二是既未考虑亦未尊重新浪微博用户对个人微博信息是否公开、如何公开的自主意愿,使相关不愿通过手机号等方式查找到自己的新浪微博用户在不知情的情况下因为某些原因成为他人通讯录联系人而暴露自己的新浪微博用户身份及信息;三是未提供脉脉用户与其一度人脉、二度人脉之间共同好友展示状态的选择,使那些不愿出现在相关人脉圈的用户在不知情的情况下被关联。该行为不仅危害了微博平台用户信息安全,也严重损害了脉脉用户的选择权以及非脉脉用户的知情权和选择权。

因此,淘友技术公司、淘友科技公司的行为属于《反法》第 12 条第 2 款第 4 项所规制的互联网不正当竞争行为。实际上,从本案的调查阶段不难看出,伴随新型不正当竞争行为的强隐蔽性和强技术性,在案件事实查明阶段困难重重,存在技术难题和客观障碍,这也给司法和执法工作带来了新的挑战。

(六)关键要点总结

1. 互联网时代下“竞争关系”的相对性呈削减趋势,从以“同业竞争”和“同类产品竞争”为主逐渐转变为以“跨界竞争”和“利益竞争”为主。

2. 根据《反不正当竞争法》及《最高人民法院关于审理不正当竞争民事案件

应用法律若干问题的解释》，厘清简单的个人数据与个人数据集合后产生的“大数据”的基本关系，本案中的用户信息系与个人信息相区别的经营者信息，属于微梦公司的经营信息和商业资源。

3. 微博后台对用户信息进行分级、分类工作形成的数据库，他人难以从公开渠道获得；根据用户设置不同，微博平台中海量的用户信息并非完全向社会公开，在短期内难以对这些庞杂的信息进行收集、整理和分类；经过加密和权限设置后，更是难以被公众知晓和获取，故具备秘密性要件。微博用户数据系微梦公司重要的经营信息，具有巨大的商业价值。微梦公司围绕用户数据通过协议声明、技术加密、设置访问权限等多种方式对其加以保护，采取了合理的保密措施，足以有效防止其用户信息的泄漏。故新浪微博的用户数据属于《反不正当竞争法》保护的商业秘密。

4. 结合网络不正当竞争行为法律规制和行为特点，在《反不正当竞争法》第2条规定的整体把握和约束下，判断经营者是否构成互联网不正当竞争行为，技术手段的使用并非核心标准，实体化的核心标准应为经营者通过网络实施的上述竞争行为是否使其他经营者和消费者在互联网环境下的利益受到损害。即使“互联网专条”与一般条款相比属于特殊条款，应该优先适用，但由于该条的模糊性，故实践中对本条的认定仍然难以脱离《反不正当竞争法》第2条进行辅助性解释。

（七）附录

参考文献

1. 刘继峰：《竞争法学》（第3版），北京大学出版社2018年版。

2. 李国光主编：《知识产权诉讼》，人民法院出版社1999年版。

3. 陈兵：《互联网经济下重读“竞争关系”在反不正当竞争法上的意义——以京、沪、粤法院2000～2018年的相关案件为引证》，载《法学》2019年第7期。

4. 逄晓霞：《互联网环境下不正当竞争行为的类型化分析》，载《山西省政法管理干部学院学报》2019年第3期。

5. 王永强：《网络商业环境中竞争关系的司法界定——基于网络不正当竞争案件的考察》，载《法学》2013年第10期。

6. 郑友德、杨国云：《现代反不正当竞争法中“竞争关系”之界定》，载《法商研究》2002 年第 6 期。

7. 邓恒:《反不正当竞争立法中商业秘密保护的理解》,载《人民法院报》2017 年 5 月 17 日,第 7 版。

8. Rogier W. de Very, Towards a European unfair competition law: A clash between legal families, Koninklijke Brill NV, Leiden, 2006.

9. Lisa Logan, The emperor's new clothes? The way forward: TV format protection under unfair competition law in US, UK and France: Part 2, Entertainment Law Review, Vol. 20 (2009).

10. Paris Convention for the Protection of Industrial Property, U. N. T. S. Vol. 828 (United Nations).

参考法条

1.《中华人民共和国反不正当竞争法》(2019 年)

第二条第二款　本法所称的不正当竞争行为,是指经营者在生产经营活动中,违反本法规定,扰乱市场竞争秩序,损害其他经营者或者消费者的合法权益的行为。

第九条　经营者不得实施下列侵犯商业秘密的行为:

(一)以盗窃、贿赂、欺诈、胁迫、电子侵入或者其他不正当手段获取权利人的商业秘密;

(二)披露、使用或者允许他人使用以前项手段获取的权利人的商业秘密;

(三)违反保密义务或者违反权利人有关保守商业秘密的要求,披露、使用或者允许他人使用其所掌握的商业秘密;

……

本法所称的商业秘密,是指不为公众所知悉、具有商业价值并经权利人采取相应保密措施的技术信息、经营信息等商业信息。

第十二条　经营者利用网络从事生产经营活动,应当遵守本法的各项规定。

经营者不得利用技术手段,通过影响用户选择或者其他方式,实施下列妨碍、破坏其他经营者合法提供的网络产品或者服务正常运行的行为:

(一)未经其他经营者同意,在其合法提供的网络产品或者服务中,插入链接、强制进行目标跳转;

(二)误导、欺骗、强迫用户修改、关闭、卸载其他经营者合法提供的网络产品或者服务；

（三）恶意对其他经营者合法提供的网络产品或者服务实施不兼容；

（四）其他妨碍、破坏其他经营者合法提供的网络产品或者服务正常运行的行为。

2.《最高人民法院关于审理不正当竞争民事案件应用法律若干问题的解释》(2006年)

第九条　有关信息不为其所属领域的相关人员普遍知悉和容易获得，应当认定为反不正当竞争法第十条第三款规定的“不为公众所知悉”。

具有下列情形之一的，可以认定有关信息不构成不为公众所知悉：

（一）该信息为其所属技术或者经济领域的人的一般常识或者行业惯例；

（二）该信息仅涉及产品的尺寸、结构、材料、部件的简单组合等内容，进入市场后相关公众通过观察产品即可直接获得；

（三）该信息已经在公开出版物或者其他媒体上公开披露；

（四）该信息已通过公开的报告会、展览等方式公开；

（五）该信息从其他公开渠道可以获得；

（六）该信息无需付出一定的代价而容易获得。

第十条　有关信息具有现实的或者潜在的商业价值，能为权利人带来竞争优势的，应当认定为反不正当竞争法第十条第三款规定的“能为权利人带来经济利益、具有实用性”。

第十一条　权利人为防止信息泄漏所采取的与其商业价值等具体情况相适应的合理保护措施，应当认定为反不正当竞争法第十条第三款规定的“保密措施”。

人民法院应当根据所涉信息载体的特性、权利人保密的意愿、保密措施的可识别程度、他人通过正当方式获得的难易程度等因素，认定权利人是否采取了保密措施。

具有下列情形之一，在正常情况下足以防止涉密信息泄漏的，应当认定权利人采取了保密措施：

（一）限定涉密信息的知悉范围，只对必须知悉的相关人员告知其内容；

（二）对于涉密信息载体采取加锁等防范措施；

（三）在涉密信息的载体上标有保密标志；

（四）对于涉密信息采用密码或者代码等；

（五）签订保密协议；

（六）对于涉密的机器、厂房、车间等场所限制来访者或者提出保密要求；

（七）确保信息秘密的其他合理措施。

第十章 电商平台“二选一”行为的竞争法规制

——京东诉天猫“二选一”案[①]

一、案例正文

(一)摘要与关键词

摘　要:京东称,天猫利用“签订独家协议”等手段实施“二选一”,系滥用市场支配地位行为,请求判令天猫停止相关行为,并赔偿经济损失10亿元等。在此案的管辖权异议之争落下帷幕后,唯品会、拼多多又向管辖法院请求以第三人身份参与诉讼,该案或将进入实体审判阶段。案件的主要争点是对“二选一”行为如何认定和规制,现有《反垄断法》《反不正当竞争法》《电子商务法》均对问题有所涉及,但尚无法为“二选一”提供较为妥当的解决路径,故而可以引入滥用相对优势地位理论调整“二选一”行为。

关键词:二选一;滥用市场支配地位;反垄断;滥用相对优势地位

(二)背景介绍

2019年11月11日是我国《电子商务法》正式实施后电商“流量”迎来的第一个“双11”节日。“双11”即“双11促销节日”,始创于阿里巴巴公司(以下简称阿里公司)旗下淘宝商城(天猫),是折扣购物的“最佳”时机。据阿里公司人员称,2019年“双11”这一天创造了新的纪录,交易峰值达到54.4万笔/秒。当

① 案例来源:最高人民法院(2019)最高民辖终第130号民事裁定书。

天，天猫在微博平台公布2019年“双11”交易额为2684亿元人民币，发布广告语称“所有不可想象，终将化作寻常；我们相信‘相信’，一切都是新的”。从成交额迅猛增长的势头来看，天猫平台似乎并未受到前段时间与另一互联网销售平台巨头京东公司的“二选一”管辖权异议纠纷败诉一案的消极影响。

阿里公司初期只有十几名合伙人，在互联网浪潮中发展壮大为如今的商业版图，公众们耳熟能详的说法是“教师马云和他的阿里巴巴创业史”。阿里公司的目标也从最初的“在2002年上市”发展到18周年庆祝会上马云提出的“超过英法，成为全球第五大经济体”。如今阿里公司在大数据、金融、物流、文娱等多个领域都产生了巨大影响力，更是通过调整战略布局形成了流量闭环，称为“第一电商平台”也不为过。在此期间，电商领域最能与之“一对一 battle”的便是京东，京东的CEO是刘强东。这两家也是很多企业首选入驻的平台，相较于天猫的开放性，京东更多为自营模式，可以将其比作一个采购者，进货后再转手销售，将产品通过快递配送给服务对象。近年来，从B2C业务起家的京东不断向B2B业务延伸，发力掘金工业互联网广阔市场。

人、货、场是市场销售必不可少的助力，人已满，场已建，需要争夺的便是货源。在销售市场不断下沉的背景下，谁能获取足够多、足够优质的货源，谁就占据主动地位，因此，互联网背景下的“二选一”应运而生。实际上“二选一”并未建立起一个严格的法律概念，主流观点认为其是对电商平台限定交易、排他性交易、独家交易等类似行为的通俗说法，通常是指电商平台企业通过签订协议等手段阻止商家入驻其他电商平台的行为。据淘宝商家爆料阿里公司曾“逼迫”商家签订“独家合作”协议，造成的后果是当年很多服装品牌在京东撤店，相关店铺经营者暗示得到天猫首肯才会考虑重新入驻京东。

这样的“两家胶着”局面直到由黄峥担任CEO的“拼多多”崛起才被打破。拼多多年交易额于2019年已突破万亿元大关，拥有与竞争对手“一决高下”的能力。京东起诉天猫“二选一”主张权利后，以唯品会以及与阿里公司达成战略合作的苏宁为代表的一批电商也纷纷表态。总之，无论这场“东猫战”的结果如何，都折射出商业升级和消费升级的多元化态势，也引发了法律界的持续关注。

（三）基本案情

北京京东世纪贸易有限公司、北京京东叁佰陆拾度电子商务有限公司（以下均简称京东）以“滥用市场支配地位逼迫商户二选一”为由，将浙江天猫网络有限公司、浙江天猫技术有限公司（以下均简称天猫）和阿里巴巴集团控股有限公司（阿里公司）诉至北京市高级人民法院。京东诉称，天猫不断以“签订独家协议”“独家合作”等方式，要求在天猫商城开设店铺的服饰、家居等众多品牌商家不得在原告运营的京东商城参加“618”“双 11”等促销活动、不得在京东商城开设店铺进行经营，甚至只能在天猫商城这一个平台开设店铺进行经营。京东将上述行为概括为“二选一”行为，认为该行为侵害了京东的合法权益，天猫应当承担法律责任。在该案答辩期间，天猫提出管辖权异议，提出本案应当由浙江省高级人民法院审理，后原法院裁定驳回天猫的管辖权异议。天猫不服就管辖权问题提起上诉，最高人民法院经审理驳回上诉，维持原裁定。至此，管辖权程序异议终于妥善解决，案件的实体审理提上日程。

随着案件不断发酵，唯品会、拼多多又向管辖法院请求以第三人身份加入诉讼。与此同时，电器销售公司格兰仕也对天猫发难要“匹马立高台，单枪挑乌云！”，后向广州市知识产权法院就天猫涉嫌“二选一”提起诉讼。观作为电商“二选一”诉讼第一案的“东猫”大战不断升级，坊间论战正酣。如此多电商平台卷入纷争，此场法律交锋必将对电商格局走向产生深远影响。

本案中原告京东的诉讼请求如下：（1）确认被告在本案所确定的相关市场具有市场支配地位；（2）判令被告停止滥用市场支配地位的行为，包括停止限定商家只能与被告进行交易、停止限定商家不得与原告进行交易等行为；（3）判令被告向原告连带赔偿因其实施的滥用市场支配地位行为给原告造成的经济损失人民币 10 亿元；（4）判令被告向原告赔礼道歉、消除影响，具体形式包括被告在官网域名为 tmall. com、taobao. com 的相关网站首页，以及相应 APP 主页上刊登经法院认可的道歉及消除影响声明；（5）判令被告连带承担两原告在本案中为维权而支付的合理开支，包括公证费、经济分析费用、律师费等暂计人民币 200 万元。

二、案例使用说明

（一）目标与方向

法学是规范科学、实践科学，需要将大量抽象的法律规范适用到具体事实中，这一步是法律人思维训练中的关键环节，案例是承载这个环节的主要方式。

在理论上进行案例分析既进行了知识拓展,又有助于思辨和推理能力的培养,全面把握案件事实和证据,锤炼对法条的解释和适用本领,养成举一反三的逻辑习惯。

具体到本案中,应在厘清基本案情的基础上对天猫的行为进行界定,明确“二选一”的行为特质是否符合“滥用市场支配地位”的构成要件,探究其应适用何种部门法中的法律条款进行调整,并分析利用现有法律条文来规制“二选一”行为的正当依据或不足之处分别何在,最终在充分论证的情形下得出结论。

(二)涉及知识点

1. 相关市场界定。

2. 市场支配地位认定。

3. 滥用市场支配地位行为的《反垄断法》规制。

4. 相对优势地位理论分析。

(三)法律问题

1. 传统界定“相关市场”的方法及其在互联网环境下的“失灵”。

2. 互联网环境下市场支配地位认定标准的变化趋势。

3. “二选一”行为的规制路径初探。

4. 如何运用滥用相对优势地位理论规制电商“二选一”行为?

(四)参考结论

首先,本案尚未作出实体判决,核心要旨在于天猫的“二选一”行为是否侵权,事实上认定其属于滥用市场支配地位行为困难重重。近年来,互联网竞争日趋白热化,在互联网涉诉垄断案件中相关市场的界定愈加艰难,传统的界定方式往往不能得出科学恰当的结果反而引发颇多争议,给界定互联网产业中的相关市场问题带来诸多困难。其次,互联网违法行为具有极强的隐蔽性,稍微不谨慎便可能使始作俑者得不到应有的处罚或者处罚力度不够,进而在诸多案件中,以市场份额为代表的认定条件适用受阻,需要网络效应等额外因素介入考量。此外,电商“二选一”行为大多存在弊害,分别从民商法角度和我国现有的《反垄断法》《反不正当竞争法》《电子商务法》路径出发寻求规制方式但结果却不尽如人意。最后,不妨考虑引入以依赖性为起点的相对优势地位理论对天猫强制商家的电商“二选一”以及此类行为进行规制具有可行性和有效性。

（五）法理分析

1. 传统界定“相关市场”的方法及其在互联网环境下的“失灵”

在对反垄断诉讼案件中的涉诉行为进行分析时，法院通常要对相关市场作出界定。《国务院反垄断委员会关于相关市场界定的指南》指出，任何竞争行为均发生在一定的市场范围内，界定相关市场的目的是明确经营者竞争的市场范围。同时提到相关市场界定通常是对竞争行为进行分析的起点。①

对相关市场进行类型化分析，大致可分为相关商品市场、相关地域市场、相关时间市场，②知识产权案件中还会涉及技术市场和创新市场。在反垄断司法实践中，比较常用的是前三者。具体而言，考察商品市场时可以着眼于理性的消费者的选择，当一种商品在价格、功能、质量等方面可与原商品形成替代关系时，根据消费者是否会转向新的商品可以作为判断二者是否属于同一商品市场的方式。对于地域市场的考量往往需要“圈定”某种商品的销售范围，时间市场则主要被界定为“在一定时期内”，总体来说，这三者决定着经营者的有效竞争范围。实务问题的解决也需要借助相关市场的分类来得出结论，在“谢某某、夏某某滥用市场支配地位纠纷案”③中，法院认为，界定被告是否在相关市场内具有支配地位，需要首先着眼于相关商品市场和相关地域市场。

在反垄断案件审判实践中，先后出现了多种相关市场的界定理论和方法，目前国际上通用的界定相关市场的方法有三种：需求替代性分析、供给替代性分析和假定垄断者测试（SSNIP 测试法）。但由于互联网产业兴起并日益平台化、规模化以及双边市场理论研究的进一步开展，传统的相关市场界定及滥用市场支配地位分析方法在互联网领域竞争中显得力有不逮，比如，市面上大多数的互联网产品通常免费供用户使用，即使小幅度提升价格就可能导致经营模式完全改变，那么适用假定垄断者测试得出的结论可能使相关市场界定过于宽泛。

零价竞争、平台竞争的加剧使如今互联网市场领域相关市场的界定边界愈

---

① 我国《反垄断法》第 12 条第 2 款规定：“本法所称相关市场，是指经营者在一定时期内就特定商品或者服务（以下统称商品）进行竞争的商品范围和地域范围。”

② 相关商品市场是指根据商品的特性、用途及价格等因素，由需求者认为具有较为紧密替代关系的一组或一类商品所构成的市场，该市场中的商品会因其较为紧密的替代关系而表现出较强的竞争关系。相关地域市场是指需求者获取具有较为紧密替代关系的商品的地理区域。

③ 参见最高人民法院（2018）最高法民申 29 号判决书。

加模糊，很难用仅仅基于商品自身的特质进行需求替代分析等方法来界定相关市场。在互联网反垄断实务中，对其界定除了分析平台自身的信息和对比行业数据、考查消费者是否具有“锁定效应”之外，还要评估平台这一端的行为可能对另一端的影响等。在互联网个案中，法院采取了更为灵活的方式来应对此类问题，比如，不需要明确界定相关市场。在“奇虎诉腾讯滥用市场支配地位案”①中，裁判要点提到：案件具体情况应被纳入到界定相关市场的框架中。如果通过排除或者妨碍竞争的直接证据，能够对经营者的市场地位及被诉垄断行为的市场影响进行评估，则不需要在每一个滥用市场支配地位的案件中都明确而清晰地界定相关市场。从“3Q 大战”的判决结果来看，法院对于平台相关市场的界定以及市场支配地位的认定持有审慎而又包容开放的态度。

由于竞争约束延伸到互联网领域，传统相关市场界定方式在相关案件中的适用效果不十分理想。根据互联网产业的特质，我国学者近年来对双边市场进行了大量研究，虽然相关理论在经济学和法学领域应用尚未成熟，但是其为界定互联网产业中的相关市场提供了一个理想的分析视角或者说解决思路。基于双边市场理论，目前网络经济中相关市场界定的司法困境主要体现为以下两方面：

(1)传统相关市场界定方法的“失灵”

①需求替代性分析方法与供给替代性分析方法

在既有案例中，法院主要通过需求替代性分析来界定相关市场。② 原则上，从需求者角度出发，商品之间的替代程度越高，竞争关系就越强，就越可能属于同一相关市场。即使是在传统的滥用市场支配地位案件中，这种方式的应用也并不十分精确，它对产品的价格、功能等进行一番分析后更倾向于糅杂消费者主观方面的因素来判断商品之间的同质性和替代性，更加适用于对简单产品的判断。在互联网商业模式下，竞争产品的结构功能交叉重叠度大，种类多且复杂，采用需求替代分析难以科学厘定相关市场的范围。供给替代性分析亦是如此，此种证成方式一般用来辅佐需求替代性分析的适用。③ 此种方法在界定相关市

---

① 参见最高人民法院(2013)民三终字第 4 号民事判决书。

② 需求替代是根据需求者对商品功能用途的需求、质量的认可、价格的接受以及获取的难易程度等因素，从需求者的角度确定不同商品之间的替代程度。

③ 供给替代是指根据其他经营者改造生产设施的投入、承担的风险、进入目标市场的时间等因素，从经营者的角度确定不同商品之间的替代程度。

场时可以适当予以参考,但若作为主要方法介入互联网垄断案件加以适用也会“束手束脚”。

②假定垄断者测试

当产品之间的可替代性无法一目了然时,一般会通过“假定垄断者测试”(SSNIP)来界定相关市场。美国开创了此种方法的先河,被公认为相关市场界定的里程碑。SSNIP方法全称为“小而显著的非暂时性价格上升”,也叫作“假定的垄断者测试”,是指假设存在一个垄断性企业,当该企业明显地且非暂时性地小幅度提高其商品或服务的价格时,如果有相当数量的需求者仅因提价失去了利益而转向其他商品或服务,那么,这些其他的商品或服务应当包含在相关市场之内。即使在相邻商品一方进行同样的测定,只要发生了向相邻商品转换的现象,则该商品也包含在相关市场之内;如果不发生转换,则无须进行测试,可以界定为一个相关市场。[①] 在单边市场中,此种方法的分析思路十分清晰并且可操作性强。但是在双边市场以及多边市场中,尤其是在包含平台竞争的互联网市场竞争关系中,其可适用性便受到了质疑。市场中很多互联网产品是免费提供的,以应用软件为代表。就算产品具有可视性的基础价格,利润函数也难以计算。因为互联网平台两端具有正反馈或者负反馈效应,在提价5%～10%时又有多种选择,造成价格提升后产生的效果有很强的动态性,此时已经是对参数本质的改变,与界定相关市场的初衷背道而驰。

(2)互联网产业多元化等特质使相关市场的界定困难重重

在互联网经济中,新产业除了与传统市场存在重叠部分外,还具备网络产业的独特性,如互联网具有平台效应和交叉网络外部性等特质。随之而来的是产品的“冒尖”现象以及消费者“锁定效应”等,消费者和平台经营者之间形成了一种“黏度”关系,即使在市面上存在性价比更高的替代品,基于替换成本等因素也往往不能转移消费者的注意力。此种情况下,界定相关市场假定的条件基础已被破坏,干扰因素纷纷凸显。另外,某种程度上传统相关市场界定方法应对互联网如此短的创新周期显得略微落后于司法实践的“脚步”。鉴于互联网市场产业同质化现象严重,在界定相关市场时的标准不敷适用,需要考量新的因素来

---

① 参见余东华:《反垄断法实施中相关市场界定的SSNIP方法研究——局限性其及改进》,载《经济评论》2010年第2期。

调整界定方式以应对网络经济下垄断案件的挑战。

综上所述，互联网产业迥异于线下市场的双边市场特质给界定相关市场的传统方法的适用带来了诸多困难，也使在涉及平台垄断的案件中相关市场的界定更具有挑战性。

2. 互联网环境下市场支配地位认定标准的变化趋势

在判断经营者是否滥用市场支配地位时，前置条件是明确其是否具有市场支配地位，没有市场支配地位就不可能滥用市场支配地位。[①] 另外，具有市场支配地位并不当然违法，只有滥用这种市场地位时才需要受到法律规制。

在确定市场支配地位时，我国《反垄断法》第 18 条、第 19 条分别加以规定。市场支配地位的推定规则不同于认定，在推定的情况下，被推定者可以抗辩。具体而言，法条阐述了诸多考量因素，其中尤以市场份额为代表。[②] 一般来说，市场份额越高，竞争力越强，越有可能具有市场支配地位。但在互联网服务中，鉴于相关市场的界定已发生变化，因而确定市场支配地位也不应拘泥于市场份额这一窠臼。与此同时，法条中其他认定条件也难以全部成就，以下就两种因素进行举例说明。

（1）该经营者的财力和技术条件

基于互联网市场准入情况以及现有互联网市场格局来看，即使是财力技术条件十分雄厚的如阿里公司这样的平台服务商，也不具有实质性排除其他经营者进入市场并且成长壮大的能力。再以搜索引擎市场为例，根据相关网络数据显示，2019 年国内搜索引擎市场份额平台排名中，百度占有率为 76.42%，搜狗占 11.35%，另外还有神马、360、谷歌等搜索引擎平台分一杯羹，可见如今国内最为风行的搜索引擎便是百度。但值得一提的是，我们现在熟知的这些搜索引擎的雏形事实上都滥觞于雅虎，随后谷歌借助雅虎搜索引擎掀起的热潮而反超，迅速成为业界“领头羊”。而百度则是以谷歌为蓝本开发的，后通过核心技术研发摆脱了谷歌的影子，成为新的搜索的代名词。在搜索引擎产业发展史中，无论是雅虎、谷歌还是现在的百度，虽然都具有不容小觑的财力和技术条件，但总体

---

① 市场支配地位是指经营者在相关市场内具有能够控制商品价格、数量或者其他交易条件，或者能够阻碍、影响其他经营者进入相关市场能力的市场地位。

② 市场份额也可称为市场占有率，是指特定经营者的总产量、销售量或者生产能力在特定的相关市场中所占的比例。

来说难以阻挡市场中“后来者居上”的发展潮流。

(2)其他经营者对该经营者在交易上的依赖程度

虽然网络用户在选择互联网商品或者服务时可能存在一定的信息转换成本而被“锁定”在某种品牌中,但这不具有绝对性。随着互联网一波又一波的创新浪潮涌来,用户对于产品和服务的选择余地非常大,生活愈加便捷化,与之相伴,经营者服务也更加多元化,所谓“一家独大”的局面很难维持。而且线下传统市场上的供应商和零售商有很强的制约和依附关系,线上平台则不然,平台服务商之间往往存在较复杂的竞争关系,也很少依靠原材料或运输来维系合作,因而其他经营者对某特定经营者在交易上的依赖性较弱。

为了应对网络平台权力滥用和平台责任泛化,在涉及互联网竞争的个案中确定市场支配地位时可以考虑诸多额外因素。例如,德国《反限制竞争法》第九次修订生效后明文规定了数字经济下认定多边市场经营者市场力量的方法,并且在经营者集中控制制度中新增了“交易额条款”,使德国成为世界上第一个明文规定“数字市场反垄断法”的国家。[①] 德国“Facebook 滥用市场支配地位案”中,在认定市场支配地位时,联邦卡特尔局首先计算了 Facebook 的市场份额(在德国境内高达 90%),后分析了其月度全球活跃用户和每天使用数量,以及在德国的月度活跃用户和每天活跃用户数量。另外,联邦卡特尔局还适用了德国《反限制竞争法》第九次修订中新增的关于多边市场经营者市场力量认定的条款,将获得与竞争相关的数据、基于网络效应的规模优势、用户同时利用多个服务以及转换费用和创新驱动的竞争压力作为额外因素来考量。此案中市场支配地位的认定新规则在为数字市场反垄断法的适用指明了方向的同时,对我国互联网市场上的垄断行为的规制也有一定的借鉴意义。我国市场监督管理总局也出台了反垄断新规《禁止滥用市场支配地位行为暂行规定》,作为进一步完善滥用市场支配地位规制的规范性指引,为相关事实的认定提供了理论倚仗。[②]

综上所述,互联网平台的平台多元化和同质性以及用户选择多栖性等特点

---

① 参见周万里:《〈德国反限制竞争法〉的第九次修订》,载《德国研究》2018 年第 4 期。

② 内容包括在认定互联网等新经济业态经营者具有市场支配地位时,可以考虑相关行业竞争特点、经营模式、用户数量、网络效应、锁定效应、技术特性、市场创新、掌握和处理相关数据的能力及经营者在关联市场的市场力量等因素。在认定知识产权领域经营者具有市场支配地位时,可以考虑知识产权的替代性、下游市场对利用知识产权所提供商品的依赖程度、交易相对人对经营者的制衡能力等因素。

使得如果按照《反垄断法》第 18 条所确定的界定市场支配地位的五项标准，将会导致互联网平台市场支配地位界定在行政执法或司法过程中陷入困境，容易出现市场份额难以界定的局面和误伤“高市场份额却不构成市场支配地位”的经营者等一系列问题。① 故应降低市场份额在确定市场支配地位时的权重，增加诸如网络效应、消费者偏好等其他独立因素予以考量。

3.“二选一”行为的规制路径初探

“二选一”行为早在“3Q 大战”时就走进了人们的视野，当时腾讯宣布了“一个艰难的决定”，即因 360 多次散布 QQ 的谣言，对 QQ 的功能进行恶意污蔑等原因，腾讯将在装有 360 软件的电脑上停止运行 QQ 软件，用户必须卸载 360 软件才能重新使用 QQ。用户们在衡量得失后纷纷“用脚投票”，结果是 6000 万用户选择了 QQ，卸载了 360。腾讯的做法使得用户进行“二选一”，但其自身也存在流失客户的风险。而如今更为常见和亟须解决的则是电商平台之间的“二选一”行为所带来的竞争法规制难题。

不久前，国家市场监督管理总局召开座谈会，阿里公司、京东、拼多多、唯品会等 20 多家平台企业参会，会上市场监督管理总局指出“二选一”行为违法，称“互联网领域‘二选一’‘独家交易’行为是《电子商务法》明确规定禁止的行为，同时也违反《反垄断法》《反不正当竞争法》等法律法规规定，既破坏了公平竞争秩序，又损害了消费者权益”。由于明确认定“二选一”的行为性质以及如何适用相关法律条文存在困难，且目前学界对此种行为的理论研究较为欠缺，导致“二选一”行为的内涵和外延一直存在很大争议，是否规制和如何规制莫衷一是。

若从私法尤其是合同法的角度考察，可以将“二选一”行为简单解释为平台经营者与入驻商家之间通过签署合同来维持交易关系，合同条款中还包括商家不得与其他平台达成交易协议的内容，同时这也体现为一种“不完全契约”。标准的契约理论或委托—代理理论假定契约是完全的，然而现实中的契约是不完全的。契约的不完全会导致事前的最优契约失效，当事人在面临被“敲竹杠”的风险时会作出无效率的专用型投资。② 互联网平台经营者为入驻商家提供一个

① 参见孙晋、赵泽宇：《互联网平台经营者市场支配地位界定的系统性重构——以〈反垄断法〉第 18 条的修订为中心》，载《科技与法律》2019 年第 5 期。

② 参见杨瑞龙、聂辉华：《不完全契约理论：一个综述》，载《经济研究》2006 年第 2 期。

开放的交易场所，并提供相应的配套服务，履约过程中要求交易相对方接受其提供的格式条款，此时商家在很大情况下会出于无奈或者恐惧而与这些超级平台订立合同。但问题在于实践中平台经营者强制商家“二选一”在多数情况下并不会订立合同，而只是采取打电话等口头通知的手段来达成目的。我国《合同法》虽对格式条款有所规定，但是缺乏一整套规制体系，若适用格式条款可能难以寻求法理依据。另外，电商平台“二选一”具有相当的隐蔽性，而在《合同法》框架下更多体现的是契约自由精神，即使商家可以通过《合同法》《侵权责任法》来维权，但是也难以有效限制平台滥用权利的行为，进而产生扰乱市场秩序的后果。基于传统民商法理论很难有效约束“二选一”行为，下文拟从《反垄断法》《电子商务法》《反不正当竞争法》三个法律文件出发，来阐明电商平台“二选一”的规制路径。

(1)《反垄断法》现有的规制路径

若从《反垄断法》范畴中探索电商平台“二选一”的认定依据，则包括滥用市场支配地位和纵向垄断协议两条规制路径。

首先，可以根据《反垄断法》第 17 条第 1 款的规定，认定实施“二选一”行为的本质与限定交易行为的特征相吻合，构成滥用市场支配地位。值得注意的是，规制限定交易行为的前提是行为人具有市场支配地位，因为如果不具有市场支配地位，通常无法实施限定交易行为，即使实施了类似行为，限定或排除竞争的效果也十分有限。所以思路又回到上文所述的确定市场支配地位的内容，需要进行“界定相关市场—认定支配地位—分析行为违法性”一系列分析步骤，并结合互联网的特性予以考量。无论是界定相关市场，还是确定支配地位，都会面临诸多棘手事项。比如本案认定天猫和京东的相关地域市场究竟是全球市场、中国地区还是使用中文的地区尚无定数，判决需要法官展开一定篇幅内容的说理做到有理有据。此外，在市场份额不作为唯一考察因素的情况下，确定天猫具有市场支配地位又需要甄别哪些内容也不得而知。但依据诉讼材料，京东未曾举证存在市场份额大幅下降的事实或者天猫的“二选一”行为明显阻碍有效竞争或给消费者带来了消极效果，据此很难推定天猫实施了违法行为。总之，认定滥用市场支配地位在互联网案件中存在众多难以度量的未知风险，门槛较高，从既有相关案例来看，原告方得到法院支持的举证难度较大。

鉴于认定滥用市场支配地位有极大不确定性，在《反垄断法》体制内加以延拓可以寻求其他途径来解决问题,即采用纵向垄断协议制度作为理论依据来剖析“二选一”行为基础。此时可以将平台看作“上游经营者”,将商家看作“下游经营者”,二者之间存在交易关系,并达成了具有限制、排除竞争效果的协议,即非纵向限制价格协议。如此界定的好处在于无须花费精力证明市场支配地位的存在,而只需要构建一定市场力量存在的分析范式。难点是不能不加区分地应用,在个案中要证明协议的存在。换言之,在难以证明行为人具有市场支配地位时,只要能证明存在多个主体间的合意,就可依据纵向垄断协议制度进行规制。同理,当很难证明存在协议时,只要能证明限制方具有市场支配地位,也能依据滥用制度来予以调整。① 另一个困境在于《反垄断法》第 14 条前两项只规定了纵向限制价格协议的内容,第 3 项粗略地规定了兜底条款,若不通过体系解释很难精确适用第 3 项的内容。若采取实用主义态度来对待兜底条款又容易出现泛化现象,即客观上容易造成极为普遍的合同至少在形式上也面临着落入垄断协议基本范畴的潜在风险。② 尽管法条中有兜底条款,但根据公开资料显示,无论是“三合一”改革前的发展和改革委员会、原工商行政管理总局,还是改革后的市场监督管理总局都没有查处过限制转售价格协议以外类型的纵向垄断协议。可见作为垄断协议的“二选一”也很难找到出路。

(2)《电子商务法》现有的规制路径

互联网技术的迅猛革新浪潮“风头正盛”,虚拟经济风险扩大,《电子商务法》应运而生。早在该法制定过程中就已经考虑到当前电商市场“二选一”乱象问题,因而第 22 条和第 35 条都有所涉及这方面内容,第 82 条则是独立于第 35 条的责任条款。总体来说,第 22 条偏向于规制平台内经营者行为,第 35 条则更倾向于调整平台与平台内经营者之间的关系。相较而言,第 22 条作为一个宣誓条款,丰富了《反垄断法》的内容,但可能与《反垄断法》之间产生逻辑冲突而导致适用障碍。学者们一般将第 35 条作为《电子商务法》规制“二选一”的主要条款来加以分析,认为对当前平台经济中发生的“以大欺小”等行为用《反垄断法》认定滥用市场支配地位有困难的,《电子商务法》第 35 条可以弥补其漏洞。既然是电商领域的“二选一”问题,首选应当由《电子商务法》来规制,但适用第 35

① 参见焦海涛:《“二选一”行为的反垄断法分析》,载《财经法学》2018 年第 5 期。

② 参见丁茂中:《纵向垄断协议兜底条款的适用困境及其出路》,载《竞争政策研究》2019 年第 2 期。

条有一不足之处在于相对于《反垄断法》来说处罚力度不够，数额较小的罚款对于阿里公司这样的超级网络平台不过是九牛一毛，难以有效规范“二选一”行为，可能造成“赢者通吃”的后果，因而还需审慎视之。

(3)《反不正当竞争法》现有的规制路径

从《反不正当竞争法》的视角来看待电商“二选一”行为，可以结合第2条和第12条的内容进行解读。

《反不正当竞争法》新修订后，并没有将送审稿第6条关于相对优势地位滥用理论纳入其中，国内学者对于相对优势地位理论的争议此起彼伏，有司法界人士认为如果滥用相对优势地位行为仅关涉竞争手段的不公平性，现有的《反不正当竞争法》可以规制。如果滥用相对优势地位行为的违法性与优势地位和竞争手段皆相关，则在《反垄断法》中可以解决。① 这种说法代表了部分学者的观点但不尽然，有待进一步商榷。这次《反不正当竞争法》新增的一大亮点便是“互联网专条”第12条，斟酌条文不难发现，此条文是通过“宣示＋概括＋列举＋兜底”的方式构筑起来的，就互联网领域新型不正当竞争行为有的放矢。其中与“二选一”行为关联性最强的是“恶意不兼容”一项内容。在“金山诉奇虎不正当竞争纠纷②案”中，在已安装了金山新毒霸软件的计算机上再安装奇虎的360杀毒软件时，会弹窗提示用户可能损害计算机，并默认选中卸载已安装的安全软件选项；与此同时，还会通过弹窗方式发布微软公告，目的在于影响用户选择，诱导用户卸载金山新毒霸。其次，360杀毒软件在并不能证明金山新毒霸是捆绑软件的情况下，代替用户作出选择进行删除，即使用户选择继续安装，仍然擅自删除金山新毒霸的源文件，因此法院认定构成不正当竞争，实际上符合新法规定的恶意不兼容行为。无论是要求终端消费者不兼容还是直接要求下游企业不兼容的“二选一”行为都可以通过本条款来规制，但也有适用前提。换言之，只有经营者利用技术手段强制商户“二选一”才可以落入此条规定调整，天猫实施的“二选一”行为无证据证实其采取了技术手段，那么只能遁入一般条款加以规制，可能造成失范行为的激增。

再将视角切入《反不正当竞争法》第2条，法条修订初始该条款并未受到司

---

① 参见朱理：《滥用相对优势地位问题的法律规制——虚幻的敌人与真实的危险》，载《电子知识产权》2016年第6期。

② 参见北京市西城区人民法院(2014)西民初字第00146号民事判决书。

法者普遍的关注,直至脱法行为层出不穷,才将学者们的注意力吸引到此条款上面来,该条款的适用范围不断扩张。司法界通常的做法是使第2条中的原则条款和定义条款搭配发挥出补充性调整的功能,由此萌生将电商“二选一”作为一种新型不正当竞争行为适用第2条来进行规范的观点。在“山东省山孚集团与马某某、青岛圣克达诚公司不正当竞争纠纷案”①中,最高人民法院说明了适用本条的三个必备条件:一是法条对该种竞争行为未作出特别规定,二是竞争行为给其他经营者的合法权益造成了损害,三是竞争行为确实属于违反诚实信用原则和公认的商业道德而具有不正当性,不制止不足以维护公平竞争的市场秩序。从这三个条件来看,如果依据第2条提起不正当竞争诉讼,就必须证明被诉行为确实没有遵循诚信原则,另外还要提出证据证明行为造成了限制有效竞争的后果,证明标准比较高。再者说,只要能够有具体的法律条款对违法行为进行约束时,不会优先考虑一般条款,否则具体条款会被架空。要警惕一般条款的盲目扩张,这样更体现法律的自洽性,故第2条的认定路径不具备充分的合理性,难以使人信服。

综上,现有《反垄断法》《反不正当竞争法》《电子商务法》虽可以部分调整电商“二选一”行为,但均无法为其认定提供较为妥当的路径,故而可以引入新思路新理论来探寻其他的竞争法认定路径。

4. 如何运用滥用相对优势地位理论规制电商“二选一”行为

《反不正当竞争法(修订草案送审稿)》中第6条引入了滥用相对优势地位理论,法条表述是经营者不得利用相对优势地位,实施不公平交易行为。近年来,对于是否应将此理论植入我国法律体系和如何植入的问题,学术界一直争论不休。一般认为,相对优势地位滥用理论源自德国,中国有学者认为德国法把相对优势地位细分为相对交易优势地位和相对市场优势地位两种类型。在中国竞争法体系的完善过程中,根据立法目的和规制体系要求,把滥用相对交易优势地位的规制纳入反不正当竞争法体系,而将滥用相对市场优势地位行为的规制纳入反垄断法体系。② 此观点究竟如何,在此不过多评价。法律具有滞后性,当一部法律出台时,一定程度上就已经落伍了,针对不断涌现的新问题,必须通过颁

---

① 参见最高人民法院(2009)民申字第1065号民事判决书。

② 参见袁嘉:《德国滥用相对优势地位行为规制研究——相对交易优势地位与相对市场优势地位的区分》,载《法治研究》2016年第5期。

布新法、修订法律条款或者进行法律解释等手段来寻求解决办法。如今在深耕产业的趋势下，平台模式在互联网经济中显得尤为流行，随之而来的是互联网巨头利用其优势裹挟进行“二选一”的忧虑。上文已经提到应对互联网市场领域的电商“二选一”行为时，现有诸多路径显得力不从心的窘迫现状，有徒增混乱之虞。如此不妨另辟蹊径，引用以“依赖性”为起点的滥用相对优势地位理论来规制诸如天猫强迫商家进行“二选一”的类似问题，充分平衡各方利益，以实现电商行业健康有序发展，并以期作为保障自由竞争的基础。

一般认为，相对优势地位，是指在特殊情况下，如果交易相对人拒绝供给或提高交易条件，经营者就无法在市场中找到合理、可替代的其他交易对象，经营者对该交易相对人产生依赖性，进而交易相对人就具有了相对的优势地位。在商品短缺时期，主要矛盾在于商品供不应求，随着市场发展，产品数量增加，种类丰富，工商关系主要表现为“零供关系”，即供应商与零售商之间进行着利益博弈。从根本上说，消费者是最大的资源，谁获得了消费者的青睐就能够制胜，故零售终端的优势逐日显现。零售企业为了攫取更多利润，开始压榨供货方，不断增加其附加费用，供应商往往没有讨价还价的机会而只能忍气吞声。“在过剩产品的推销中，形成了末端商品市场‘供求关系倾斜’的普遍性现象，由此形成了上下游交易时的不平等地位：一方处于优势地位，一方处于劣势地位。一方明知是不合理但又不得不接受交易对方提出的不公平交易条件，这就产生了滥用优势地位行为。实践中，大型零售商不合理地向供应商收取所谓的‘通道费’是最典型的表现。”①

相对优势地位和市场支配地位是不同的，前者以依赖性为核心要素，后者则是关乎市场份额的测算，值得一提的是，市场支配地位认定也会涉及其他经营者对该经营者在交易上的依赖程度，区别在于依赖关系是相对优势地位认定的主要因素和决定性因素。“依赖性”不能作为一个“空中楼阁”式的纯理论概念，零星的、散逸的知识必须可转化为现实生产力解决实际。另外，市场主体具有市场支配地位针对其竞争对手而言，属于横向市场力量的对比；相对优势地位则体现纵向的市场关系。最后，基于市场支配地位得出的结论通常可以适用于全部相

---

① 参见刘继峰：《商品零售中滥用优势地位行为的法律调整——兼评〈反不正当竞争法（修改稿）〉之完善》，载《中国流通经济》2012 年第 6 期。

关市场，而相对优势地位则要结合个案加以分析。由此可知，若将滥用相对优势地位理论应用于电商“二选一”问题，最大的便利是相关市场和市场支配地位的界定不再起决定性作用，只需判断交易主体之间一方相对另一方是否具有优势地位，即交易相对人之间是否形成了依赖关系。以京东诉天猫案为例，可以围绕依赖性理论参照现有的主体、行为、结果、目的四要件模式对天猫“二选一”行为加以阐释以证实其违法性。主体认定方面主要分析是否存在足够的与天猫实力相仿的替代性平台可供商家入驻以及商户转移交易场所的转换成本是否具有可期待性。行为认定方面则需说明天猫实施了哪些“二选一”具体行为，在要求商家只与其一个平台进行交易时是否提供其他补偿性条件以维护交易双方的利益均衡。在结果认定方面，则要立足全局，多维度考量“二选一”行为是否排挤竞争对手，损害竞争秩序以及减损消费者福利。目的认定方面则从当事方出发考察“二选一”行为过程中是否有正当性抗辩理由。

平心而论，阿里巴巴在电商领域的号召力有目共睹，天猫平台的“二选一”行为在很大程度上会限制自由竞争，产生的负面影响会沿着产业链最终由消费者来买单，因此有必要进行规制。厘清天猫与平台内经营者之间是否具有依赖关系作为界定市场支配地位的替代方式可以防止因对天猫平台难以认定支配地位而使“二选一”行为逃避法律制裁的后果，使其积弊得以根除，同时也减轻了京东的举证难度，法院也无须耗费巨大人力物力来查明案件所涉相关市场，有利于节省司法资源，缩短审理进程。

综上，从精细处着眼将滥用相对优势地位理论本土化使其落地生根不失为解决诸如电商平台“二选一”此类问题的良策。

（六）关键要点总结

该案例关键要点在于天猫实施“二选一”行为是否构成滥用市场支配地位，如此需要掌握界定相关市场和确定市场支配地位的分析方法以及结合互联网市场特性对问题加以评判。同时需要多维度探求电商“二选一”行为的规制路径，引入相对优势地位理论对天猫的“二选一”行为进行评价从而建立高效、合理的电商“二选一”规制范式，这也是改革导向的应有之义。

(七)附录

参考文献

1. 孙晋、赵泽宇:《互联网平台经营者市场支配地位界定的系统性重构——以〈反垄断法〉第18条的修订为中心》,载《科技与法律》2019年第5期。

2. 丁茂中:《纵向垄断协议兜底条款的适用困境及其出路》,载《竞争政策研究》2019年第2期。

3. 焦海涛:《"二选一"行为的反垄断法分析》,载《财经法学》2018年第5期。

4. 周万里:《〈德国反限制竞争法〉的第九次修订》,载《德国研究》2018年第4期。

5. 朱理:《互联网环境下相关市场界定及滥用市场支配地位的分析方法与思路》,载《人民司法(案例)》2016年第11期。

6. 朱理:《滥用相对优势地位问题的法律规制——虚幻的敌人与真实的危险》,载《电子知识产权》2016年第6期。

7. 袁嘉:《德国滥用相对优势地位行为规制研究——相对交易优势地位与相对市场优势地位的区分》,载《法治研究》2016年第5期。

8. 刘继峰:《商品零售中滥用优势地位行为的法律调整——兼评〈反不正当竞争法(修改稿)〉之完善》,载《中国流通经济》2012年第6期。

9. 余东华:《反垄断法实施中相关市场界定的SSNIP方法研究——局限性其及改进》,载《经济评论》2010年第2期。

10. 杨瑞龙、聂辉华:《不完全契约理论:一个综述》,载《经济研究》2006年第2期。

参考法条

1.《中华人民共和国反垄断法》(2007年)

第六条　具有市场支配地位的经营者,不得滥用市场支配地位,排除、限制竞争。

第十二条　本法所称经营者,是指从事商品生产、经营或者提供服务的自然人、法人和其他组织。

本法所称相关市场,是指经营者在一定时期内就特定商品或者服务(以下统称商品)进行竞争的商品范围和地域范围。

第十四条　禁止经营者与交易相对人达成下列垄断协议:

(一)固定向第三人转售商品的价格;

(二)限定向第三人转售商品的最低价格;

(三)国务院反垄断执法机构认定的其他垄断协议。

第十七条　禁止具有市场支配地位的经营者从事下列滥用市场支配地位的行为:

(一)以不公平的高价销售商品或者以不公平的低价购买商品;

(二)没有正当理由,以低于成本的价格销售商品;

(三)没有正当理由,拒绝与交易相对人进行交易;

(四)没有正当理由,限定交易相对人只能与其进行交易或者只能与其指定的经营者进行交易;

(五)没有正当理由搭售商品,或者在交易时附加其他不合理的交易条件;

(六)没有正当理由,对条件相同的交易相对人在交易价格等交易条件上实行差别待遇;

(七)国务院反垄断执法机构认定的其他滥用市场支配地位的行为。

本法所称市场支配地位,是指经营者在相关市场内具有能够控制商品价格、数量或者其他交易条件,或者能够阻碍、影响其他经营者进入相关市场能力的市场地位。

第十八条　认定经营者具有市场支配地位,应当依据下列因素:

(一)该经营者在相关市场的市场份额,以及相关市场的竞争状况;

(二)该经营者控制销售市场或者原材料采购市场的能力;

(三)该经营者的财力和技术条件;

(四)其他经营者对该经营者在交易上的依赖程度;

(五)其他经营者进入相关市场的难易程度;

(六)与认定该经营者市场支配地位有关的其他因素。

第十九条　有下列情形之一的,可以推定经营者具有市场支配地位:

(一)一个经营者在相关市场的市场份额达到二分之一的;

(二)两个经营者在相关市场的市场份额合计达到三分之二的;

(三)三个经营者在相关市场的市场份额合计达到四分之三的。

有前款第二项、第三项规定的情形，其中有的经营者市场份额不足十分之一的，不应当推定该经营者具有市场支配地位。

被推定具有市场支配地位的经营者，有证据证明不具有市场支配地位的，不应当认定其具有市场支配地位。

2.《中华人民共和国反不正当竞争法》(2019年)

第二条　经营者在生产经营活动中，应当遵循自愿、平等、公平、诚信的原则，遵守法律和商业道德。

本法所称的不正当竞争行为，是指经营者在生产经营活动中，违反本法规定，扰乱市场竞争秩序，损害其他经营者或者消费者的合法权益的行为。

本法所称的经营者，是指从事商品生产、经营或者提供服务（以下所称商品包括服务）的自然人、法人和非法人组织。

第十二条　经营者利用网络从事生产经营活动，应当遵守本法的各项规定。

经营者不得利用技术手段，通过影响用户选择或者其他方式，实施下列妨碍、破坏其他经营者合法提供的网络产品或者服务正常运行的行为：

（一）未经其他经营者同意，在其合法提供的网络产品或者服务中，插入链接、强制进行目标跳转；

（二）误导、欺骗、强迫用户修改、关闭、卸载其他经营者合法提供的网络产品或者服务；

（三）恶意对其他经营者合法提供的网络产品或者服务实施不兼容；

（四）其他妨碍、破坏其他经营者合法提供的网络产品或者服务正常运行的行为。

3.《中华人民共和国电子商务法》(2018年)

第二十二条　电子商务经营者因其技术优势、用户数量、对相关行业的控制能力以及其他经营者对该电子商务经营者在交易上的依赖程度等因素而具有市场支配地位的，不得滥用市场支配地位，排除、限制竞争。

第三十五条　电子商务平台经营者不得利用服务协议、交易规则以及技术等手段，对平台内经营者在平台内的交易、交易价格以及与其他经营者的交易等进行不合理限制或者附加不合理条件，或者向平台内经营者收取不合理费用。

第八十二条　电子商务平台经营者违反本法第三十五条规定，对平台内经营者在平台内的交易、交易价格或者与其他经营者的交易等进行不合理限制或者附加不合理条件,或者向平台内经营者收取不合理费用的,由市场监督管理部门责令限期改正,可以处五万元以上五十万元以下的罚款;情节严重的,处五十万元以上二百万元以下的罚款。

4.《禁止滥用市场支配地位行为暂行规定》(2019 年)

第十一条　根据反垄断法第十八条和本规定第六条至第十条规定认定互联网等新经济业态经营者具有市场支配地位,可以考虑相关行业竞争特点、经营模式、用户数量、网络效应、锁定效应、技术特性、市场创新、掌握和处理相关数据的能力及经营者在关联市场的市场力量等因素。

第十二条　根据反垄断法第十八条和本规定第六条至第十条认定知识产权领域经营者具有市场支配地位,可以考虑知识产权的替代性、下游市场对利用知识产权所提供商品的依赖程度、交易相对人对经营者的制衡能力等因素。

第十一章　商业标识混淆中“有一定影响”的认定分析

——北京伊诺登医疗科技有限公司与(株)DIO商品名称、包装、装潢纠纷案[①]

一、案例正文

(一)摘要与关键词

摘　要:本案系商品名称、包装、装潢不正当竞争纠纷,原被告之间具有直接竞争关系。本案涉及的核心法律问题是如何认定商业标识混淆中的“有一定影响”。2017年修订的《反不正当竞争法》第6条第1项删除了1993年《反不正当竞争法》第5条第2项中的“知名商品”和“特有”要件,代之以“有一定影响”。何为“有一定影响”,需要结合反不正当竞争法的语境加以解释。借用符号学的原理,判定商业标识是否“有一定影响”,其标准包括标识本身的显著性、经营者的实际使用性和消费者认识的纯粹指向性及指向的稳定性。

关键词:商品名称、包装、装潢;混淆;一定影响;知名;特有

(二)背景介绍

(株)DIO公司(原告)与伊诺登公司(被告)所生产的商品均为牙科种植体

① 案例来源:北京知识产权法院(2019)京73民终3302号民事判决书。

系统,是同一种商品,双方均已取得医疗器械注册证。产品的销售对象为牙科诊所、医院等专业机构而非普通消费者。

(株)DIO公司开业于1988年,原名为(株)DSI。该公司于2002年在韩国申请、2004年注册“DIO”文字及右上角加点的商标(以下简称DIO加点标识)。2005年,该公司注册dioimplant. com的域名。在国内,DIO公司于2011年向中华人民共和国国家工商行政管理总局商标局(以下简称商标局)申请第10347424号DIO加点标识商标,2013年商标局核准该商标的注册。该商标核定使用的商品类别为第10类,核定使用的商品包括电动牙科设备、假牙、全口假牙、外科仪器和器械、牙科器械、牙科设备、牙套、医疗器械和仪器、医用导管、装牙环等。2015年,伊诺登公司对该商标提出无效宣告请求。2016年,中华人民共和国国家工商行政管理总局商标评审委员会(以下简称商评委)作出裁定,该商标予以无效宣告。

2007年,由DIO公司作为股东投资的北京迪斯艾科贸有限公司(以下简称迪斯艾公司)注册成立,并取得中华人民共和国北京市药品监督管理局颁发的医疗器械经营企业许可证,经营范围包括口腔科材料、医用X射线设备、口腔科设备及器具等。其后,迪斯艾公司变更名称为北京迪耀科贸有限公司(以下简称迪耀公司)。

DIO公司及其子公司迪耀公司对所生产的商品进行了大量宣传,产品宣传手册中大量使用了“DIO”加点,“DIO”加点与“IMPLANT”组合的标识,且多数使用了粉红色作为主色调印刷,“DIO”中的“O”均为使用不同于“DI”的粉红色字体。宣传册中有标有“DIO”字样的建筑大厦作为宣传配图。部分宣传手册中对其产品所使用的牙科手术工具盒工作台的样式及工作台中工具的样式亦有所展现。

伊诺登公司于2012年成立,法定代表人为玄龙培,其曾担任迪耀公司监事成员。2007年,玄龙培申请并于2009年经商标局核准注册第5870659号“DIO IMPLANT”商标(DIO右上角加点)(以下简称“DIO IMPLANT”加点商标),该商标核定使用的商品类别为第10类,包括医用导管、外科仪器和器械、医疗器械和仪器、牙套环、装牙环、假牙、牙科设备、假牙套、全口假牙、电动牙科设备等。伊诺登公司成立后,该商标的现注册人为伊诺登公司。在该公司域名为yinuodeng. com的网站首页右上角标注了“DIO IMPLANT”加点商标,其中

“DIO”的字体明显大于“IMPLANT”的字体，商标下方标有“中国区域代理”汉字。在网站首页的“公司介绍”栏目下，伊诺登公司在网站上称“伊诺登公司成立于2012年，是一家致力于口腔科领域，专注服务与销售的高成长性的专业化经营公司……公司现为DIO种植系统中国区域代理，产品以韩国DIO种植系统为主，韩国INOD纤维系统产品为辅……”在上述介绍的页面顶部，使用了一张带有“DIO”标识的建筑大楼。

（三）基本案情

DIO公司向法院提出诉讼请求：(1)判令伊诺登公司立即停止其不正当竞争行为，包括但不限于停止使用该公司知名商品特有名称“DIO”“DIO IMPLANT”以及相应的包装、装潢，停止在商业活动中虚假宣传其系该公司的中国代理商、经销商等；(2)判令伊诺登公司赔偿经济损失250万元。

事实与理由：“DIO”“DIO IMPLANT”为我公司独创的用于种植牙系统的名称，相关商品包装、宣传册等也系我公司独特设计并使用在先，经过我公司长期的广泛宣传和使用，已经获得了极高的知名度和影响力，系反不正当竞争法保护的知名商品的特有名称、包装、装潢。伊诺登公司在其种植牙系统商品、宣传册等中使用“DIO”“DIO IMPLANT”名称，使用与我公司商品相似的包装、装潢，造成和我公司的知名商品相混淆，使购买者误认为是我公司的知名商品，伊诺登公司的行为已经构成严重侵权。同时伊诺登公司在其网站中宣称系我公司在中华人民共和国（简称中国）的代理商，显系虚假宣传。

伊诺登公司辩称：我公司系“DIO IMPLANT”加点商标的注册人，DIO公司曾在中国商标局获准注册的商标已经被宣告无效，我公司有权使用“DIO IMPLANT”加点商标，我公司的行为，不构成不正当竞争，请求法院判决驳回DIO公司全部诉讼请求。

一审与二审法院均认定被告伊诺登的被诉行为构成包装、装潢等商业标识的混淆和虚假宣传不正当竞争行为，对原告DIO公司主张的商品名称混淆不正当竞争行为不予支持。

二、案例使用说明

（一）目标与方向

通过对该案例的分析，把握新修订的《反不正当竞争法》第 6 条中“有一定影响”的认定思路与认定标准，以解决实践中对该问题的认识误区与解释乱象，统一对《反不正当竞争法》中“有一定影响”的认识。

（二）涉及知识点

1.《反不正当竞争法》第 6 条中“有一定影响”的概念意涵。

2.《反不正当竞争法》与《商标法》中“有一定影响”的联系与区别。

（三）法律问题

本案涉及商品名称、包装、装潢混淆行为纠纷和虚假宣传行为纠纷。其中，法律问题主要集中在前者，即如何认定商品名称、包装、装潢等商业标识混淆不正当竞争行为，尤其是在《反不正当竞争法》修订背景下，如何理解和认定新修订的《反不正当竞争法》第 6 条第 1 项中的“有一定影响”？

（四）参考结论

一审与二审法院均认为新修订的《反不正当竞争法》第 6 条第 1 项中的“有一定影响”与 1993 年《反不正当竞争法》第 5 条第 2 项中的“知名商品特有”，在判断标准上应当相同。换言之，该不正当竞争行为的构成要件包括：（1）原告主张的商品属于知名商品或有一定影响的商品；（2）原告主张的商品名称、包装、装潢特有，即具有可识别性；（3）被诉行为使用的商品名称、包装、装潢与原告所主张的上述商业标识相同或近似；（4）足以引人误认为是他人商品（商品来源混淆）或者与他人存在特定联系（关联关系混淆）。

（五）法理分析

2017 年[①]修订的《反不正当竞争法》第 6 条第 1 项删除了 1993 年《反不正当

① 2019 年对《反不正当竞争法》进行了第三次修订，但 2019 年《反不正当竞争法》修订版本对 2017 年《反不正当竞争法》中的商业标识混淆条款未作任何修改，故本文对比的是 2017 年与 1993 年《反不正当竞争法》中的商业标识混淆条款。

竞争法》第 5 条第 2 项中的“知名商品”和“特有”，代之以“有一定影响”。然而，对“有一定影响”该如何认定，法律并未予以明确，这导致法院在认定商业标识混淆行为时产生了如何把握这个新法律标准的解释性难题。于是，在实践中形成了概念使用上的路径依赖，主要表现在对《反不正当竞争法》旧有的“知名”“特有”的语义学依赖，进而在原有的二元关系基础上，形成了更为复杂的“有一定影响”与“知名”“特有”三元概念关系的模糊状态。

1. 传统标准及认定思路存在的问题

依据 1993 年《反不正当竞争法》第 5 条第 2 项以及《最高人民法院关于审理不正当竞争民事案件应用法律若干问题的解释》（以下简称《若干解释》）第 1 条、第 2 条①之规定，认定商品名称、包装、装潢混淆不正当竞争行为的分析思路是：首先认定知名商品，其次认定特有商业标识，即“知名商品 + 特有商业标识”的二元结构模式。这种分析结构本身存在一定的问题。

（1）商业标识与商品分置

传统认定思路上的二元结构存在的问题之一，就是商业标识与商品分置。这不仅割裂了商业标识与商品之间的紧密联系，而且存在将《反不正当竞争法》商业标识混淆条款的保护对象错置的问题。

首先，割裂商业标识与商品之间的紧密联系，不当强化商业标识的独立性。商品名称、包装、装潢等商业标识，是商品的外在表征。限于我国成文法及其解释习惯，对法律文本的依赖远高于对原理的信赖，形成了一元论的认定标准。这种不当割裂具体表现为两种认识。一种认识是在文本逻辑上——“知名商品的特有名称、包装、装潢”，商业标识是中心概念，特有商业标识是一种独立存在，并且法律保护这种独立存在。在“上海帕弗洛文化用品有限公司诉上海艺想文化用品有限公司擅自使用知名商品特有名称包装装潢纠纷案”②中，法院在否定原告商品知名的同时，认定原告商品名称和装潢“特有”，认为原告经过数年经

---

① 《最高人民法院关于审理不正当竞争民事案件应用法律若干问题的解释》第 1 条规定：“在中国境内具有一定的市场知名度，为相关公众所知悉的商品，应当认定为反不正当竞争法第五条第（二）项规定的‘知名商品’。人民法院认定知名商品，应当考虑该商品的销售时间、销售区域、销售额和销售对象，进行任何宣传的持续时间、程度和地域范围，作为知名商品受保护的情况等因素，进行综合判断。”第 2 条规定：“具有区别商品来源的显著特征的商品的名称、包装、装潢，应当认定为反不正当竞争法第五条第（二）项规定的‘特有的名称、包装、装潢’”。

② 参见上海市第一中级人民法院（2009）沪一中民五（知）初字第 20 号民事判决书。

营已形成一定规模并有相应的消费群体，被告仿冒原告商品名称与包装装潢的行为构成不正当竞争。另一种认识是将商品名称、包装等视为商标法的扩展。其最大的不足是强化了商业标识的独立性，弱化了其所附着的商品的基础性和根本性。在“中粮集团有限公司诉中山市天悦城商业经营管理有限公司等侵害商标权及不正当竞争纠纷案”[①]中，判决书认为，“《反不正当竞争法》对于知名商品特有名称进行保护的立法原意是对未注册商标予以保护，也即商品名称已经作为商标注册的除外”。

脱离商品的商业标识没有独立的意义和价值，[②]这一点不同于注册商标或外观设计专利。尽管为《反不正当竞争法》所保护的商业标识要求有溢出商品本身的独特意义，但独特意义不可能凭空产生，需要以商品为载体。商业标识只有通过经营者成功的市场营销等商业性使用才可能被赋予超越商品本身独立的竞争意义。例如，“LV”成为时尚、品味、社会地位的象征，不是简单的LV这个符号的功效，而是其商品的工艺、历史、材料、社会公益等相关信息的汇总凝成的结果。

对“知名”或“特有”的解释，不能拘泥于法律文本。《反不正当竞争法》目标是保护消费者和经营者合法权益、维护市场竞争秩序。商业标识混淆条款是为了规制混淆，避免因仿冒行为导致消费者误将A的商品认作B的商品或者误以为A与B之间存在特定联系从而导致消费者误购。因此，反不正当竞争法视域下的商业标识是商品的对外表征，与商品具有紧密联系。通过外部特征表彰独立的实体，将鲜明的信息传达给社会公众，借此区分商品及其来源是商业标识的核心功能和根本价值。[③]

其次，商业标识与商品分置存在将商业标识混淆条款的保护对象错置的问题。还有一种对“知名商品的特有名称、包装、装潢”的理解，即认为商品与商业标识是两个平行的保护对象。“知名”和“特有”是商业标识获得反不正当竞争法保护的两个必不可少的并列要件。[④] 换言之，认定这种不正当竞争行为将文

---

① 广东省中山市第一人民法院(2016)粤2071民初26065号民事判决书。

② 这里的意义是符号学上的意义，是指“符号通过符形所传达的关于符号对象的讯息”。参见黄华新、陈宗明主编：《符号学导论》，东方出版中心2016年版，第119页。

③ 参见谢晓尧：《竞争秩序的道德解读：反不正当竞争法研究》，法律出版社2005年版，第164页。

④ 参见孔祥俊：《反不正当竞争法新原理：分论》，法律出版社2019年版，第46页。

本中的“的”理解为“和”，进而形成了两个并行的标准：商品知名且标识特有。

尽管这是判断标准上的二元论，但在适用中同样会产生商品和商业标识的割裂，甚至保护对象错置。不具有市场知名度和影响力的商业标识会搭借商品知名度的“便车”获得反不正当竞争法保护。例如，在“扬州绿叶食品有限公司与扬州雾中花食品工贸有限公司不正当竞争纠纷案”（以下简称“绿叶案”）中，知名商品更换了新标识，新标识刚刚开始使用或尚未投入使用但具有初始的显著特征，此种情形同样符合“商品知名＋标识特有”要件，从而受到反不正当竞争法保护。① 这种仅仅具有初始显著性、尚不具有市场知名度和影响力的商业标识搭借商品知名度的“便车”从而获得反不正当竞争法保护。“以出身论英雄”的现象并不符合商业标识混淆条款的立法本义，是商业标识与商品分置背景下保护对象错置的结果。

（2）“知名”与“特有”概念模糊

传统认定思路中“知名”与“特有”的概念关系也存在模糊之处。除了上述认为两者是并列关系外，也有学者认为，“知名”和“特有”只需保留其一即可。② 这种观念冲突，应该来自对概念认识的不同，学者常常不解释这两个概念。不解释的理由似乎是《若干解释》中已经进行了权威的解释。但《若干解释》中的解释足够权威吗？

依据《若干解释》第1条规定，所谓“知名”，指的是在中国境内具有一定的市场知名度，为相关公众所知悉。显然，这里只进行了结果描述，没有表述因果关系。相关公众知悉商品或商业标识的方式，可以是通过经营者单纯的广告宣传，也可以是通过购买和使用商品。换言之，“知名”可以来自单纯的广告宣传，也可以来自使用。由此，可能产生的问题是，仅仅建立在经营者单纯的广告宣传基础上的知名度是否可以得到反不正当竞争法的保护？法律及相关司法解释对此未予明确，这是传统认定思路存在的模糊之一。

依据《若干解释》第2条规定，所谓“特有”，指的是商业标识具有区别商品来源的显著特征。由于这一规定过于抽象，“特有”的概念界定在理论和实务中

---

① 参见江苏省高级人民法院（2006）苏民三终字第0110号民事判决书。

② 参见王太平：《我国未注册商标保护制度的体系化解释》，载《法学》2018年第8期；张伟君：《论“知名商品特有名称包装装潢”条款的修改和完善》，载《知识产权》2017年第6期；杜颖、赵乃馨：《〈反不正当竞争法〉第6条第1项的理解与适用》，载《法律适用》2018年第15期。

仍存在很大争议。有学者认为,"特有"相当于商标法中的"显著性",主要是指区别商品来源的显著特性或者区别性,包括商业标识自身所固有的显著特征(固有显著性)以及标识本身不具有显著性,但经过使用取得的显著性(获得显著性)。[①] 有学者认为,"特有"实质上是指固有显著性。[②] 还有学者将"特有"分为识别意义上的特有性(一个标识具有显著特征而能够成为商业标识,而不是通用标识或者描述性标识)和归属意义上的特有性(一个具有特有性的商业标识与该特定的商品之间产生了特定的联系)。[③] 司法实践中还存在将"特有"解读为"新颖性""美观""装饰性""实用性"等,但由于这些解读与立法本义以及司法解释之规定相去甚远,遂不足为道。在上述关于"特有"含义的争议性观点中,比较有影响力的当属第一种观点,即认为"特有"与商标法中的"显著性"无异,包括固有显著性和获得显著性。问题是,仅仅具有固有显著性的商业标识是否即达到了反不正当竞争法保护的条件?这是传统认定思路存在的另一模糊之处。在前述"绿叶案"中,原告知名商品更换了新包装装潢,法院认定更换商品包装装潢不影响对知名商品的认定,且新包装装潢具有固有显著性,符合"知名商品+特有标识"要件,最终认定构成不正当竞争。该判决说理有待商榷。如果对于尚未投入市场或刚刚进入市场的新商业标识,仅仅因为其具有区别于其他商业标识的固有显著性,即可予以反不正当竞争法保护,这是否符合《反不正当竞争法》商业标识混淆条款的立法本义?这种带有浓厚的商标法对未注册商标保护制度以及商标专用权注册取得制度的主导性观念在反不正当竞争法中是否仍能达到体系自洽?这是需要深度思考的问题。

这种理论上的争议同样体现在立法者在修法时的徘徊态度之中。《反不正当竞争法(修订草案送审稿)》[④]第 5 条第 1 项删除了 1993 年版法律中"知名商

① 参见孔祥俊:《反不正当竞争法新原理:分论》,法律出版社 2019 年版,第 46 页。

② 参见王太平:《我国未注册商标保护制度的体系化解释》,载《法学》2018 年第 8 期。

③ 参见张伟君:《论"知名商品特有名称包装装潢"条款的修改和完善》,载《知识产权》2017 年第 6 期。

④ 《中华人民共和国反不正当竞争法(修订草案送审稿)》第 5 条第 1 款规定:"经营者不得利用商业标识实施下列市场混淆行为:(一)擅自使用他人知名的商业标识,或者使用与他人知名商业标识近似的商业标识导致市场混淆的;(二)突出使用自己的商业标识,与他人知名的商业标识相同或者近似,误导公众,导致市场混淆的;(三)将他人注册商标、未注册的驰名商标作为企业名称中的字号使用,误导公众,导致市场混淆的;(四)将与知名企业和企业集团名称中的字号或其简称,作为商标中的文字标识或者域名主体部分等使用,误导公众,导致市场混淆的。"

品特有的名称、包装、装潢”，代之以“他人知名的商业标识”。随后《反不正当竞争法（修订草案）》第6条第1项回归原点。在《反不正当竞争法（二次审议稿）》第6条第1项中，又将其修订为“他人商品特有的名称、包装、装潢”。最终立法者将“知名”与“特有”统一为“有一定影响”，这一方面是出于平息争议考虑，另一方面也是为了与《商标法》中未注册商标保护制度相衔接。这真的解决了争议并平息了矛盾吗？

2. 统一后“有一定影响”的解释困境

“统一”虽然在立法层面解决了传统认定思路中商业标识与商品分置所带来的关系割裂以及保护对象错置问题，一定程度上也回应了“知名”与“特有”概念上的模糊问题，有利于实现与《商标法》中的对未注册商标保护制度以及商标专用权注册取得制度相衔接，但同时也带来了新的问题，尤其是统一后对“有一定影响”应该如何理解的问题。这不能不回到商标法，因为这个概念来自那里。

（1）商标法语境中的“有一定影响”

很多人认为，商品名称、包装、装潢等区分商品来源的商业标识形似未注册商标，此次修法引入“有一定影响”也是为了与商标法中未注册商标保护制度相衔接，借鉴了《商标法》第32条禁止恶意抢注商标条款[①]和第59条第3款商标先用权条款[②]中“有一定影响的商标”的措辞。[③]“有一定影响”的商标，是指在一定地域内被一定的人群所知晓的商标，其知名度要求不及驰名商标的知名度高，保护强度也弱于驰名商标。[④] 内容上，“有一定影响”与1993年《反不正当竞争法》第5条第2项中的“知名”存在一定的共性：均是指商业标识为相关公众所知悉。

《商标法》保护未注册商标的前提要件是“已经使用并有一定影响”，这是一

---

① 《商标法》第32条规定：“申请商标注册不得损害他人现有的在先权利，也不得以不正当手段抢先注册他人已经使用并有一定影响的商标。”

② 《商标法》第59条第3款规定：“商标注册人申请注册商标前，他人已经在同一种商品或者类似商品上先于商标注册人使用与注册商标相同或者近似并有一定影响的商标的，注册商标专用权人无权禁止该使用人在原使用范围内继续使用该商标，但可以要求其附加适当区别标识。”

③ 参见孔祥俊：《反不正当竞争法新原理：分论》，法律出版社2019年版，第26页。

④ 参见中国法制出版社编：《知识产权法（实用版法规专辑）》，中国法制出版社2018年版，第200页。

个不可分割的统一概念。[①] “有一定影响”与“已经使用”是未注册商标获得保护的两个并列要件。商标法所保护的有一定影响的未注册商标一定是建立在使用的基础上。商标法语境中的“使用”应该如何理解？依据《商标法》第48条之规定,“本法所称商标的使用,是指将商标用于商品、商品包装或者容器以及商品交易文书上,或者将商标用于广告宣传、展览以及其他商业活动中,用于识别商品来源的行为”。可见,在商标法语境中,对“使用”的理解采用的是一种宽泛解释——用于识别商品来源的一切商业活动。换言之,商标法语境中的“有一定影响”可以源于经营者单纯的广告宣传活动,也可以来自将商标用于商品之上投入市场销售并经消费者购买使用为消费者所接受和认可。

这种解释可以平移到反不正当竞争法中吗？

(2)“有一定影响”的实务认定困境与解困思路

综观我国司法实践中对反不正当竞争法语境下“有一定影响”的认定现状,我们发现,新的用语带来了新的理解和认识,一定程度上也制造了新的麻烦。

①实务认定困境

《反不正当竞争法》将“有一定影响”作为商业标识获得保护的前提要件,并将“有一定影响”的适用范围扩展到所有的商业标识。区别于字号保护、姓名保护、注册商标专用权等权利,反不正当竞争法对商业标识的保护是高起点的对象,对受其保护的商业标识本身的实质性要求相较注册商标、字号、姓名等保护条件更加严格。如果某一商业标识既未经过相关程序予以授权,也未附加其他任何条件限制便为反不正当竞争法所保护,无疑不当提高了反不正当竞争法的功能,也会弱化商标专用权注册制度的价值,甚至有架空知识产权垄断性之虞。

当前实务中对于“有一定影响”的认定主要有三种不同的认识和做法:一是认为“有一定影响”就是“知名”,法律去掉了“特有”简化了商业标识混淆的认定基础。二是认为“有一定影响” =“知名” +“特有”,并在适用中抛开新的用语依循固有的认定思路,即先认定商品“知名”,后认定商业标识“特有”。如在“奥飞娱乐股份有限公司与汕头市澄海区新力星玩具厂不正当竞争纠纷案”中,法院认为,依据《反不正当竞争法》第6条第1项之规定,反不正当竞争法保护具有一

① 参见刘继峰:《竞争法学》(第3版),北京大学出版社2018年版,第287页。

定影响的商品特有包装装潢的商业标识性权益，特有包装装潢相关的商业标识性权益的形成必须具备两个条件：一是其所依附的商品具有一定知名度。二是商品包装装潢具有识别性，能够独立发挥区分商品来源的作用。[①] 三是认为“有一定影响”=“知名”，但仍需要原有的“特有”条件。在“椰树集团有限公司诉海南热带印象植物饮料有限公司不正当竞争纠纷案”中，法官指出：首先认定知名商品，并具有一定影响；其次认定商品装潢为其所特有，即该装潢的排列组合具有独特性，形成了显著的整体形象，并经过长时间使用和大量宣传，具有识别其商品来源的作用。[②]

法律修订以来的司法实践似乎正在形塑一种新的认定模式：以“有一定影响”替代“知名”（或者以“知名”推定“有一定影响”），之后外挂“特有”。这种操作技法是路径依赖中成本最低的。如果是这样，则意味着，“有一定影响”替代“知名”没有任何语汇意义和标准的带入，只是暗换了一个新词而已。语言学上，两个词的外延相同并不是他们在同一场合具有引发内涵同一性的充分条件，也不是必要条件。[③]

由此可见，新法适用背景下实务界对“有一定影响”并没有形成新的解释内容，而且对“有一定影响”的理解与认识尚未完全突破传统认定思路的桎梏。立法上的统一不但没有解决传统认定中存在的问题，反而制造了新的认识上的混乱。这种情况下，破除传统认定思路的樊篱并在新法适用背景下统一“有一定影响”的司法认定路径具有非常重要的现实意义。

②解困思路

很大程度上，1993 年《反不正当竞争法》和修订后的《反不正当竞争法》都只重视建设商业标识配套的上层建筑，而隐去了保障上层建筑稳定的基础设施——商业标识的使用，如同一个信息传输，展现给外人的只有编码（或信源）和译码（或信宿），用以传输编码并能否连接译码的装置——发射装置（或信道）是看不见的，但它又是能否顺利转译的核心设施。之所以将“使用”称为基础设

---

① 参见广东省汕头市中级人民法院（2018）粤 05 民初 28 号民事判决书。

② 在“椰树集团有限公司诉海南热带印象植物饮料有限公司不正当竞争纠纷案”中，原告生产的“椰树”椰汁为知名商品。由此，认定涉案商品的装潢为有一定影响的商品装潢。该案二审法院的认定思路基本同上。参见浙江省金华市中级人民法院（2018）浙 07 民终 5103 号民事判决书。

③ 参见［美］蒯因：《语词和对象》，陈启伟、朱锐、张广学译，中国人民大学出版社 2005 年版，第 55 页。

施,是因为通过使用才能够使商业标识在市场中为相关公众所知悉。

以“使用”为基础几乎可以解析上文中的所有问题。例如,“绿叶案”中商品知名且更换的商业标识具有特有性的情况下,知誉度是否中断?再如,单纯进行广告宣传是否可以认定“有一定影响”?这源于“使用”应如何理解。因此,对作为商业标识品质标准的“有一定影响”的认定思路,可以首先从商业标识自身的要求出发,以“使用”为核心展开,尤其需要特别指出的是对反不正当竞争法语境中“使用”的理解不能完全套用商标法中的“使用”,毕竟反不正当竞争法与商标法是两个不同的语境。依据诠释学和语言学理论,文本的意义取决于语境。①此外,进一步分析“使用”后的结果及结果的稳定性。

3.“有一定影响”的认定标准

修订后的《反不正当竞争法》实施至今,实务中对于“有一定影响”并没有形成统一的解释路径。如何统一对“有一定影响”的解释路径以破解这一法律适用困境成为当务之急。从符号学的视角看,商业标识在本质上是一种语言符号。根据皮尔士的符号学理论,符号是一个三元结构:载体—对象—解释项,分别对应符号的三个特征:物质性(第一性)、纯粹指示性(第二性)和诉诸心灵(第三性)。反不正当竞争法语境中的“有一定影响”建立在多重法律关系的基础上,结合符号的复合性原理,认定“有一定影响”标准应当如下:

(1)客体上具有显著性

商业标识混淆行为的本质是擅自使用他人的商业标识,盗用他人商业标识上凝结的商业信誉或商品声誉,从而引起消费者认识上的混淆,不仅损害了消费者的利益,而且损害了经营者的合法权益、扰乱了市场竞争秩序。②《反不正当竞争法》商业标识混淆条款的立法目的主要有三:①保护商业标识区分商品来源的作用,防止消费者混淆,保护消费者合法权益;②保护商业标识所承载的特定经营者的商业信誉或商品声誉,维持商业标识的独特竞争优势,保护经营者的合法权益;③鼓励诚信经营,维护公平的市场竞争秩序。这三者之间是相辅相成、有机统一的。因此,只有承载了特定经营者的商誉、具有区分商品来源作用

---

① 参见李广德:《法律文本理论与法律解释》,载《国家检察官学院学报》2016 年第 4 期。

② 参见国家市场监督管理总局反垄断与反不正当竞争执法局:《〈反不正当竞争法〉理解与适用》,中国工商出版社 2018 年版,第 37 页。

的商业标识，才值得反不正当竞争法予以保护。①

与其他任何事物一样，符号首先必须具有属于它自身的一些性质。② 商业标识作为一种符号，具有属于符号自身的一些性质，如文字、色彩、图案、形状等。这是包括商业标识在内的各种符号的自然属性。该种属性也被称为符号的第一性——物质属性。按照皮尔士的观念，所谓物质性，是指一个符号拥有的属于它自己的一些特性。

关于商业标识是否具有第一性当无争议，争议之处在于是否仅限于上述第一性。通常，实践中，法院认定商业标识混淆不正当竞争行为往往首先通过商业标识的文字、图案、色彩及其排列组合样态来认定商业标识通用与否，是否具有独特性、显著性或识别性。③ 商业标识本身具有区别于其他商业标识的显著特征，即商业标识的初始显著性。在文本上，本次修法没有显示原法的二元条件之一——“特有”，那么，“特有”被删除了，还是被“有一定影响”涵摄了？应当理解为是后者，即不是不要求了，而是纳入“有一定影响”之中，但又不是唯一的一个标准。

（2）在客观上商业标识的使用性

区别于《商标法》将“有一定影响”与“已经使用”作为未注册商标保护的两个并列要件，《反不正当竞争法》条文中并没有单独列出“使用”要件，在理解上必须将这一基础条件补足。

一般而言，商业标识逐渐凝结商誉的过程与该经营者商誉本身的形成过程是同步的。此种情况下，通过广告宣传所传递出来的信息不足以积淀和形成经营者的商誉，更遑论商业标识承载该经营者商誉了。通过单纯的广告宣传向相关公众传递出来的商品信息仅仅是经营者希望传递出来的信息，并不代表商品及其经营者的真实信息，更不代表相关公众心目中所实际接收的信息。经营者与消费者之间存在种种信息传递与沟通的障碍，本质上源于双方之间的信息不

---

① 参见国家市场监督管理总局反垄断与反不正当竞争执法局：《〈反不正当竞争法〉理解与适用》，中国工商出版社 2018 年版，第 35 页。

② 参见［美］查尔斯·S. 皮尔士编：《皮尔士论符号》，徐鹏译，上海译文出版社 2016 年版，第 180 页。

③ 参见四川省高级人民法院（2018）川民终 1128 号民事判决书、广东省清远市中级人民法院（2018）粤 18 民终 209 号民事判决书、广东省汕头市中级人民法院（2018）粤 05 民初 28 号民事判决书、浙江省金华市中级人民法院（2017）浙 07 民初 795 号民事判决书等。

对称地位。而商誉，是经营者与顾客之间业已形成的友好关系和极度信任。[①]它既体现了经营者的长期投入和诚实劳动，也代表着消费者对该经营者的忠诚度。这种信任关系的基础，是消费者购买使用该经营者所经营的商品之后，在观念里对该经营者形成了肯定性的综合评价。

商业标识的显著性是其作为符号的自身的基本属性，显著性不等于“有一定影响”，后者是外在特性。事实上，这里的“使用”反映的是多元法律关系。在法律文本上，只揭示了其中一种法律关系——“（经营者）擅自使用与他人有一定影响的……”。除了经营者“使用”外，还应当有两个主体使用。一是“他人”（权利主体）的使用。“他人”对商业标识的使用是商业标识产生一定影响的充分必要条件，没有销售（使用）不可能产生知名。[②] 二是引人误认为的“人”（相关公众或一般消费者）的使用。之所以将这个第三人纳入“使用”的范畴，是因为这个主体是“有一定影响”的实证主体，是否真的达到了“有一定影响”的程度，需要以此类主体的认识来证明。

商业标识是如何完成象征意义生成的符号化过程从而发挥指示和区分功能的呢？理论上，符号意义生成的内在原因是理据性。[③] 在语用学层面有学者提出符号之所以成为符号是因为符号具有普遍的“理据性”，其认为符号作为人工制造的符号，必然被社群作集体使用。语言如同其他符号一样，在使用语境中被理据化。“不是符号给使用以意义，而是使用给符号以意义，使用本身就是意义。”[④]符号的价值是某种意义的外在表达，是社会交往实践的产物，是约定俗成的结果，是一种集体习惯。符号之所以能在主体心目中引发无限遐想，是在先的反复使用所积淀的结果，甚至当符号具有自身含义的时候，通过使用还能够使符号生成有别于其自身含义的第二含义。在不符合第一性的前提下，即商业标识本身不具有初始显著性，仍可以通过使用取得第二含义。由此而言，商业标识能否进入反不正当竞争法保护范围，关键不在于商业标识本身通用或独特与否，而在于是否可以通过使用在相关公众内心建立起其与特定出处之间的对应关系或

---

① 参见谢晓尧：《论商誉》，载刘春田主编：《中国知识产权评论》（第3卷），商务印书馆2008年版，第337页。

② 参见刘继峰：《竞争法学》（第3版），北京大学出版社2018年版，第287页。

③ 参见黄华新、徐慈华：《论意义的“生命”历程》，载《哲学研究》2004年第1期。

④ 赵毅衡：《符号学》，南京大学出版社2012年版，第246页。

联系。这也是本次修订后不明确强调“特有”的主要原因。

当然，仅具第一性的商业标识，尚未在相关公众心目中建立起其与特定商品或主体之间较为固定的对应关系，也无法在市场中实际发挥指示和区分功能，只是具有一种指示和区分商品来源的潜在可能性，这种潜在可能性可以作为商标申请注册并获准保护的理由，但并非受反不正当竞争法保护的充分条件，亦非必要条件。

(3)结果上的纯粹指向性及其稳定性

就符号学的角度而言，符号意义模糊，要么是存在的事物发生了相异，要么是不同的事物发生了相似，它们共同构成了信源的主体。外部世界提供的信息作为信源是无限的，而符号作为信道却是有限的，以有限的符号传递无限的信息，必然造成符号意义的模糊与不确定。① 商业标识意义指向的明确，是商业标识的持续使用结果。原理在于，不断的强化使用过程是排除符号意义模糊，清理信宿“噪声”干扰的过程。

商业标识通过使用之后，在相关公众心目中建立起其与特定商品及其经营者之间的对应关系。皮尔士在符号学理论上有所谓纯粹指示性，具体是指一个符号必须与其意指之物（符号所指称的对象）之间具有某种真实的联系。商业标识的使用结果需达到纯粹指向性。

①使用行为的结果——商业标识的纯粹指向性

反不正当竞争法保护商业标识，是保护商业标识区分商品来源的功能。这种来源不仅符号自身具有显著性，更重要的是作为商业标识附着物的商品上能够产生皮尔士所谓的符号的“意义”。商业标识作为一种语言符号，可能同时具有多种不同的意义，反不正当竞争法着眼的是商业标识与其出处即特定商品及其经营主体之间的对应关系——指向关系。

这种指向关系首先需具备真实性。从形式上看，是相关公众在观念里形成对该商品及其经营者的自主评价，从而在其心目中建立起该标识与这种评价之间的对应关系。实质上，商业标识是商品质量及经营者商业特质的内在关联关系基础上的外在指向形式。商品和商业标识之间形成有关该种商品特色等信息纯粹的指向性。商业标识在市场中发挥区分商品来源的功能，是源于相关公众

---

① 参见王铭玉、李经伟主编：《符号学研究》，军事谊文出版社2001年版，第48页。

知悉该商品的特性、功能等实体内容使得商业标识可以凝结符号的意义而形成的结果。

其次，指向性是诉诸心灵的指向。按照皮尔士的符号学理论，所谓诉诸心灵，是指一个符号要成为一个具有指示和区分功能的真正意义上的符号，必须能够诉诸于某个主体心灵，即在某个主体心目中它被视为一个符号，具有指示和象征意义。[①] 心灵上的指向是感受被冲击后沉淀的结果。人们认知一个事物，能够用一个结构性的方式把它表达出来之前，是一种信息的堆积，突破记忆的堆积，到一种结构性的把握，一种方法是通过想象，如果没有想象力，就难以构成图像；另一种方法是感受，这是更高一层进入所谓的心灵的指向（intention）。[②] 心灵的指向，就是它要通过体会，归到一个指向、一个意向上来。[③] 商业标识一旦承载了特定经营者的商誉，具有象征意义，也就意味着该标识已经完成了符号的再符号化的过程，即新意义的生成过程，才能诉诸主体心灵。

最后，这种指向关系具备纯粹性（单一性）。对应关系的形成，纯粹指向性来源于商业标识在商品上使用。由于经营主体和相关公众的“使用”，商品上的特殊信息进一步映射到相关公众的心理，进而由“商业标识在商品上使用”这个中心，向前后分别外扩到相关公众和经营主体之间的心理印象。所谓纯粹指向性是上述心理印象的单一指向性。

②指向的稳定性

反不正当竞争法保护具一定影响的商业标识，这种影响力需要建立在使用的基础上，但影响力的产生不可能是一蹴而就的，而是需要经过一定量的积累。这要求在主体观念里建立再现体与其所指称的对象和所象征的意义之间的较为稳定的联系或者说对应关系。[④]

“指向”的稳定性揭示的是商业标识使用的持续时间以及使用的空间范围

---

① 参见［美］查尔斯·S. 皮尔士编：《皮尔士论符号》，徐鹏译，上海译文出版社 2016 年版，第 181～182 页。

② 参见林安梧：《人文学方法论：诠释的存有学探源》，上海人民出版社 2016 年版，第 106 页。

③ “意向的”（Intentional）：“广义说来，凡是有方向的一切，均可称为意向的，例如存有者之于存有，行动者之于他的行动及其对象等。”狭义地说，意向的是意识地指向某一对象。想象、概念、认识与意愿的一应行动都属于这个范畴，它们同样地“意向”着某些事物。参见［德］布鲁格编著：《西洋哲学辞典》，项退结编译，台北，“国立”编译馆 1976 年版，第 220 页。

④ 参见［美］查尔斯·S. 皮尔士编：《皮尔士论符号》，徐鹏译，上海译文出版社 2016 年版，第 10 页、第 180～182 页。

等因素。商业标识只有经过使用的量的积累，才能发生质的变化。

首先，关于商业标识持续使用的时间。一般而言，商业标识持续使用的时间越长，其为相关公众知悉的可能性也就越高，市场影响力也就越大。所谓中华老字号或驰名商标，包含的核心内容是时间的延续。持续稳定的经营是经营主体商品质量、盈利能力的重要保证，也是对外形象和信誉的保障，如拟上市公司只有在股份有限公司成立后持续经营数年才可以申请公开发行股票。同样，商业标识持续使用的时间侧向反映商品质量、市场竞争能力等。

其次，关于商业标识的使用地域范围。这涉及对反不正当竞争法中商业标识知名度和影响力的地域范围的认识。反不正当竞争法对商业标识的保护归根结底是为保护竞争。只有两个以上经营者在相关地域市场从事相同或相近即具有可替代性的经营业务，面向的消费群体存在交叉重叠关系，即具有竞争关系，才有导致相关公众混淆的可能性。至于这里的"相关地域"涉及的地域范围究竟有多大，并无明确的规定。但可以确定的是，反不正当竞争法语境中商业标识的知名度和影响力无须达到驰名商标的驰名程度。否则，因反不正当竞争法保护商业标识的门槛设置得过高，将无法充分发挥反不正当竞争法的竞争保护功能。当然，有判决认为，同一街道上，擅自模仿他人商业标识，足以造成消费者混淆，则推定在先标识具有知名度。[①] 这似乎又过于微观了，因为毕竟反不正当竞争法保护的是竞争秩序，如果对反不正当竞争法保护的门槛设置得过低，无疑会冲淡甚至架空商业标识的前置定语——"有一定影响"的制度价值。事实上，不在于县、乡、村等具体的行政区划，而在于是否有特定的相关公众，这是保护公平竞争与市场自由之间近乎合理的平衡的核心。

（六）关键要点总结

商业标识混淆是对商业标识上所凝结的经营者商誉的盗用，是对相关公众心目中确立的商业标识与其出处之间纯粹指向关系的不正当利用，相关公众心目中的这种指向关系正是商业标识能够在市场中实际发挥区分商品来源功能的关键所在。反不正当竞争法规制混淆，就是要维护相关公众心目中已经确立的这种指向关系。"有一定影响"揭示的是商业符号形成的纯粹指向关系，建立的基础是商业标识的实质性使用——经营主体使用和消费者使用。前者展现商业

---

① 参见广东省深圳市中级人民法院（2017）粤 03 民终 982 号民事判决书。

标识的市场知名度和影响力，后者将商业标识凝结的经营主体商誉、承载的象征意义诉诸消费者（相关公众）心灵。

（七）附录

参考文献

1. 刘继峰：《竞争法学》（第3版），北京大学出版社2018年版。

2. 孔祥俊：《反不正当竞争法新原理：分论》，法律出版社2019年版。

3. 中国法制出版社编：《知识产权法（实用版法规专辑）》，中国法制出版社2018年版。

4. 国家市场监督管理总局反垄断与反不正当竞争执法局：《〈反不正当竞争法〉理解与适用》，中国工商出版社2018年版。

5. 黄华新、陈宗明主编：《符号学导论》，东方出版中心2016年版。

6. ［美］查尔斯·S. 皮尔士编：《皮尔士论符号》，徐鹏译，上海译文出版社2016年版。

7. 林安梧：《人文学方法论：诠释的存有学探源》，上海人民出版社2016年版。

8. 赵毅衡：《符号学》，南京大学出版社2012年版。

9. 谢晓尧：《论商誉》，载刘春田主编：《中国知识产权评论》（第3卷），商务印书馆2008年版。

10. 谢晓尧：《竞争秩序的道德解读：反不正当竞争法研究》，法律出版社2005年版。

11. ［美］蒯因：《语词和对象》，陈启伟、朱锐、张广学译，中国人民大学出版社2005年版。

12. ［德］布鲁格编著：《西洋哲学辞典》，项退结编译，台北，“国立”编译馆1976年版。

13. 杜颖、赵乃馨：《〈反不正当竞争法〉第6条第1项的理解与适用》，载《法律适用》2018年第15期。

14. 王太平：《我国未注册商标保护制度的体系化解释》，载《法学》2018年第8期。

15. 张伟君：《论“知名商品特有名称包装装潢”条款的修改和完善》，载《知识产权》2017 年第 6 期。

16. 李广德:《法律文本理论与法律解释》,载《国家检察官学院学报》2016 年第 4 期。

17. 黄华新、徐慈华:《论意义的“生命”历程》,载《哲学研究》2004 年第 1 期。

参考法条

1.《中华人民共和国反不正当竞争法》(1993 年)

第五条　【禁止仿冒】经营者不得采用下列不正当手段从事市场交易,损害竞争对手:

(一)假冒他人的注册商标;

(二)擅自使用知名商品特有的名称、包装、装潢,或者使用与知名商品近似的名称、包装、装潢,造成和他人的知名商品相混淆,使购买者误认为是该知名商品;

(三)擅自使用他人的企业名称或者姓名,引人误认为是他人的商品;

(四)在商品上伪造或者冒用认证标志、名优标志等质量标志,伪造产地,对商品质量作引人误解的虚假表示。

2.《中华人民共和国反不正当竞争法》(2017 年)

第六条　经营者不得实施下列混淆行为,引人误认为是他人商品或者与他人存在特定联系:

(一)擅自使用与他人有一定影响的商品名称、包装、装潢等相同或者近似的标识;

(二)擅自使用他人有一定影响的企业名称(包括简称、字号等)、社会组织名称(包括简称等)、姓名(包括笔名、艺名、译名等);

(三)擅自使用他人有一定影响的域名主体部分、网站名称、网页等;

(四)其他足以引人误认为是他人商品或者与他人存在特定联系的混淆行为。

3.《最高人民法院关于审理不正当竞争民事案件应用法律若干问题的解释》(2007 年)

第一条　在中国境内具有一定的市场知名度,为相关公众所知悉的商品,应当认定为反不正当竞争法第五条第(二)项规定的“知名商品”。人民法院认定知名商品,应当考虑该商品的销售时间、销售区域、销售额和销售对象,进行任何宣传的持续时间、程度和地域范围,作为知名商品受保护的情况等因素,进行综合判断。原告应当对其商品的市场知名度负举证责任。

第二条　具有区别商品来源的显著特征的商品的名称、包装、装潢,应当认定为反不正当竞争法第五条第(二)项规定的“特有的名称、包装、装潢”。有下列情形之一的,人民法院不认定为知名商品特有的名称、包装、装潢:

(一)商品的通用名称、图形、型号;

(二)仅仅直接表示商品的质量、主要原料、功能、用途、重量、数量及其他特点的商品名称;

(三)仅由商品自身的性质产生的形状,为获得技术效果而需有的商品形状以及使商品具有实质性价值的形状;

(四)其他缺乏显著特征的商品名称、包装、装潢。

前款第(一)、(二)、(四)项规定的情形经过使用取得显著特征的,可以认定为特有的名称、包装、装潢。

知名商品特有的名称、包装、装潢中含有本商品的通用名称、图形、型号,或者直接表示商品的质量、主要原料、功能、用途、重量、数量以及其他特点,或者含有地名,他人因客观叙述商品而正当使用的,不构成不正当竞争行为。

4.《中华人民共和国反不正当竞争法(修订草案送审稿)》(2016 年)

第五条第一款　经营者不得利用商业标识实施下列市场混淆行为:

(一)擅自使用他人知名的商业标识,或者使用与他人知名商业标识近似的商业标识导致市场混淆的;

(二)突出使用自己的商业标识,与他人知名的商业标识相同或者近似,误导公众,导致市场混淆的;

(三)将他人注册商标、未注册的驰名商标作为企业名称中的字号使用,误导公众,导致市场混淆的;

(四)将与知名企业和企业集团名称中的字号或其简称,作为商标中的文字标识或者域名主体部分等使用,误导公众,导致市场混淆的。

5.《中华人民共和国商标法》(2019 年)

第三十二条　申请商标注册不得损害他人现有的在先权利,也不得以不正当手段抢先注册他人已经使用并有一定影响的商标。

第五十九条第三款　商标注册人申请注册商标前,他人已经在同一种商品或者类似商品上先于商标注册人使用与注册商标相同或者近似并有一定影响的商标的,注册商标专用权人无权禁止该使用人在原使用范围内继续使用该商标,但可以要求其附加适当区别标识。

第十二章　互联网寄生性软件运用中的不正当竞争问题分析

——腾讯科技(深圳)有限公司、深圳市腾讯计算机系统有限公司诉深圳微源码软件开发有限公司等不正当竞争案①

一、案例正文

(一)摘要与关键词

摘　要:2015年10月以来,深圳微源码软件开发有限公司(以下简称微源码公司)在腾讯科技(深圳)有限公司、深圳市腾讯计算机系统有限公司(以下简称腾讯公司)运营的微信平台上注册"数据精灵分销平台"等26个微信公众号。之后,腾讯公司因涉案公众号推广的外挂软件明显超越微信所允许的功能范畴,违反微信服务协议及运营规范等多项规定,封禁了微源码公司运营的公众号。

关键词:寄生性软件;外挂行为;不正当竞争

(二)背景介绍

微源码公司并非使用微信即时通信及社交服务的普通用户,而是在平台上以自媒体形式营销推广软件产品的商业主体,其需求为在线推广宣传。因为腾

① 案例来源:广东省深圳市中级人民法院(2017)粤03民初773号民事判决书。

讯公司停止了微源码公司的上述宣传,曾就此提起了反垄断法上的滥用市场支配地位诉讼。在那个案件中,法院认定“相关商品市场”为互联网平台在线推广宣传服务市场。原告微源码公司对“相关商品市场”认知错误,亦未能提供证据证明被告腾讯公司具有滥用其微信即时通信及社交服务市场支配地位的行为。作为微信平台运营方,被告腾讯公司依据双方事先达成合意的服务协议及运营规范,对原告微源码公司违规行为进行必要管理并无不当,不构成滥用市场支配地位。于是,深圳市中级人民法院于 2018 年 8 月 23 日判决驳回原告的全部诉讼请求。

本案涉及的事实同上案基本一致,但法律关系是不正当竞争。同时原告和被告的身份互换。

(三)基本案情

原告腾讯科技公司是微信即时通信系统软件的开发商,该公司开发出微信即时通信系统软件后,与原告腾讯系统公司共同经营微信即时通信服务,并共同向用户提供,为证明该主张,两原告向法院提交了《腾讯微信软件许可及服务协议》,并注明“微信软件许可及服务协议腾讯公司版权所有”。

原告认为,被告方开发、运营数据精灵软件,使用该软件并配合被告方提供的特定微信版软件、天下游软件(以上三个软件统称为数据精灵软件包),可以在手机终端上实现原告正版微信软件服务不具有的“定点暴力加粉、公众号图文回复、关键词回复、一键点赞和评论、通讯录好友群发、微信群自动回复、定点摇一摇、微信群好友一键添加、微信群自动推广、多账号自由切换、通讯录好友群发、微信群群发、朋友圈内容一键转发”13 项特殊功能与原告正版微信软件服务形成交互关系,干扰了原告微信服务的运行数据,破坏了原告微信服务的系统运营环境和商业模式,损害了原告利益,构成不正当竞争。

法院认定,被告的行为违反了《反不正当竞争法》第 12 条第 1 款、第 2 款第 4 项的规定,构成不正当竞争行为。

二、案例使用说明

(一)目标与方向

通过对该案例的分析,把握软件这一个特殊行业的特点,尤其是和知识产权法、反垄断法的关系。类似案件的反不正当竞争法处理的路径和说理思路,包括法条的运用。

(二)涉及知识点

1. 理解《反不正当竞争法》第 12 条第 2 款的适用条件。

2.《反不正当竞争法》第 12 条第 4 项与《反不正当竞争法》第 2 条的关系。

(三)法律问题

针对寄生性软件的问题,如果从反不正当竞争法的角度分析,如何选择适用法律条文?是依据第 2 条,还是依据第 12 条第 4 项,抑或是两者同时适用?另外,如果当事人选择的是行政路径,行政机关是否有权认定该种非列举的新型不正当竞争行为?

(四)参考结论

被告深圳微源码软件开发有限公司等停止侵害原告腾讯科技(深圳)有限公司、深圳市腾讯计算机系统有限公司合法权益的不正当竞争行为,即立即停止数据精灵软件包(包括数据精灵软件、微信软件及天下游软件)的下载、宣传、推广、销售、运营行为。

(五)法理分析

软件是一种具有独立功能的产品(服务),也是作品。运行软件可以获得设计者预期的独特功能以及由此带来的便捷、乐趣甚至财富。不同于文字作品,软件作品通常是过程性作品,可以在现有功能基础上进行新的创作,如提升有关功能、改变有关情节,甚至部分改变软件原生态环境等。从产品角度出发,新功能的加入提升了原产品的感受力,竞争力会更强,兑取财产的可能性增大。但新开发的“作品”具有依赖于原作品的寄生性。

寄生软件的特殊功能只有搭借在原有软件上运行才能显现出来,由此产生了其独特功能与作品整体功能之间的冲突。实践中,寄生软件已经作为独立的产品进行交易。随着交易越来越普遍,寄生软件形成了隐性市场,甚至上下游关联生成了一种新业态。这种行为打破了原有关系主体的利益结构,形成了新的利益分配格局,这对现行法律提出了一定的挑战。有必要分析寄生性软件运用中的问题,并确定法律应对这种挑战的方式和方法。

1. 寄生性软件运行中不正当竞争行为的类型

从形式上，寄生软件可以分为外挂式寄生（以下简称软件外挂）和内涵式寄生。

软件外挂行为是指未经软件所有人的许可，经营者通过自行改变软件的某些程序强化已有软件的某些功能而创作的附带性软件。所谓内涵式寄生是软件自助行为，是指基于软件提供资源的空间，以自己的时间和能力积累出一定的软件数据，并运用数据行为。

就技术角度而言，游戏软件的运行至少涉及两方主体，即知识产权权利人与开发新软件或积累新装备的主体（以下简称开发主体）。若从产业角度来看，还涉及经营新功能软件的主体（以下简称产业主体）及新功能软件的使用人。

通常，外挂软件均未经原软件所有人的同意，通过修改已有软件数据、增加新的数据而形成的非原设性操作。其基本应用原理是用封包和抓包工具等电脑技术手段对已有一个或多个软件服务器提交假参数从而改变原设软件的程序和规则。

与软件外挂对应的是硬件外挂。其通常是软件外挂的辅助设置。例如，早期在游戏类软件的基础上利用辅助软件外挂为 RPG（角色扮演），为游戏提供自动导航、挂机、打怪升级等事务性功能，后来，FPS 类游戏玩法以精准射击能力（枪法）和方位感知能力（发现敌人）为核心。一般的手游用二指操作足矣，但是，许多高端玩家都会发展“三指”“四指”甚至更多指的操作。因此，总体上，硬件外挂也是通过软件外挂达到目的的。

与外挂软件不同的是，内涵式功能软件是原软件提供了自我发展、成长的空间，通过自我经营，可以产生更强大的竞争优势，此种自助式资源累积没有改变原有软件的规则和程序。但与外挂软件类似的是，升级软件的能力以增强其资源的独立性，进而成为独立的交易客体，呈现的市场及产业状况——有生产者、销售者和交易人但以隐性市场形式——基本相同。一个游戏类软件一旦开设了自己账号，就有了私人空间的意味，同时时间和投入精力等逐渐转化为具有私人属性的无形财产。原软件给予个人开发空间越大，游戏账号所拥有的无形资产的价值就越大，累积的无形财产可以协助刚上手的新玩家获得深度体验，于是，具有私人属性的游戏账号租赁（甚至购买）便成为一个快捷的手段。

不论是外挂软件还是内涵软件，都具有明显的寄生性。在生物学上，寄生是指异种生物交互作用的一种形式。交互作用的一方得益(寄生物),另一方受害(寄主或称宿主)。通常,受益者又不置受害者于死地。寄生现象的进化趋势是:交互作用双方的关系,先是相互适应,最后温和共处。“寄生现象可根据寄生物的特化程度进行分类。特化到脱离宿主便不能存活的称专性寄生物,仍有独立生活能力的称兼性寄生物。另外,寄生关系可以是持久的,也可以是暂时的,或只在某个发育阶段才营寄生生活。”①借用生物学上寄生的概念及其划分,外挂软件属于专性寄生,且非暂时的寄生。内涵软件资源的累积属于兼性寄生。

最为重要的是,外挂软件中的寄生不是互利的关系。因功能的强化,有市场需求,于是外挂软件被剥离出来,成为一个“商品”在市场上进行单独交易。市场总会引导生产。外挂软件形成了一个灰色的产业链,即由原来一人独立完成演化为“制作—售卖—更新”的流程、不同产业分工合作的模式。从原软件所有人的角度来看,将外挂软件作为一个独立的产品来销售,其交易客体没有经过所有人的同意,存在交易是否合法性的基础性问题。在没有解决基础性问题的前提下,形成的与原软件市场主体相互独立的产业,交易人获得的利益是否正当值得评判。

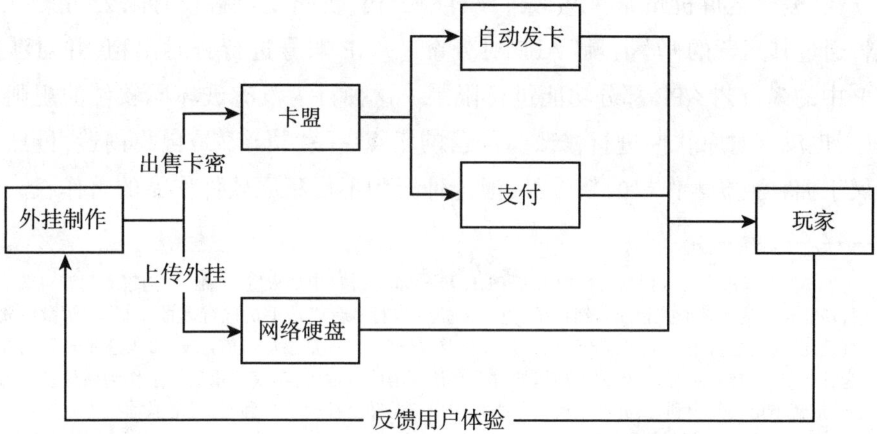

软件外挂引发的典型案例,如“腾讯科技(深圳)有限公司等与武汉骏网互

① 中国大百科全书总编辑委员会编:《中国大百科全书 生物学》,中国大百科全书出版社2002年版,第688页。

联科技股份有限公司互联网不正当竞争纠纷案”①“腾讯科技(深圳)有限公司诉深圳微源码软件开发有限公司不正当竞争案”②等。

别于软件外挂,内涵寄生软件的运用,具有更加隐蔽的特性。这种行为严格遵循了原软件的技术规则,没有改变原软件的运行模式和关系基础。但在财产利益上,形成了对原软件所有人的利益制约。理论上玩家游戏的时间越长和投入的金额越大,游戏账号所拥有的无形资产就越多。账号内财产非特定性——对他人具有同样的价值,由此诞生了游戏账号交易平台和相关账号的租赁行为。目前市面上以租号为主,更大规模的交易主体是出租者的联盟(卡盟)。其图示如下:

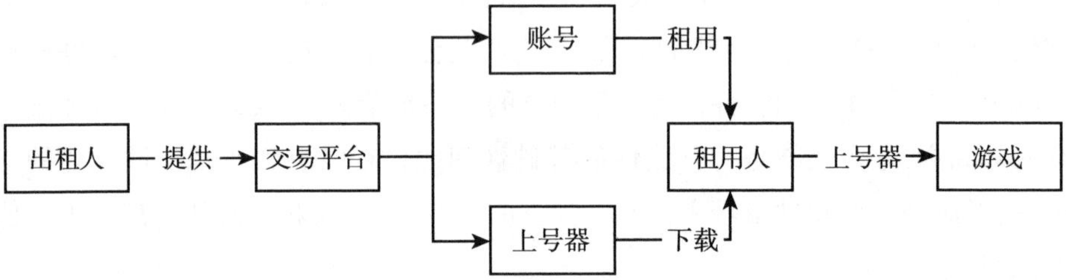

在“爱奇艺诉杭州龙魂网络科技有限公司、杭州龙境科技有限公司案”中,被告通过其运营的“马上玩”APP对爱奇艺VIP账号进行分时出租,并对涉案APP中的爱奇艺APP部分功能进行限制。这种行为没有破坏原软件的规则和程序,也没有对原软件进行修改。经营的卖点——“资产”是自我创造,虽然其不属于拥有独立著作权的新作品,但这种行为不侵犯原软件作品的著作权。发

① 参见武汉市中级人民法院(2019)鄂01民初6355号。被申请人宣传、推广、销售专门针对微信软件进行功能设置的侠客群控智能营销系统,使用主控电脑对多台终端手机进行批量控制,针对微信软件执行规模化、自动化营销的44个功能,属于违规获取用户信息、批量添加微信好友、多渠道批量营销等恶意行为,同时进行技术对抗,使申请人难以通过平台治理消除该危害,不仅严重破坏了作为微信基础的社交生态,损害申请人经营利益,亦严重侵害了微信用户权益乃至社会公共利益,扰乱微信生态系统的竞争秩序,构成不正当竞争。

② 参见深圳市中级人民法院(2017)粤03民初773号。被告微源码公司为该侵权软件包设定的运营模式为:通过付费购买,被告微源码公司为一台智能终端用户分配一个用户名及相应的密码,而后付费用户根据被告微源码公司提供的操作指引就能够使用该侵权软件包提供的诸如“暴力加粉”“朋友圈一键点赞和评论”“朋友圈内容一键转发”以及“通讯录好友群发”等十三大特殊功能。根据享有前述十三大特殊功能的时间长短,被告微源码公司为该数据精灵软件包设置了从人民币280元/3个月版到1280元/终身版的售价。在用户付费购买后,在下载安装该数据精灵软件包的过程中发现,“数据精灵”“微信”及“天下游”等软件的开发者均明确标注为“数据精灵团队”。

生的争议集中在截留数据流量形成的利益冲突上。这意味着,关注点从作品本身的著作权保护,转向运用中数据流量的保护。流量是软件运行中所有人追求的目标也是获利的基础。若一个游戏有 1000 个玩家并都开设了账户,和只有 100 个玩家开设账户而其他 900 个玩家都是租用这 100 个玩家的账户,两者对于原软件所有人而言,数据所反映的市场接受度存在明显的差异。后者的部分利益被账号出租人截留。

值得关注的问题是,实践中,寄生性软件大都以不正当竞争行为来寻求救济。在《反不正当竞争法》中,“互联网专条”并没有对这种寄生性软件行为的针对性列举,那么,如何选择适用法律条文?是依据第 2 条,还是依据第 12 条第 4 项,抑或是两者同时适用?另外,如果当事人选择的是行政路径,行政机关是否有权认定该种非列举的新型不正当竞争行为?

2. 寄生性软件运行行为对法律的挑战

从形式上看,寄生性软件可以提高软件特性,增加软件运行的性能。但寄生性软件不是一个独立的作品,且其生存依赖于已有软件。之所以说外挂软件不是一个独立的商品,主要原因是它不是一个完整的、独立的作品。从著作权的角度来看,外挂软件的开发没有经过著作权人的许可而对他人的作品进行修改,这本身构成了著作权侵权。如果基础关系已经构成了违法,在其上的交易行为不应得到法律的支持。从著作权的角度和反不正当竞争法的角度都可以提出损害赔偿。但是,两种不同路径,法律性质不同,认定的标准不同,当事人的证据负担也不同。在法律性质上,软件外挂行为属于竞合行为。相比之下,内涵式软件的基础关系是合法的,租用自助资源争夺的是数据流量,只涉嫌构成不正当竞争。

在竞争法路径下寻求救济带来了诸多的法律挑战。

第一,认定依据上的挑战。在《反不正当竞争法》第 12 条中,没有明确规定软件外挂行为和流量争夺行为。它不属于列举的三种行为——插入链接、强制进行目标跳转;修改、关闭、卸载网络产品;恶意对其他经营者的网络产品不兼容。是否可以用兜底条款来认定?第 4 项针对的是“其他妨碍、破坏……网络产品或者服务正常运行的行为”。同时,也需要满足基础认定条件:“利用技术手段,通过影响用户选择或者其他方式”。软件外挂属于技术手段当无问题,如何理解上述两个条文成为判断中的关键。

从用户角度来看,是否使用寄生性软件,不是基于技术性强迫(强制捆绑),

而是基于用户选择。从选择的结果看，寄生性软件相关功能的提升增加了用户的某些功能的体验感甚至附加了新的功能。例如，外挂的 FPS 类游戏出手游的操作难度高，具有挑战性，同时，产生了更具有感受力的效果，在《和平精英》《穿越火线》《绝地求生》等上附加的 FPS 类游戏的硬件外设，通过电流控制来达到手指触控不能完成的“一秒 8 枪”效果，从而为玩家获得更加强大的竞技优势。

从软件所有人的角度来看，上述条文似乎有两个重点：“妨碍、破坏”本身和妨碍、破坏的结果——“正常运行”。狭义上，如果正常运行的含义是指其基本功能的实现，则外挂软件不符合这一条的规定；广义上，如果正常运行不仅包含上述意义，还包括改变了原有的情节、关系秩序等，则软件外挂行为符合本款的规定。

在“数据精灵案”中，原告在解释上采取的是广义的“正常运行”，被告采取的是狭义解释。法院认为，被告的软件均建立在对原告正版软件相应功能更改而形成，且由于该“微信”软件系列功能的运行以与原告正版微信软件交互为前提，如此，降低了正版微信软件的用户体验和口碑，干扰了原告微信软件的运行数据，破坏了原告微信软件的系统运营环境和商业模式，减少了正版微信软件的下载量及用户数，损害了原告的合法权益。

所以，评价软件外挂行为不仅仅是行为本身，还需要分析原软件所有人和外挂软件开发者之间的利益关系。

第二，认定思路或说理依据上的挑战。大量案件呈现相对统一的认定思路：未经原软件所有人的同意开发寄生性软件、插件、外挂、系统，自行或授权第三方软件对原软件及其组件、模块、数据进行干扰，破坏了原软件的运行的环境和商业模式。此外，因果关系也作为一个重要的认定标准。以往互联网不正当竞争案件，法院的思路是在行为 + 主观 + 因果关系的认定模式基础上，加上“违反诚实信用和商业道德”，得出构成不正当竞争。

实际上，这种思路带有明显的嫁接痕迹，即将侵权行为的认定模式移用到反不正当竞争法上，得出构成不正当竞争行为的认定结果。

竞争关系是利益的制约关系，而不是技术制约关系。后者是民事侵权的思路。在“数据精灵案”中，“抢红包”本身会带来微信群的瞬间活跃并激发传播欲望。“抢红包”软件一经推出便在市场蹿红。但是，在运行“微信自动抢红包”软件时，用户不需要启动“微信”软件，可以自动抢到微信里的红包，使得“微信红包”的“游戏＋社交”功能无法实现，降低用户对“微信”软件的黏性，破坏微信正常的运行环境和运管秩序。

一直以来，反不正当竞争法被视为知识产权法，这种观念对司法案件的影响很大，且始终在延续。事实上，反不正当竞争法并不保护知识产权。在早期两者关系有“冰山与海水”之比喻，但现在越来越多地认为两者的属性有明显的差异，以至于有学者公开表示：反不正当竞争法应当抛弃知识产权的认识，回归竞争法的取向。①

3. 寄生性软件运用中的不正当竞争纠纷是否可由市场监管机关解决

早在2003年，国家新闻出版总署等五部委发布《关于开展对“私服”、“外挂”专项治理的通知》，宣布外挂为非法出版物予以打击，外挂制作者还有可能构成侵犯著作权罪或侵权计算机系统信息罪，予以刑事处罚。另外，根据新闻出版总署等八部委联合发布《关于保护未成年人身心健康实施网络游戏防沉迷系统的通知》，游戏账号需实名认证，以便激活针对未成年人的防沉迷系统。然而游戏账号的租赁则完美地绕过了防沉迷系统，突破了平台监管。

这些监管都是从特殊行政的视角来规范的，而不是从反不正当竞争法的视角。之所以提出在反不正当竞争法视角下是否可以行使行政管辖权，是因为大多数司法案件在判决时援引的法律条文是《反不正当竞争法》第2条。这是一个原则条款。对于行政机关而言，在认定行为时不得基于原则条款进行自由裁量。这意味着，原则条款只是向司法机构授权。

另外，由于2018年修订的《反不正当竞争法》第12条增加了兜底条款(第4项)，这是否意味着，这是向行政机构授权，可以扩展认定“其他行为”为不正当竞争行为。《反不正当竞争法》没有采取如《反垄断法》第13条第6项(“国务院反垄断执法机构认定的其他垄断协议”)那样直接授权的方式，表述相对模糊。而是在内容上作了比原则条款有更细致的规范性描述，同时也具有充分的开放性和自由度。这是否意味着是间接向反不正当竞争执法机构授权？实践中，尚未发生有执法部门认定的案件的情形。

有必要进一步清晰解释这个问题，因为如果行政机关拥有执法权，则当事人具有了两条可选择的路径。我国《反垄断法》的实施，明显显现出以行政执法为

① 参见孔祥俊：《论反不正当竞争法的竞争法取向》，载《法学评论》2017年第5期。

主的规制模式。这意味着，当事人认同行政处理的专业性和效率性等特点和优势。目前，互联网不正当竞争行为的规制显现的是以司法规制为主的模式。这是当事人的选择，还是法律制度上存在一定的障碍。

4. 寄生性软件运用中的不正当竞争违法性的认定

软件外挂行为不仅在游戏领域出现，其他具有程序过程控制并展现兴趣的软件都存在此类问题。认定这种行为，除了构成著作权的侵权外，还可能构成不正当竞争。

（1）寄生性软件不正当竞争行为认定思路及说理结构

在认定构成不正当竞争行为时，需要部分改变现有案件的描述模式，更多展现反不正当竞争法所包含的说理范式。具体而言，应当包括如下方面：

第一，基础关系的认定。竞争关系的认定是1993年《反不正当竞争法》的遗存，从现行法律文本上看，只有在特殊情况下，如商业诋毁时才明确要求涉嫌违法主体和受害者之间具有竞争关系。2018年修订后的文本将原法第5条中的“竞争对手”去掉，扩大到“他人商品或者与他人存在特定联系”。不仅我国2018年修订的《反不正当竞争法》没有要求“竞争关系”，有关国际立法，如世界知识产权组织编纂的《反不正当竞争示范条款》的一般条款（第1条）的适用也不以存在竞争关系为限。[①] 在一些案件中，被告会以和原告之间不存在竞争关系为由进行答辩（抗辩）。

在理论上，有学者认为，竞争关系已经不是一个认定的条件：“在现代反不正当竞争法中，竞争关系不再是适用该法的前提，利益受到不正当商业行为影响的市场主体都可以获得反不正当竞争法的救济。”[②]

事实上，反不正当竞争法的竞争法取向首先是竞争关系中发生的矛盾。尽管法律上没有明确规定，但在互联网领域发生的相关案件实务中，竞争关系仍是判决书中的主要内容。只是在互联网时代“传统的行业界线变得模糊，跨界经营的难度明显降低，混业经营的现象明显增加”，[③]进而提起诉讼的互联网企业

---

① 参见郑友德、范长军：《反不正当竞争法一般条款具体化研究——兼论〈中华人民共和国反不正当竞争法〉的完善》，载《法商研究》2005年第5期。

② 李阁霞：《互联网不正当竞争行为分析——兼评〈反不正当竞争法〉中“互联网不正当竞争行为”条款》，载《知识产权》2018年第2期。

③ 北京市海淀区人民法院（2014）海民（知）初字第21694号民事判决书。

都具有间接竞争关系。这导致竞争关系已经不是一个可质疑的答辩理由。需要扩张解释竞争关系——包括直接竞争关系和间接竞争关系，才符合反不正当竞争法的立法目的。“在互联网视域下，如按照传统狭义的同业竞争关系来界定，很多新型不正当竞争行为将无从认定。相反，对竞争关系的宽泛化解读不仅契合互联网模式的特殊性，也顺应国际发展趋势，回归反不正当竞争法的立法宗旨，可作为竞争关系界定的有效路径。”①互联网案件中竞争关系被扩大的共同理由，是背后的问题实质几乎都是一样的：争夺用户流量或数量（或相关信息）。所以，与其说是互联网案件主体间的竞争关系的弱化，毋宁说是互联网主体身份的强化。

第二，判定依据及说理。结构上，“互联网专条”呈现为“概括 + 列举 + 兜底”三部分，外挂行为无法对应到“列举”的三个款项上，于是在司法实践中，便有两种制度援引模式，一是依据《反不正当竞争法》第 2 条，二是依据《反不正当竞争法》第 2 条和第 12 条第 4 项。本质上，软件外挂行为在利益链条上的拉长是搭借他人市场力量的结果，即外挂软件的开发行为属于知识产权侵权行为。经营者利用这种软件从事经营行为，属于不正当竞争行为。认定为不正当竞争行为的思想基础是，不能在他人的违法行为中获利，制度基础是违反“诚信原则”。

在法律依据上，应当优先适用列举条款——第 12 条（包括兜底条款），因为这里包含了直接的描述：“其他妨碍、破坏其他经营者合法提供的网络产品或者服务正常运行的行为”，同时，需要强化的是行为与规范之间关联。首先，需要特别解释的是“正常运行”。即没有经过原软件所有人的许可改变了软件的运行模式和关系基础的，均属于妨碍、破坏正常运行。其次，竞争者行为的“不正当性”解释。这种不正当竞争性不是技术之间的制约，而是技术运用的结果——利益分配上的不公正。这是区别于著作权侵权的主要方面。最后，援引第 2 条中的诚信原则和商业道德进行说理。历史经验表明，在说理上，互联网不正当竞争行为的认定明显依赖第 2 条。该条中发挥扩张调整功能的发力点有两个：“诚实信用”和“商业道德”。在具体案件中法院在解释违反诚实信用原则、

---

① 叶明、陈耿华：《互联网不正当竞争案件中竞争关系认定的困境与进路》，载《西南政法大学学报》2015 年第 1 期。

公认的商业道德时，各持己见，考察的内容涉及主观目的、实际损害、不正当获益、商业惯例、相关法规等。在理论上，学者认为，第 2 条只有一个核心，即“诚实信用原则，而商业道德是诚实信用原则的具体化”。[①]

一个值得关注的细节是，在 2018 年修订中，“诚实信用”被简化为“诚信”，“公认的商业道德”被简化为“商业道德”。此微小的变化是否包含有立法者的何种深意，不得而知，也很少有学者进行学理解释。通常，在民法上，诚实信用原则也被理论界简化为诚信原则，但在法律条文上，不能随意简化使用。

在司法实践中，诚信或诚实信用被理解为主观条件，即经营者知道或应当知道，或经营者存在主观故意。在很大程度上，这是侵权法观念的转用，反不正当竞争法中只有在特殊情况下（如恶意不兼容）才考察主观条件。在其他情况下，对结果条件的分析是案件分析说理的核心内容。在民法上，诚实信用强调的是可期待利益，其前提是主体之间关系的确定性。因此，诚实信用原则运用中的说理应当是经营者与竞争者之间在利益上具有“特别的关联”。

所以，认定行为具有“不正当性”的说理逻辑应当是：行为的表现形式、行为和列举条款之间的关系、行为给权益人带来的财产上的不利后果、行为违反诚信原则。

（2）适用一般条款的条件及其说理

修订后的《反不正当竞争法》在第 2 条的基础上，增加了两个兜底条款（第 6 条第 4 项和第 12 条第 4 项）。对于互联网领域出现的行为而言，是否所有的不正当竞争行为都可以用兜底条款？换言之，这个兜底条款是否具有“一网打尽”的兜底能力？如果有，则第 2 条始终处于辅助说理的功能，如果没有，则第 2 条需要补充进行兜底。

就游戏软件而言，软件外挂可以适用第 12 条的兜底条款，因为其属于妨碍、破坏……网络产品或者服务正常运行的行为。但内涵式寄生软件的运用没有妨碍、破坏……网络产品或者服务正常运行，属于互联网中最高级的争夺——数据争夺问题，此种行为不属于第 12 条规定的基本条件，也不符合该条第 4 项规定的兜底条件。在此种情况下，只能适用第 2 条。由此，我们可以看到，互联网不

① 王先林：《论反不正当竞争法调整范围的扩展——我国〈反不正当竞争法〉第 2 条的完善》，载《中国社会科学院研究生院学报》2010 年第 6 期。

正当竞争行为中,存在两个阶梯式兜底关系,即第 12 条第 4 项补充调整本条列举条款的不足,另外,第 2 条补充调整第 12 条的不足。

(3)行政机关的管辖权问题

一般,行政执法要严守法定主义。但是,对案件查处的及时性等要求政府不断扩张自己的权力范围。于是,产生了一种折中主义,一方面授予政府具体的权力,另一方面开放性地授予政府权力。之于后者,越来越多地产生了政府兜底性适用法律的情形。在我国,如价格法中,有很多类似的授权。在反不正当竞争法中,2018 年前的制度没有授权政府扩张执法。之后,在两处增加了扩张功能,即第 6 条第 4 项和第 12 条第 4 项。基本理由是行政机关不可以依据原则进行所谓自由裁量,只能依据法律规范进行认定。

从性质上看,第 12 条第 4 项属于法律规范。第 12 条规定了行为的"假定""处理",第 24 条规定了"制裁"。该兜底性法律条款,是以概括方式设置的反竞争违法行为的法律规范。其和列举规范的共同之处在于性质上都属于法规范,区别在于各自法规范构成要素中的"假定"部分的技术处理不同,该兜底条款的"假定"是模糊的,而列举条款的"假定"是清楚的。该兜底条款的规范要素中,与其说不作任何"假定",毋宁说假定了列举之外的一切可能情况。若列举条款属于"一对一"模式的话,兜底条款就属于"一对多"模式。模糊的"假定"减弱了规范捕捉事实的准确性,但扩大了规范的调整范围。模糊性"假定"既是一种立法技术,也是司法实践的需要,还是一种扩展适用的机制。相比之下,原则条款属于非规范性法律条文。所以,根据现行法第 12 条第 4 项的规定,行政机关应当享有管辖权。

(六)关键要点总结

通过游戏软件的寄生性问题的分析,可以看到,《反不正当竞争法》第 12 条无法适应互联网经济发展的需要,立法也很难走在经济实践的前面。但这并不意味着法律只能被动地在实践后面跟跑。互联网不正竞争问题存在三个法律调整的结构:列举条款、兜底条款和一般条款。当然,行政机关和司法机关在上述结构中可以运用的工具是不同的。把握好三者的关系和两条路径便可以变被动为主动。

(七)附录

参考文献

1. 李阁霞:《互联网不正当竞争行为分析——兼评〈反不正当竞争法〉中“互联网不正当竞争行为”条款》,载《知识产权》2018 年第 2 期。

2. 孔祥俊:《论反不正当竞争法的竞争法取向》,载《法学评论》2017 年第 5 期。

3. 王先林:《论反不正当竞争法调整范围的扩展——我国〈反不正当竞争法〉第 2 条的完善》,载《中国社会科学院研究生院学报》2010 年第 6 期。

4. 郑友德、范长军:《反不正当竞争法一般条款具体化研究——兼论〈中华人民共和国反不正当竞争法〉的完善》,载《法商研究》2005 年第 5 期。

参考法条

《中华人民共和国反不正当竞争法》(2019 年版)

第二条　经营者在生产经营活动中,应当遵循自愿、平等、公平、诚信的原则,遵守法律和商业道德。

本法所称的不正当竞争行为,是指经营者在生产经营活动中,违反本法规定,扰乱市场竞争秩序,损害其他经营者或者消费者的合法权益的行为。

本法所称的经营者,是指从事商品生产、经营或者提供服务(以下所称商品包括服务)的自然人、法人和非法人组织。

第十二条　经营者利用网络从事生产经营活动,应当遵守本法的各项规定。

经营者不得利用技术手段,通过影响用户选择或者其他方式,实施下列妨碍、破坏其他经营者合法提供的网络产品或者服务正常运行的行为:

(一)未经其他经营者同意,在其合法提供的网络产品或者服务中,插入链接、强制进行目标跳转;

(二)误导、欺骗、强迫用户修改、关闭、卸载其他经营者合法提供的网络产品或者服务;

(三)恶意对其他经营者合法提供的网络产品或者服务实施不兼容;

(四)其他妨碍、破坏其他经营者合法提供的网络产品或者服务正常运行的行为。

图书在版编目(CIP)数据

竞争法：规则与案例．第二辑 / 盈科律师事务所编；刘继峰，王俊林主编．-- 北京：法律出版社，2020
ISBN 978-7-5197-5279-8

Ⅰ．①竞… Ⅱ．①盈… ②刘… ③王… Ⅲ．①反不正当竞争-经济法-研究-中国 Ⅳ．①D922.294.4

中国版本图书馆 CIP 数据核字(2020)第 262929 号

竞争法:规则与案例(第二辑)
JINGZHENGFA: GUIZE YU ANLI (DI-ER JI)

盈科律师事务所 编
刘继峰　王俊林 主编

策划编辑 朱海波
责任编辑 朱海波
装帧设计 汪奇峰　鲁　娟

出版 法律出版社
总发行 中国法律图书有限公司
经销 新华书店
印刷 三河市龙大印装有限公司
责任印制 吕亚莉

编辑统筹 法律应用出版分社
开本 710 毫米×1000 毫米　1/16
印张 16.75　**字数** 290 千
版本 2020 年 12 月第 1 版
印次 2020 年 12 月第 1 次印刷

法律出版社/北京市丰台区莲花池西里 7 号(100073)
网址/www.lawpress.com.cn
投稿邮箱/info@lawpress.com.cn
举报维权邮箱/jbwq@lawpress.com.cn
销售热线/400-660-8393
咨询电话/010-63939796

中国法律图书有限公司/北京市丰台区莲花池西里 7 号(100073)
全国各地中法图分、子公司销售电话：
统一销售客服/400-660-8393/6393
第一法律书店/010-83938432/8433　西安分公司/029-85330678　重庆分公司/023-67453036
上海分公司/021-62071639/1636　深圳分公司/0755-83072995

书号:ISBN 978-7-5197-5279-8　**定价**:58.00 元
(如有缺页或倒装,中国法律图书有限公司负责退换)

李　华

盈科律师事务所创始合伙人、盈科全国业务指导委员会主任。

李华律师作为盈科全国业务指导委员会主任，负责盈科体系内的专业化建设，带领全国执业律师，构建出完整的专业化法律服务体系，包括研究院、律师学院、专业委员会及法律服务中心，推动盈科律师专业化的法律服务，以适应法律服务市场不断细分的需要。在此基础上，李华律师通过集成各专业委员会纵深化的法律服务能力为客户提供综合性的法律服务。

曾荣获北京市优秀律师、朝阳区优秀律师、朝阳区首届优秀女律师、朝阳区优秀党员的荣誉称号。

本书主编简介

刘继峰

中国政法大学教授，博士生导师，民商经济法学院副院长。本科、研究生毕业于中国政法大学，博士毕业于北京大学。

兼任中国商业法研究会副会长、中国法学会经济法研究会副秘书长、北京市法学会经济法研究会副会长。北京市法学会互联网研究会副会长。最高人民检察院民事行政诉讼监督案件专家委员会委员。商务部培训中心兼职教授。国家市场监督管理局反垄断局专家库成员。

主要研究方向：竞争法、知识产权法、消费者法等。代表著作：《竞争法学原理》《价格卡特尔法律规制研究》《竞争法》《反垄断法》等。主编《竞争法：规则与案例（第1辑）》《反垄断法案例分析》《反不正当竞争法案例分析》《经济法》等。在《中国法学《政法论坛》等法学期刊发表论文70余篇。

王俊林

北京市盈科律师事务所高级合伙人、律师，盈科北京合伙人管理委员会副主任。

兼任中国世界贸易组织研究会（CWTO）竞争政策与法律专业委员会（PCCPL）顾问、中国国际商会竞争委员会委员、北京市律师协会竞争与反垄断法律专业委员会副主任、交通运输部法律顾问等社会职务。

王俊林律师长期专注于竞争法（反垄断与反不正当竞争法）、知识产权法及其交叉领域的诉讼实务及研究，擅于处理上述法律领域涉及的商事争议解决及合规风险控制等。业务范围包括对企业竞争行为分析及抗辩、反垄断民商诉讼及调查、并购交易及经营者集中反垄断审查申报、不正当竞争及知识产权维权诉讼、合规管理及培训、公平竞争审查、网络安全及数据保护、重大民商事诉讼、仲裁等。